高等学校经济管理类专业系列教材

物流成本分析与控制

◎主编 鹿红娟

西安电子科技大学出版社

内 容 简 介

本书紧密结合物流运营和成本管理发展的新形势、新特点，全面介绍了物流成本分析与控制中的基础概念、基本理论知识和物流成本管理过程。全书共分 11 章，具体内容包括物流成本概述、物流成本的构成及分类、企业物流成本核算、基于作业成本法的物流成本核算、物流作业成本法在第三方物流企业中的应用、物流成本分析、物流成本预测与决策、物流成本预算、物流成本控制、物流成本日常控制和物流成本绩效评价等内容。本书在内容设计上，每章都设有课后思考题和案例分析，以帮助读者利用理论知识来分析企业物流成本管理的实践活动，更好地掌握相关理论内容。

本书可作为普通高等院校物流管理专业的教科书，也可供企业物流管理人员在职培训和应试参考学习使用。

图书在版编目 (CIP) 数据

物流成本分析与控制 / 鹿红娟主编 . -- 西安：西安电子科技大学出版社，2023.12
ISBN 978-7-5606-7087-4

Ⅰ . ①物… Ⅱ . ①鹿… Ⅲ . ①物流管理—成本管理 Ⅳ . ① F253.7

中国国家版本馆 CIP 数据核字 (2023) 第 199280 号

策　　划　刘玉芳
责任编辑　刘玉芳
出版发行　西安电子科技大学出版社 (西安市太白南路 2 号)
电　　话　(029)88202421 88201467　　　　邮　　编　710071
网　　址　www.xduph.com　　　　电子邮箱　xdupfxb001@163.com
经　　销　新华书店
印刷单位　陕西天意印务有限责任公司
版　　次　2023 年 12 月第 1 版　　2023 年 12 月第 1 次印刷
开　　本　787 毫米 × 1092 毫米　　1/16　　印　张　15
字　　数　326 千字
定　　价　49.00 元
ISBN 978-7-5606-7087-4 / F

XDUP 7389001-1
*** 如有印装问题可调换 ***

前　言

随着经济全球化的快速发展，现代物流理论和技术在很多发达国家已经得到广泛应用与发展。物流作为流通的命脉，是国家经济建设的重要支撑，是我国经济发展新的增长点，只有解决好物流问题，才能推动经济可持续快速发展。物流成本是现在物流学研究的核心内容之一，如何建立有效的物流成本分析体系已引起越来越多企业的关注。物流成本分析与控制的意义在于通过对物流成本的有效分析，充分利用物流要素之间的相互关系，通过科学、合理地组织物流活动，加强对物流活动过程中物流成本的有效控制，降低物流活动中各种资源的消耗，从而达到降低物流总成本、提高社会经济效益和企业利润的目的。

本书从会计学和物流学相结合的角度，根据我国现阶段物流成本分析与控制的实际情况和教学目标，以物流成本分析与控制的过程为主线，从物流成本核算、物流成本分析、物流成本预测与决策、物流成本预算等方面阐述了物流成本分析与控制的相关内容；从物流成本日常控制的角度，以运输成本、仓储成本为例阐述了物流成本日常控制的相关理论知识。

本书在编写过程中力求体现以下特点：

(1) 严格依据国家标准《企业物流成本构成与计算》的核心思想，阐述企业物流成本构成和计算的方法，注重体现知识的权威性和时效性，兼顾对国内外物流成本理论与实践发展新知识的介绍。

(2) 对作业成本法在物流成本分析与控制中的应用内容作了进一步的丰富和完善。针对制造型企业和第三方物流企业中作业成本法的应用进行了详细的阐述，可使读者对作业成本法的应用有更深的理解。

(3) 采用理论与实践相结合的方式，借鉴、吸收众多教材的成果，既有深入浅出的物流成本分析与控制的理论阐述，又有通俗易懂的物流成本分析与控制的案例讨论，努力实现物流成本管理理论和实践的融合。

本书编者自任教以来一直在杭州电子科技大学讲授物流成本相关的课程。本书在编写过程中参阅了大量的国内外教材、专著和期刊等文献资料，借鉴和吸收了国内外众多学者的研究成果，在此向这些学者和专家表示深深的感谢！

由于作者水平有限，本书难免有疏漏和不足之处，敬请各位专家、读者批评指正。

编 者

2023 年 6 月 于杭州电子科技大学

目　录

第一章 物流成本概述

学习目标

◆ 了解成本与物流成本的概念
◆ 掌握物流成本的特征及含义
◆ 了解物流成本的相关理论学说
◆ 掌握物流成本管理的内涵
◆ 了解物流成本管理的发展历史

第一节 成本与物流成本

一、成本与物流成本的概念

（一）成本的概念

成本是企业为生产商品和提供劳务等所耗费的物化劳动和活劳动中必要劳动价值的货币表现，是商品价值的重要组成部分。成本是以货币计量的耗费资源的经济价值，是为达到一种目的而付出或应付出资源的价值牺牲。随着商品经济的不断发展，成本概念的内涵和外延也处于不断的变化发展之中。

英国发布的《标准会计实务公告》(Statements of Standard Accounting Practice，SSAP)将成本定义为：成本是企业在正常的经营过程中为使产品或劳务达到现在的位置和状态所发生的各种支出。

美国会计学会(American Accounting Association，AAA)所属的成本概念与标准委员会将成本定义为：成本是为达到特定目的而发生或应该发生的价值牺牲，它可以用货币单位加以衡量。这一定义的外延已相当宽泛，它不仅包括了产品成本、劳务成本，而且将工程成本、开发成本、资金成本、质量成本及环保成本等都包括在内。

（二）成本的作用

虽然不同的经济环境，不同的行业特点对成本的内涵有不同的理解，但是成本在经济活动中有着非常重要的作用，具体包括以下几个方面。

1. 成本是经济活动中企业补偿生产耗费的尺度

企业为了保证再生产的不断进行，必须对生产耗费所产生的资金耗费进行补偿。企业是自负盈亏的商品生产者和经营者，其生产耗费需用自身的生产成果即销售收入来补偿，以此维持企业的再生产按原有规模进行，而成本就是衡量这一补偿份额大小的尺度。

2. 成本是企业制定产品价格的基础和依据

虽然产品价格是产品价值的货币表现，但在现阶段人们还不能直接准确地计算出产品的价值，而只能计算出产品的成本。成本作为产品价值构成的主要组成部分，其高低能反映产品价值量的大小，因而产品的生产成本成为制定产品价格的重要基础和依据。因此，只有正确地核算成本，才能使价格最大限度地反映社会必要劳动的消耗水平，从而接近价值。当然，产品的定价是一项复杂的工作，还需要考虑其他方面的因素，如国家的价格政策及其他经济政策法令、产品在市场上的供求关系及市场竞争的态势等。

3. 成本是企业计算盈亏的主要依据

企业只有当期收入超出其为取得收入而发生的支出时，才有盈利。成本也是划分生产经营耗费和企业纯收入的依据，因为成本规定了产品出售价格的最低经济界限，所以在一定的销售收入中，成本所占比例越低，企业的纯收入就越多。

4. 成本是企业进行决策的依据

企业要努力提高其在市场上的竞争能力和经济效益，首先必须进行正确的生产经营决策，而控制成本就是其中十分重要的一项因素。成本作为价格的主要组成部分，其高低是决定企业有无竞争能力的关键。因为在市场经济条件下，市场竞争在很大程度上就是价格竞争，而价格竞争的实际内容还是成本的竞争。企业只有努力降低成本，才能使自己的产品在市场中具有较高的竞争能力。

5. 成本是综合反映企业工作业绩的重要指标

在企业经营管理中，各方面的工作业绩都可以直接或间接地在成本上反映出来，如产品设计的好坏、生产工艺是否合理、产品质量等级高低、费用开支的大小、产品产量的增减，以及各部门、各环节工作衔接的协调状况等。因此，可以通过对成本的预测、决策、计划、控制、核算、分析和考核等来促使企业加强经济核算，努力完善管理，不断降低成本，提高经济效益。

（三）物流成本的概念

物流成本的概念是在 20 世纪 50 年代提出来的。1956 年美国的 Lewis、Cullition 和 Steele 三位学者在研究航空运输在物资配送中的作用时提出了物流总成本的概念，他们认为物流成本可分为固定物流成本和变动物流成本。他们把总物流成本定位于包括实现需求所必需的全部开支，是运输成本、存货成本和订单处理成本之间的权衡，而不是一个或几个局部环节物流成本的简单相加。Lewis 等人的研究是物流成本研究领域的一个里程碑，揭示了物流成本的概念以及物流成本权衡的思想，更重要的是总物流成本概念的提出为了解物流功能成本的相互关联以及物流成本的构成开辟了道路，也为物流成本分析和物流成本统计理论的研究奠定了基础。

我国于 2006 年发布并实施的国家标准《企业物流成本构成与计算》(GB/T 20523—2006) 中，将企业物流成本定义为："企业物流活动中所消耗的物化劳动和活劳动的货币表现，包括货物在运输、存储、包装、装卸搬运、流通加工、物流信息、物流管理等过程中所耗费的人力、物力和财力的总和以及与存货有关的流动资金占用成本、存货风险成本和存货保险成本。"该企业物流成本定义包含以下两方面的内容：一方面是直接在物流环节产生的支付给劳动力的成本，耗费在机器设备上的成本以及支付给外部第三方的成本；另一方面包括在物流环节中因持有存货等而存在的潜在成本，如资金占用成本、保险费等。

物流成本的概念也有广义和狭义之分。狭义的物流成本仅指由于物品移动而产生的运输、包装、装卸等费用。广义的物流成本是指生产、流通、消费等全过程的物品实体与价值变化而发生的全部费用，具体包括原材料采购、材料入库、库存管理、材料出库、生产半成品和成品、半成品或成品入库、产成品的库存、搬运、装卸、包装、运输以及在消费领域中发生的验收、分类、仓储、保管、配送、废旧产品回收等所有费用。

（四）物流成本的特征

物流成本属于管理成本的一种，是管理成本的深化和发展。物流成本是按照企业管理的各种要求，根据财务成本等有关资料进行分析、回归和调整核算出来的。相对于产品成本，物流成本具有如下特征。

1. 物流成本核算要素难以确定

物流成本核算要素难以确定主要表现在核算范围难以确定和核算内容难以归集两个方面。

(1) 核算范围难以确定。从供应链的角度来看，物流包括原材料物流、企业内部物流、销售物流、配送物流等，其涉及的环节及单位很多，应用范围很广，在核算物流成本时难免有所遗漏，很难做到准确。从物流功能范围的角度看，哪些物流功能应该作为物流成本的核算对象，哪些物流功能不应该作为物流成本的核算对象，难以确定。比如，只将运输和保管费用计入物流成本和将运输、保管、装卸、信息管理等各个物流功能都计入物流成本，以及将整个物流过程中的协调费用全部计入物流成本，其核算结果相差很大。

(2) 核算内容难以归集。企业向外部支付的运输费、保管费、装卸费等费用一般都会计入物流成本，而且也比较容易计入物流成本；但是企业内部发生的物流费用，如与物流有关的人工费、设施建设费、设备购置费、折旧费与维修费等是否也计入物流成本，以及如何计入物流成本，企业在实际操作中难以规范和实现。

2. 物流费用与非物流费用难以界定

物流成本在现有的企业财务会计制度中没有单独的项目，其具有隐含性，即隐含在其他费用项目中，如将其分散在"管理费用""销售费用"等项目中，使得企业难以准确把握物流成本的实际支出情况，难以做出全面的核算和分析。

3. 物流成本核算的难度较大

在物流成本核算中，企业相关部门无法掌握和控制的物流成本有很多。如物流成本中过量服务所发生的费用与标准服务所发生的费用是混合在一起的，很多企业将保管费中难以分解的过量进货、过量生产、销售残次品等在库维持费用一并纳入物流成本中。同时，物流成本不仅包括实际耗费的经济资源，而且包括机会物流成本，例如存货占用资金的机会成本。这些都增加了物流成本核算的难度。

4. 物流成本的核算标准不统一

由于企业物流成本的计算范围太大，企业内部发生的费用不易全面归集，而不同类型的企业对隐性物流成本的核算标准也不一样，因此物流成本计算要素难以确定且标准不统一。例如，基础设施建设费和企业自营物流费用目前都没有列入会计科目之内。

（五）物流活动和物流成本的关系

物流活动的基本功能要素包括运输、仓储、包装、装卸搬运、流通加工、信息处理等。从实体经济角度看，物流活动及其衍生的物流成本几乎无处不在，并且随着产业分工的细化和产业链条的拉长，物流成本占总成本的比重不断提高，而且越来越复杂。

物流成本与物流活动的关系不能一概而论，物流成本必然存在于物流活动的基本要素中，就单个物流活动而言，物流成本的高低通常与物流活动业务量或工作量正相关，但就总体活动而言，不同的物流活动之间，其物流成本存在此消彼长的效益背反关系。

二、物流成本的影响因素

从整个物流活动及物流成本的特征来看，影响企业物流成本的因素有很多。在对企业的物流成本实施有效的管理之前，全面地了解其影响因素将会使物流管理与控制更具有针对性，更有利于提高企业的物流管理效率。物流成本的影响因素主要有以下五个方面。

（一）产品因素

企业的产品是企业的物流对象，因此，产品的种类、属性及价值等方面不同的特点，对企业在物流过程中的仓储、运输、装卸搬运等环节的物流成本均会产生不同的影响。

1. 产品种类

不同的产品种类，其物流成本占产品销售额的比重是不一样的。图1-1显示了6种不同类型产品的物流成本占销售额的百分比情况。

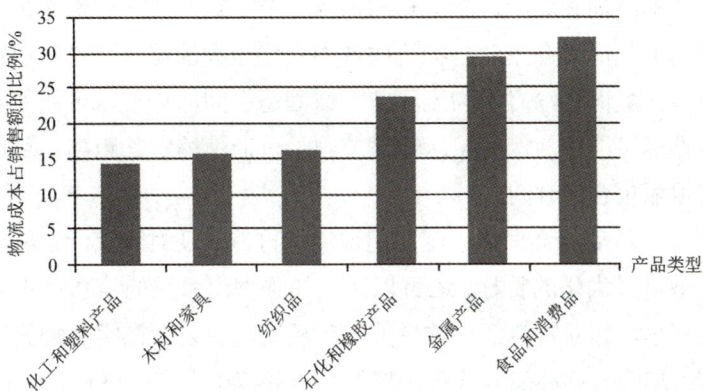

图1-1　不同类型产品的物流成本占销售额的比例

了解物流成本在不同产品类别中的差异，可以为企业物流成本管理者提供一个有意义的参考，使他们能根据企业产品的类别来得到相关的行业水平数据，从而对本企业的物流成本的实际发生情况有一个较为理性的认识，有利于企业物流成本的分析及企业物流成本的管理与控制。

2. 产品属性

产品的属性包括体积、重量、物理性质和化学性质等。在日常产品的运输和储存过程中所发生的运输成本和仓储成本与产品的属性有着密切的关系。例如，企业在计算物流成本中的运输成本时，通常是以产品的重量或体积作为核算的标准。一般来说，重量或体积越大，企业支付的运输费用越高。另外，产品的物理性质或化学性质也会导致物流成本不同。例如，易燃、易爆、易挥发的汽油、石油类产品，在运输或仓储过程中比其他一般产品付出的费用就会多一些。

3. 产品价值

产品的价值不同，需要支付的物流成本也存在着差异。国际上的海上运费率有一条重要原则是：高价值产品的运费率要高于低价值产品的运费率。这是因为运输成本和储存成本都含有保险费，保险费是按照产品的价值比例来进行计算的。

除了产品的种类、属性和价值对物流成本产生影响外，产品的可替代性和风险性也会影响物流成本。

（二）物流环节

我国国家标准《物流术语》(GB/T 18354—2021) 中将物流定义为：根据实际需要，将运输、储存、装卸、搬运、包装、流通加工、配送、信息处理等基本功能实施有机结合，使物品从供应地向接收地进行实体流动的过程。从上述定义可以看出，物流过程主要包括运输、储存、装卸、搬运、包装、流通加工、配送、信息处理等环节。其中，最基本的环节是改变物品存在的时间和场所，即运输和储存环节，这两个环节都是影响物流成本的重要因素，其产生的物流成本在企业总物流成本中占相当大的比重，是企业进行物流成本分析与控制的重点。一般而言，对于物流环节，原则是中间的环节尽可能地减少，在中间环节停留的时间也要尽可能少。例如，运输环节中尽可能地缩短其距离，尽可能地提高其速度，并且尽可能地缩短仓储时间。

另外，加强物流活动的合理化程度，通过流程再造以及对物流活动的巧妙安排，实现物流成本最低和效益最大化的目标；还可以通过加强物流系统的信息化程度，实现物流活动的整合与信息共享，建立物流活动的快速响应机制。总之，在实际物流过程中必须重视消除多余的环节，加强关键环节的管理，挖掘物流环节中存在的降低物流成本的空间。

（三）物流服务

物流服务对企业物流成本核算也是有影响的。由于市场竞争的加剧，物流服务水平越来越成为企业创造持久竞争优势的有效手段，更好的物流服务会增加企业收入，但同时也会提高物流成本。例如，如果从时间上改进物流服务水平，通常使用溢价运输，一方面这会使运输成本增加，另一方面运输效率的提高会降低平均库存成本。在一般情况下，这些物流成本变化后的净值是总物流成本的增加。如果通过改进企业的物流服务水平，提高了客户的"满意度"，能够使企业的净利润增加，那么这样的物流成本增加可以视为合理。因此，企业需要考虑物流服务水平对物流成本的影响，做决策前需要在物流服务水平、总物流成本及企业总利润之间进行投入产出的效益对比分析。

（四）企业运作方式

企业运作方式主要分为自营和外包两种。随着市场竞争的加剧，有些企业为了更加专注于提高核心竞争力，把不具备竞争优势的业务由原来的自营转为全部或部分外包。对于物流并非其核心业务的企业来说，外包一方面可以使其集中优势资源发展自身的核心业务，提高其核心竞争力，另一方面有利于节约物流成本，提高企业的管理效率。企业在选择物流业务运作方式时考虑的因素是多方面的，但最终的目的是降低物流成本，同时在充分考虑企业战略目标的基础上，决定物流业务是自营还是全部或部分外包。

（五）物流成本核算方法

目前，各国物流成本核算的方法各不相同，即使在同一国家，不同行业、不同企业核算物流成本的方法也不尽相同。虽然核算方法不同不会影响物流成本的实际支出，但是，不同核算方法使得最终呈现给管理决策者的结果存在差异。一般来说，企业如果采取粗放的核算方式，其物流成本的核算结果就会偏低，不能真实地反映物流成本的实际支出。随着物流业的发展及物流成本核算精细化程度的提高，物流成本核算的范围在不断扩大，计算结果也在不断靠近物流过程的实际支出。2006 年，我国出台了国家标准《企业物流成本构成与计算 (GB/T 20523—2006)》，对企业物流成本构成内容与计算方式进行了明确和统一，使企业核算物流成本有了统一的标准。

除了以上五个方面外，企业物流系统的合理化程度及信息化程度也会影响其物流成本。

第二节　物流成本管理概述

一、物流成本管理的产生

对物流活动及管理的认识最初起源于美国。第二次世界大战期间，美国及其盟军需要在横跨欧洲、美洲、大西洋的广大空间范围内进行军需物品的补充调运。在军队人员调动，军用物品装备的制造、运输、供应、站前配置与调运以及战中补给与养护等军事后勤活动中，盟军战略小组研究采用了一系列的技术、方法，使得这些后勤物流活动既能够及时保障供给、满足战争的需要，又使得费用最省、时间最短、成本最低，还能安全、巧妙地回避敌方的攻击。由此，在美国军方形成了关于后勤管理的完整思想、技术、方法体系，即通过对采购、运输、仓储、分发进行统筹安排、优化和全面管理，以求费用更低、速度更快、服务更好地实现军队和物资给养过程的移动保障。物流成本管理伴随着美国军方的后勤管理而产生。

第二次世界大战后，西方发达国家各大公司的效益普遍下滑，一方面是由于市场的激烈竞争，另一方面是由于原材料价格上涨及人工成本的提高致使企业的利润率降低。企业在利润杠杆的作用下已难以靠提高产品售价增加利润。同时，进一步降低产品生产成本也是困难重重。在这种情况下，企业千方百计寻找降低成本的新途径，于是物流成本管理便进入了商业领域，成为企业的第三利润源。

二、物流成本管理的概念

依据国家标准《物流术语》(GB/T 18354—2021) 中的描述，物流成本管理是指"对物流活动发生的相关成本进行计划、组织、协调与控制"。由此可见，物流成本管理是有关物流成本方面的一切管理工作的总称，即对物流成本的形成所进行的计划、组织、指挥、监督和控制，以达到降低物流成本的目的。

物流成本管理与控制是物流管理的永恒课题，只是在经济发展的不同时期，物流成本的概念随着人们对物流管理的认识变化而变化。当人们认为物流处于 PD(Physical Distribution) 阶段时，物流成本管理的重心在于销售物流领域；当人们对物流的认识进入 Logistics 阶段时，物流成本管理扩展到供应物流、生产物流领域，物流总成本的意识得到增强；现阶段，越来越多的企业认识到物流管理属于供应链的范畴 (Supply Chain Management)，对物流成本最小化的追求已经超越单个企业的边界，物流成本管理与控制的目标是整个供应链、整个流通过程物流成本的最优化。由此，从供应链的角度看，物流成本包括供应物流成本、生产物流成本、销售物流成本、逆向物流成本。甚至考虑到人类的可持续发展，物流成本还必须包括由物流活动给环境带来的损害产生的环境资源耗损成本与环境治理成本，即物流的绿色成本也应纳入物流成本管理的潜在对象。

三、国内外物流成本管理的发展现状

在物流成本管理与控制的实践中，由于不同国家和地区的发展程度不同，对物流的研究程度也各不相同，因此，不同国家的物流成本管理的研究和发展也各不相同。

（一）美国物流成本管理的发展历程

物流成本管理的前提是物流成本核算，只有弄清物流成本的大小，才能实施物流成本分析、编制物流成本预算和控制物流成本支出。美国属于典型的自由经济体制，鼓励自由竞争，主要使用财政和货币政策来调整市场，不制定国家经济计划和系统的产业政策。美国对物流成本的管理主要是通过美国会计师下属的管理会计事务委员会所颁布的一系列"管理会计公告"来进行的。美国物流成本管理已经与供应链理论的发展紧密结合，形成一套先进的管理体系。

就发展阶段而言，美国物流成本管理的发展大致分为以下五个阶段。

1. 物流成本认识阶段

第三利润源学说、利润中心学说等都说明了物流成本管理对提高企业利润水平、增强企业核心竞争力的重要意义。正是由于物流领域具有广泛的降低成本的空间，物流成本问题才引起经营管理者的重视。但在这个阶段，人们对物流成本还停留在感性的、表层的认识阶段，虽然意识到了物流成本的重要性，但没有进行理性的、科学的物流成本管理实践。

2. 物流项目成本管理阶段

在这一阶段，基于对物流成本的认识，根据不同部门、不同领域或不同产品出现的特定问题，企业组织人员进行物流研究并着手进行管理。虽然物流系统的成本管理存在不足，但是在这个阶段，物流管理组织开始出现。

3. 引入预算管理制度阶段

随着物流管理组织的设置，对物流成本有了系统的理解和把握，开始引入预算管理制度，通过编制物流成本预算，比较物流预算和实际执行的差异，分析差异水平，进而达到分析和控制物流成本的目的。但是，这个阶段编制物流成本预算的准确程度低，对差异原因的分析缺乏全面性，并且对物流成本的把握仅限于企业对外支付的运输费用和仓储费用。

4. 物流预算管理制度确立阶段

在这个阶段，美国推出了物流成本的计算标准，物流预算及其管理有了较客观准确的依据，物流部门成为独立的物流成本中心或利润中心。物流成本预算的准确性大为提高，对差异原因的分析也更为全面，同时对物流成本计算范围的确定也由原来的仅限于对外支付的费用扩大到企业内部和外部所有与物流活动有关的费用支出。物流成本管理的科学水平大幅提高。

5. 绩效评估制度确立阶段

当物流预算管理制度逐步确立和健全，物流部门作为独立的物流成本中心或利润中心后，随之而来的必然是对物流部门绩效的评估问题。这时，物流成本管理工作得到进一步深化，物流部门绩效评估制度得以确立。通过绩效评估，促进物流部门进一步降低物流成本，这是物流成本管理工作永恒的主题。

（二）日本物流成本管理的发展历程

日本近代物流业的发展始于 1965 年日本内阁会议上通过的《中期经济计划》，该计划把现代物流作为日本的国策，由政府制定企业物流成本核算标准后强制执行。在日本，影响较大的物流成本核算标准是由日本运输省 1977 年制定的《物流成本计算统一标准》，用以统一物流成本计算口径。日本最新的物流成本计算标准是 2003 年由中小企业厅颁布的《物流作业成本计算、效率化指南》，这一标准对中小企业应用新的物流成本管理方法计算物流成本起到了很好的推动作用。

在日本，关于物流成本管理的发展阶段问题，主要存在以下两种不同的学术观点。

1. 四阶段论

日本神奈川大学的唐泽丰教授认为日本物流成本管理的发展可以分为四个阶段：明确物流成本阶段、建立预算管理制度阶段、设定物流成本基准值或标准值阶段、建立物流成本管理会计制度阶段。他认为目前日本企业物流成本管理正处于第三阶段。

(1) 明确物流成本阶段。明确企业物流成本构成与计算方法，定量地掌握物流成本总额，并通过计算物流成本与销售收入的比率来进行物流成本管理。这一阶段是物流成本管理的前提和基础。

(2) 建立预算管理制度阶段。在明确物流成本的基础上，通过建立物流预算制度，定期编制物流成本预算，比较物流预算和实际执行的差异，分析差异产生的原因，为进一步改进物流成本管理工作提供依据。

(3) 设定物流成本基准值或标准值阶段。在长时期的时间跨度和丰富的物流成本数据累积的基础上，通过科学的方法合理设定物流成本基准值或标准值，使物流成本预算的编制和物流成本管理有一个客观、合理的标准。

(4) 建立物流成本管理会计制度阶段。将物流成本计算及管理纳入会计制度和财务管理的范畴，实现物流成本管理与财务会计管理的一体化，以一体化、全局化的思想整合系统，使物流成本管理会计化。

2. 五阶段论

日本著名学者菊池康也教授在《物流管理》一书中，将物流成本管理的发展分为五个阶段。

(1) 了解物流成本的实际状况阶段。通过对物流成本实际状况的了解，明确物流活动过程中哪些成本应归为物流成本，从而提高对物流活动及其重要性的认识。

(2) 物流成本核算阶段。在明确物流成本构成内容的基础上，通过一定的方法来计算物流成本，了解物流成本数额以及总收入中物流成本的比重，了解物流活动中存在的问题，为物流成本管理工作提供数据支撑。

(3) 物流成本管理阶段。在准确掌握物流成本数据的基础上，引入物流成本标准管理和预算管理机制，制定物流成本标准，编制物流成本预算，并通过对实际物流成本支出与标准物流成本和预算物流成本的比较，分析物流成本差异产生的环节和原因，进一步为控制物流成本支出、降低物流成本提供科学依据。

(4) 物流收益评估阶段。在物流成本核算、物流成本标准的基础上，评估物流对企业效益的贡献程度。

(5) 盈亏分析阶段。对物流收益与物流支出进行比较，在此基础上进行盈亏分析，并通过建立数学模型进一步分析物流系统应如何优化或改革，从而提高企业净收益及企业利润水平。

　　菊池康也教授认为，现在日本企业的物流成本管理大多处于第三阶段，还没有达到第四、五阶段，物流部门的职能还落后于销售和生产部门的职能。

（三）我国物流成本管理的发展及现状

　　我国物流业的发展起步较晚，1979 年中国物资经济学会派代表团参加了在日本举行的第三届国际物流会议，第一次把"物流"这一概念从日本介绍到了国内。

　　第一阶段：20 世纪 80 年代，我国流通领域还带有计划经济的色彩，作为生产资料流通的主要承担者 —— 国有物资部门开始从宏观角度研究物流，这一时期的物流管理的发展基本上是概念引进阶段，缺乏深入的研究与实践应用。

　　第二阶段：20 世纪 90 年代初，竞争的激烈、业态的多样化导致了流通利润的下降，商业系统开始重视物流，并注重物流成本管理在物流管理中的重要性。而工业企业因缺乏物流成本意识，相关的物流统计数据极少，大量数据由估算得出，有些数据甚至无法探索。这一时期开始对物流成本进入初步的研究和实验性管理阶段，但还只限于个别的企业和部门，并没有引起全社会对物流成本的关注。

　　第三阶段：20 世纪 90 年代中后期，随着物流的重要性越来越多地被政府及企业接受和认识，国家在研究物流领域投入了大量的人力、物力、财力，制订了一系列的政策和国家标准来推进物流业的快速发展。国内一些企业开始设立专门的物流部门，对物流进行专业化管理，同时也开始出现了不同形式的第三方物流企业，这个"第三方利润源"引起了社会和企业的极大兴趣，纷纷参照国外的先进经验和技术来加强物流管理，组织专门的人员研究如何降低物流成本，物流成本管理开始组织化。

　　第四阶段：21 世纪，随着科技的高速发展和网络经济的大力推动，我国物流业有了新的发展，特别是近几年网络经济的发展，我国的物流业发展开始走向国际化、网络化、全球化，对物流成本管理理论和方法的研究也进入了新的阶段。从宏观和微观的角度对物流成本的构成与分析的研究工作也开始启动。2004 年 10 月由国家统计局、国家发展和改革委员会发布《社会物流统计制度及核算表式（试行）》通知，我国社会物流有了统一的核算标准，数据发布得以权威化和定期化。从微观的角度来看，我国现行财务会计制度中未设"物流成本"科目，物流成本分散记录在企业成本费用科目中，且物流活动涉及面广、关联性强，界定与核算较为复杂，企业难以准确掌握与统计。不同企业对物流成本的界定与理解层面往往不一致，计算标准不统一，不同企业物流成本不具备可比性。2006 年，我国颁布国家标准《企业物流成本构成与计算》，使得企业物流成本核算有了明确的、统一的依据。同时，一些企业开始引入物流成本预算制度，对于物流活动的运输、储存、装卸和搬运等环节有了一些行业的定额指标。通过物流部门对企业绩效的贡献度的把握，准确评估物流部门的工作，为企业发展战略的制定提供依据。

四、物流成本管理的意义

物流成本管理的目的就是要在既定的客户服务水平下，追求最低的物流成本，在物流成本和顾客服务之间找到平衡点，创造企业在竞争中的战略优势。实行物流成本管理，降低物流成本，提高效益，对国家与企业都具有重要的现实和长远意义。

（一）物流成本管理的宏观意义

从宏观的角度看，物流成本管理给行业和社会带来的经济利益体现在以下几方面。

1. 有利于提高行业总体竞争能力和经济高质量运行

物流成本管理水平直接影响物流成本水平，从而进一步影响产品成本的高低。我国企业可以利用高质量的现代物流系统，降低物流成本，改进物流管理，提高企业及其产品参与国际市场活动的竞争力。如果全行业的物流效率普遍提高，物流成本平均水平降低，则该行业在国际上的竞争力将会增强，从而可以提高这个行业在市场上的竞争力。

2. 有利于提高社会消费水平

通过加强物流成本管理和控制，降低商品流通中的物流费用，全行业物流成本普遍下降，将会对产品的价格产生影响，使物价相对下降，即企业可以以相对低廉的价格出售自己的产品，减轻消费者经济负担，提高消费者购买力，这有利于保持消费物价的稳定，刺激消费，为消费者带来更多利益，提高整个社会的消费水平。

3. 有利于加速产业结构调整

加强物流成本管理和控制，促进现代物流的发展，可改变区域经济的增长方式。我国传统的工业化道路一方面追求高速度，另一方面又采用忽略效益的粗放型经济增长方式，在物流方面表现为物流成本占比过高，物流成本在产品成本中的比例过大。加强物流成本管理可以促进区域经济增长方式的转变，引导企业走新型工业化之路，实现用集约式增长方式来提高效益和效率。

4. 有利于促进节约型经济的发展

加强物流成本管理，可以降低物品在运输、仓储、配送、流通加工、装卸搬运等流通环节的损耗，对企业而言可以提高利润，对于整个社会而言，物流成本的下降，意味着在物流领域所消耗的各种资源得到节约。即以尽可能少的资源投入创造出尽可能多的物质财富，减少资源消耗，从而推动资源节约型企业的创建。

（二）物流成本管理的微观意义

1. 有利于扩大企业利润空间，提高企业利润水平

在充分竞争的市场环境下，当企业的物流活动效率高于该行业平均物流活动效率，物

流成本低于该行业平均物流成本水平时，企业就有可能获得超额利润，物流成本的降低部分转化为企业的"第三利润"，反之，企业的利润水平就会下降。正是这种与降低物流成本相关的超额利润的存在，会使企业积极关注物流领域的成本管理，致力于降低企业物流成本。

2. 有利于取得价格优势，增强竞争力

物流成本在产品成本中占有较大的比重，在其他条件不变的情况下，通过加强物流成本管理和控制，可以降低企业产品的成本，这样企业就具有了低成本优势，会给企业带来超额收益。企业以较低价格销售产品，可在竞争中取得价格优势，从而提高产品的市场竞争力。

3. 有利于企业提高整体管理水平

物流成本的降低需要系统化的物流成本管理和控制，要求企业在运输、仓储、包装、装卸、搬运等各个物流活动环节实现作业的无缝连接，减少各个物流活动环节的浪费，对客户的需求做出快速的反应。因此，加强物流成本管理和控制可以改进企业的整体管理水平。

第三节　物流成本相关理论学说

一、"黑大陆"学说

1962 年，世界著名管理学家彼得·德鲁克在《财富》杂志上发表了《经济的黑大陆》一文，文中将物流比作"一块未开垦的处女地"，强调应高度重视流通以及流通过程中的物流管理。他指出："流通是经济领域里的黑暗大陆。"这里彼得·德鲁克虽然泛指的是流通，但是由于流通领域中物流活动的模糊性特别突出，它是流通领域中人们认识不清的领域，因此"黑大陆"学说主要是针对物流而言的。"黑大陆"学说是一种未来学的研究结论，也是战略分析的结论，带有较强的哲学抽象性，这一学说对于研究物流成本领域起到了启迪和动员的作用。

二、"冰山"学说

物流成本"冰山"学说是由日本早稻田大学教授、权威物流成本研究学者西泽修先生于 1970 年提出来的，他潜心研究物流成本时发现，财务会计制度和会计核算方法都不能

准确地掌握物流费用的实际情况。"冰山"学说是对物流费用的一种形象比喻,在企业的全部费用中,由企业财务直接向外支付的运费、仓库保管费、装卸作业费、包装费等是很明显的,是能够计算和掌握的,而这些外付物流费用不过是企业物流成本的"冰山"一角,这部分费用只是全部费用中的一部分,甚至是一小部分。例如,企业向外购买设备配件的费用,财务上一般归入制造成本,实际上这部分费用中包含了相当比例的物流费用。

"冰山"学说把全部物流费用比喻为大海中浮着的一座冰山,其露出水面看得见的部分,只是冰山的一角,用来指可以直接计算和把握的那一部分,即企业向外支付的物流费用;而潜藏在水中的大部分则比喻为企业难以明确把握的企业内部消耗的物流费用。物流成本冰山理论学说如图 1-2 所示。

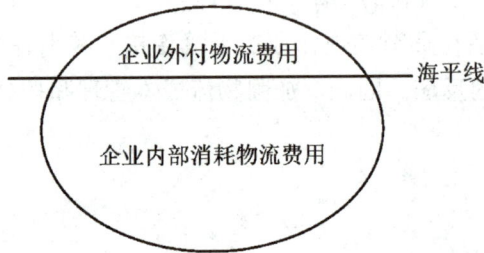

图 1-2   冰山理论学说

"冰山"理论旨在提醒人们不要只看到露出海面的冰山一角,而要了解冰山的全部,即不要只看到财务支付给外部的物流费用,而要掌握全部的物流费用。美国、日本等国家的实践研究表明,企业实际物流成本的支出往往要超过企业向外支付物流成本额的 5 倍。

解决上述问题的根本方法就是进行物流成本核算,将混入其他费用科目的物流成本全部分解归集,使人们清晰地看到潜藏在海平面下的物流成本的巨大部分,进而挖掘出降低物流成本的潜力。

三、"第三利润源"学说

西泽修教授在 1970 年所写的《流通费用 —— 不为人知的第三利润源泉》一书中指出,利用劳动对象和劳动者提高生产效率、创造利润分别是企业的第一利润源和第二利润源,在企业第一和第二利润源可利用、可控制的空间越来越小的情况下,随着物流业的发展以及企业对物流越来越重视,物流被称为企业增加利润的"第三利润源"。此理论揭示了物流的本质,使物流能在战略和管理上统筹企业生产、经营的全过程,并推动现代化发展。

从社会经济发展的历史轨迹来看,随着经济发展阶段的演变和经济环境的变革,曾经有过两个大量提供利润的领域。在生产力落后、社会产品供不应求的历史阶段，由于市场商品匮乏，制造企业无论生产什么产品都不愁卖出去，于是就大力进行设备更新改造、扩大生产能力、增加产品数量、降低生产成本，以此来创造企业剩余价值，即第一利润源——劳动资料。当产品市场转为供大于求的时候，产品销售出现困难，即第一利润源达到一定极限，企业开始依靠科技进步，采用机械化和自动化手段提高劳动生产率，减少人力消耗，从而降低人力成本增加利润，我们称之为"第二利润源"，即劳动者。然而，随着现代化程度的不断提高，前面两个利润源可挖掘的潜力越来越小，人们开始将探索的目光投向流通领域，物流的潜力开始被人们发现并被重视，于是出现了西泽修教授的"第三利润源"的学说。

"第三利润源"学说是对物流潜力及效益的描述，从中我们可以认识到：

(1) 物流活动和其他独立的经济活动一样，不仅是总成本的构成因素，也可以是单独的盈利因素，可以成为"利润中心"。

(2) 从服务角度看，通过有效的物流服务，可以给接受服务的生产企业创造更好的盈利机会，成为企业的"第三利润源"。

(3) 通过有效的物流服务，可以优化社会经济系统和整个国民经济的运行，降低整个社会的运行物流成本，提高国民经济总效益。

四、效益背反理论

"效益背反"又称"二律背反"，这一术语表明了两个相互排斥而又被认为是同样正确的命题之间的矛盾。效益背反理论认为物流的若干功能要素之间存在着损益矛盾，即某一物流功能要素的优化和利益发生的同时，必然会存在另一个或另几个功能要素的利益损失，是这一领域中内部矛盾的反映和表现。物流系统的效益背反主要包括物流成本与服务水平的效益背反和物流各功能活动之间的效益背反。下面介绍效益背反的几个现象。

1. 库存成本与运输成本的效益背反

通过减少产品库存据点并尽量减少库存，会降低企业的库存成本，但势必也会使库存补充变得频繁，同时运输次数增加，也会增加运输成本。同样，将铁路运输改为航空运输，虽然运输成本增加了，但是却减少了各产品库存据点的库存，降低了库存成本。

2. 包装成本与运输成本、库存成本的效益背反

通过简化包装可降低包装成本，但包装强度的降低就会降低保管效率，而且在装卸运输和库存过程中容易出现破损，从而导致搬运效率下降，破损增多，进而使运输和库存成本增加。

3. 服务水平与库存成本的效益背反

企业为了避免因产品缺货而引起的客户流失，就要增加库存量、提高服务水平，这样

仓储费用就会增加。

4. 服务水平与物流成本的效益背反

高水平的物流服务在增加企业业务量和收入的同时，也增加了企业物流成本，而且服务水平与物流成本之间并非呈线性关系。企业应根据不同的实际情形，采取不同的策略。

由于各物流活动之间存在着效益背反关系，因而我们在分析和研究物流成本时，必须对整个物流过程的总物流成本进行分析和控制，使物流系统整体得到优化。

五、物流成本中心说

物流成本中心学说，是指物流成本是企业成本的重要组成部分，因而解决物流的问题并不仅仅是为了合理化、现代化，也不是为了支持和保障其他活动，重要的是通过管理和控制物流的一系列活动以降低成本。所以，物流成本中心学说既是指主要成本的产生点，又是指降低成本的关注点。物流是降低成本的宝库等说法正是这种认识的形象表述。

六、其他物流成本学说

1. 利润中心学说

物流可以为企业提供大量直接和间接的利润，是形成企业经营利润的主要活动。对国民经济而言，物流活动也是国民经济中创利的主要活动。

2. 战略学说

物流具有战略性，对企业而言，物流不仅是一项具体的操作性任务，还是发展战略的一部分。高效、合理的物流管理，既能够降低企业经营成本，又能够为客户提供优质的物流服务；既能够为企业创造成本优势，又能够使企业获得价值优势，属于企业战略管理范畴。

3. 系统学说

1973年，美国著名教授詹姆斯·海斯凯特在他所著的《企业物流》一书中，用系统论的方法对企业物流活动进行了深入的阐述。其主要观点有：企业各物流活动之间、物流与其他经营活动和客户服务之间存在着普遍的内在联系，所以在考察个别物流活动的变化时，应尽可能从总体和系统的角度进行比较，分析要素间的互动关系。他认为，对物流活动应当进行系统管理，要对各种物流活动成本及其相互关系，在既定的客户服务水平的约束下，进行有效协调和权衡。也就是说，不管是显性成本，还是隐性成本，所有的物流活动和结果都可以换算成物流成本。该理论通过物流成本对物流活动进行管理，成为研究物流管理的切入点。

4. 服务中心学说

服务中心学说代表了欧美一些学者对物流的认识，这种观点认为，物流活动最大的作用并不在于为企业节约消耗、降低成本或增加利润，而在于提高企业对用户的服务水平，进而提高企业的竞争能力。因此，他们在描述的词语上选择了"后勤"一词，特别强调物流的服务保障职能。通过物流的服务保障，企业以其整体能力来压缩成本、增加利润。

上述各物流管理理论的观点分别从不同角度对物流成本管理进行定义或归纳，其中"黑大陆"学说、"冰山"学说、"第三利润源"学说等属于比较早期的物流成本管理理论，反映了在社会普遍对物流认识模糊、观念落后的情况下，理论学界对物流成本管理重要性的觉悟和倡导，开启了深入认识和系统研究物流成本的大门，极大地鼓舞了人们研究物流成本管理的热情，对当时和今天的物流成本管理理论界和实务界都产生了深远的影响。物流成本中心学说、利润中心学说则分别从对企业成本、企业利润及国民经济的影响角度强调了物流成本分析与控制的重要作用。服务中心学说、系统学说分别从服务保障功能和系统功能角度阐明了物流创造利润、提高企业竞争力的内涵。

本章思考题

1. 什么是物流成本及物流成本管理？
2. 物流成本相关的理论学说有哪些？
3. 物流成本管理的内容和方法是什么？
4. 物流成本管理的意义是什么？
5. 美国和日本物流成本管理发展历程对我国物流成本管理有何借鉴作用？

案例分析

布鲁克林酿酒厂对物流成本的控制

布鲁克林酿酒厂于 1987 年 11 月将它的第一箱布鲁克林拉格运到日本，并在最初的几个月里使用了各种航运承运人。最后，日本金刚砂航运公司被选为布鲁克林酿酒厂唯一的航运承运人。金刚砂航运公司之所以被选中，是因为它向布鲁克林酿酒厂提供了增值服务。金刚砂航运公司在其国际机场的终点站交付啤酒，并在飞往东京的商航班上安排运输，金刚砂航运公司通过其日本报关办理清关手续，这些服务有利于保证产品完全符合保鲜要求。

布鲁克林酿酒厂对时间与价格进行严格控制。啤酒之所以能达到新鲜的要求，是因为这样的物流作业可以在啤酒酿造后的 1 周内将啤酒从酿酒厂直接运送到顾客手中。新鲜啤酒能超过一般啤酒的价值，定价也高于海运装运的啤酒价格的 5 倍。虽然布鲁克林拉格在美国是一种平均价位的啤酒，但在日本它却是一种溢价产品，获得了极高的利润。

布鲁克林酿酒厂还对包装成本进行严格控制。布鲁克林酿酒厂改变啤酒的包装，通过装运小桶装啤酒而不是瓶装啤酒来降低运输成本。虽然小桶重量与瓶的重量相等，但减少了因玻璃破碎而使啤酒损毁的机会。此外，小桶装啤酒对运输过程中保护性包装的要求也比较低，这将进一步降低装运物流成本。

案例讨论：

1. 布鲁克林酿酒厂是如何控制它的运输成本的？
2. 布鲁克林酿酒厂采取什么措施降低装运物流成本？

第二章　物流成本的构成及分类

学习目标

◆ 了解国内外及我国社会物流成本的构成
◆ 掌握企业物流成本的构成
◆ 了解不同类型企业物流成本的构成
◆ 掌握企业物流成本的分类

　　了解物流成本的构成是进行物流成本分析与控制的前提与基础。物流成本的构成需从宏观、中观和微观三个层次来理解与认识。宏观物流成本不能用微观的数据简单地相加而成，宏观物流成本有其独立的构成与核算体系；中观物流成本通常是指行业物流成本，其核算主要依赖于健全的微观物流成本构成与核算体系；微观物流成本是指企业物流成本。中观物流成本实际上是不需要直接核算的，它可以运用统计学的方法对采集到的微观物流成本数据样本进行分析，也就是说，它依赖于众多微观物流成本的核算结果，因此，物流成本的构成按照宏观与微观，即社会物流成本与企业物流成本来进行分析。

第一节　社会物流成本的构成

　　社会物流成本又称宏观物流成本，是指一定时期内国民经济各部门用于社会物流活动的总支出，包括支付给运输、存储、装卸搬运、包装、配送、流通加工、信息处理等各个环节的费用和应承担的物品在物流活动期间发生的损耗费用，以及社会物流活动中因资金占用而应承担的利息支出等。社会物流成本是衡量一个国家物流现代化水平的标准。

目前，社会总物流成本分为运输费用、保管费用和物流行政管理费用。一个国家物流成本总额占国内生产总值的比例，已经成为衡量一个国家物流服务水平和发展水平高低的一个标志。美国、日本等发达国家对社会物流成本的研究工作非常重视，已经持续进行了必要的调查与分析，建立了一套完整的社会物流成本收集系统，并将各年的资料加以比较，随时掌握国内社会物流成本变化情况以供企业和政府参考。在借鉴国外发达国家经验的基础上，我国根据社会物流业发展现状，积极探索并进一步完善社会物流成本核算体系，并对物流业的发展进行科学分析，这对于制定科学合理的政策、提高国民经济运行质量和效率具有重要的意义。

一、美国社会物流成本的构成

美国是世界上最早发展物流业的国家之一，也是物流业发展较为成熟的国家。2000—2021 年美国社会物流总成本占 GDP 比重变化趋势如表 2-1 所示。2000 年，美国物流产业规模达 9000 亿美元，占美国国内生产总值 (GDP) 的 10% 以上，有超过 1000 家专门提供物流服务的公司，2010 年达到了 8.27%，2020 年占美国 GDP 的 7.40%。必须指出的是，美国社会物流成本的绝对数量是一直在上升的，但是由于其上升的幅度低于国民经济的增长幅度，所以占 GDP 的比例在缩小，从而成为提高经济效益的源泉。

表 2-1   2000—2021 年美国社会物流总成本占 GDP 的比重表

年份	社会物流总成本占 GDP 的比重 /%	年份	社会物流总成本占 GDP 的比重 /%
2000	10.22	2011	7.90
2001	9.45	2012	7.90
2002	8.69	2013	7.90
2003	8.64	2014	8.00
2004	8.79	2015	7.90
2005	9.52	2016	7.50
2006	9.74	2017	7.50
2007	9.93	2018	8.00
2008	9.37	2019	7.80
2009	7.78	2020	7.40
2010	8.27	2021	8.00

美国社会物流成本主要包括存货持有成本、运输成本和物流行政管理成本三部分。

1. 存货持有成本

存货持有成本 = 仓储费用 + 利息 + 存货占用资金的利息 + 货物损耗费用 +

保险费用 + 人力费用 + 缺货成本 + 税收费用 +

存货贬值或过时的机会成本 (Alfor-Bangs 公式)

其中，利息是由当年美国商业利率乘以全国商业库存总金额得到的，把存货占用资金的利息计入物流成本，这是现代物流与传统物流成本核算的最大区别，只有这样，降低物流成本和加速资金周转速度才能从根本利益上统一起来。美国存货占用资金的利息在美国企业平均流动资金周转次数达到 10 次的条件下，约为库存成本的 1/4，约为总物流成本的 1/10，数额之大，不可忽视。

计算存货持有成本时，存货价值数据来源于美国商务部的《国民收入和生产核算报告》(Natural income and product account)、《当前商业状况调查》(Survey of current business) 和《美国统计摘要》(U.S.Statistical abstract) 等，将得到的数据代入 Alfor-Bangs 公式即可计算出存货持有成本。美国存货持有成本约占货物价值的 25%，每年进行社会物流成本核算时，可以根据当年的具体情况，对每个成本项目占存货价值的百分比进行调整。

2. 运输成本

运输成本包括公路运输、铁路运输、水路运输、航空运输、货运代理相关费用、油料管道运输与货主费用等。公路运输包括城市内运输费用与区域间卡车运输费用，货主费用包括运输部门运作及装卸费用。对历年美国社会物流总成本及各项成本占 GDP 的比重数据变化进行对比发现，运输费用大体占国内生产总值的 6%，并且一直保持着这一比重，说明运输费用与经济的增长是同步的。

3. 物流行政管理成本

物流行政管理成本包括订单处理成本、IT 成本以及市场预测、计划制定和相关财务人员发生的管理费用。由于这项费用的实际发生额很难进行真正的统计，因此，在计算物流行政管理成本时，是按照美国的历史情况由专家确定一个固定比例，再将该比例乘以存货持有成本和运输成本的总和得出的。其具有一定的合理性，可以作为参考数据来使用。从 1973 年第一篇《美国物流年度报告》出版时起，一直沿用 4% 乘以存货持有成本和运输成本之和作为物流行政管理成本。

二、日本社会物流成本的构成

日本也是物流业发展很快的国家，其社会物流成本计算方法与美国略有区别，包括运输费、保管费和管理费三部分。日本社会物流总成本公式中的一些比例和比率需要由专家估计。

1. 运输费

运输费用分为货主企业支付给各种运输机构的营业运输费以及自家运输费两种。营业运输费又分为卡车货运费、铁路货运费、内海航运货运费、国内航空运费和支付货运站货运费等多种；而自家运输费是以营运车平均行走一里的原价为基础，将其与自家卡车行走的里数、自家用卡车装载比率相乘而得出的。

2. 保管费

保管费是将日本经济企划厅编制的《国民经济计算年报》中的国民资产、负债余额中原材料库存余额、产品库存余额及流通库存余额的合计数乘以日本资材管理学会调查所得的库存费用比例和原价率得出的。这里保管费不是狭义的保管费，它不仅包括仓储业者的保管费或企业自有仓库的保管费，还包括仓库、物流中心的库内作业费用和库存所发生的利息、损耗费用等。保管费的计算公式如下：

$$保管费 = (原材料库存余额 + 产品库存余额 + 流通库存余额) \times$$
$$原价率 \times 库存费用比例$$

其中

$$库存费用比例 = 利率除外的库存费用比例 + 利率$$

3. 管理费

物流管理费无法用估计的方法求得，因此根据日本《国民经济计划年报》中的《国内各项经济活动生产要素所得分类统计》，将制造业和批发零售业的产出总额，乘以日本协会根据行业分类调查出来的各行业物流管理费用比例（一般取 0.5%）计算得出，即

$$管理费 = (制造产业产出额 + 批发零售业产出额) \times 物流管理费用比例$$

三、我国社会物流成本的构成

与美国、日本等国家相比，我国对社会物流成本的研究与实践起步较晚。直到 2004 年，国家发展和改革委员会、国家统计局发布了《社会物流统计制度及核算表式（试行）》的通知，我国相对完善的社会物流成本统计计算体系才面世。2015 年，国家发展和改革委员会与中国物流与采购联合会联合发布了《社会物流统计报表制度》，指出社会物流统计是促进物流业发展的基础工作，对于准确把握我国物流运行情况和发展趋势具有重要作用。

根据中华人民共和国国家标准《社会物流统计指标体系》(GB/T 24361—2009)，我国社会物流成本是指一定时期内，国民经济各方面用于社会物流活动的各项费用支出，具体

包括运输费用、保管费用和管理费用。

1. 运输费用

运输费用是指社会经济活动中，国民经济各部门由于物品运输而支付的全部费用。运输费用包括：支付给物品承运方的运费（即承运人的货运收入）；支付给装卸、搬运、保管、代理等辅助服务提供方的费用（即辅助服务提供方的货运业务收入）；支付给运输管理与投资部门的、由货主方承担的各种交通建设基金、过路费、过桥费等运输附加费。

运输费用的计算公式如下：

$$运输费用 = 运费 + 装卸搬运等辅助费用 + 运输附加费$$

在具体计算时，应根据铁路运输、公路运输、水上运输、航空运输和管道运输不同的运输方式及对应的业务核算办法分别进行计算。

2. 保管费用

保管费用是指社会物流活动中，物品从最初的资源供应方（生产环节、海关）向最终消费者用户流动的过程中所发生的除运输费用和管理费用之外的全部费用。其主要内容包括：物流过程中因占用流动资金而需承担的利息费用，仓储保管方面的费用；流通中配送、加工、包装、信息及相关服务方面的费用，物流过程中发生的保险费用和物品损耗费用等。

保管费用的计算公式如下：

$$保管费用 = 利息费用 + 仓储费用 + 保险费用 + 货物损耗费用 + 配送费用 +$$
$$信息及相关服务费用 + 流通加工费用 + 包装费用 + 其他保管费用$$

3. 管理费用

管理费用是指在社会物流活动中，物品供需双方的管理部门因组织和管理各项物流活动所发生的费用。其主要内容包括管理人员报酬、办公费用、教育培训、劳动保险、车船使用等管理科目的费用，计算公式如下：

$$管理费用 = 社会物流总额 \times 社会物流平均管理费用率$$

其中，社会物流平均管理费用率是指一定时期内，在各物品最初供给部门完成全部物品从供给地流向最终需求地的社会活动中，管理费用额占各部门总额比例的综合平均数。

根据国家发改委、国家统计局以及中国与采购联合会最新发布的《2021年全国物流运行情况通报》数据显示：2021年社会物流总费用16.7万亿元，同比增长12.5%。其中，运输费用9.0万亿元，增长15.8%；保管费用5.6万亿元，增长8.8%；管理费2.2万亿元，增长9.2%。2021年社会总费用与GDP的比率为14.6%，比上年同期下降0.1个百分点。

第二节　企业物流成本的基本构成

　　企业物流成本属于微观物流成本。企业物流成本是指企业进行采购、销售、生产等相关物流活动的成本总和。按照国家标准《企业物流成本构成与计算》(GB/T 20523—2006)，企业物流成本构成分为物流成本项目、物流成本范围和物流成本支付形态三种类型，如图2-1所示。

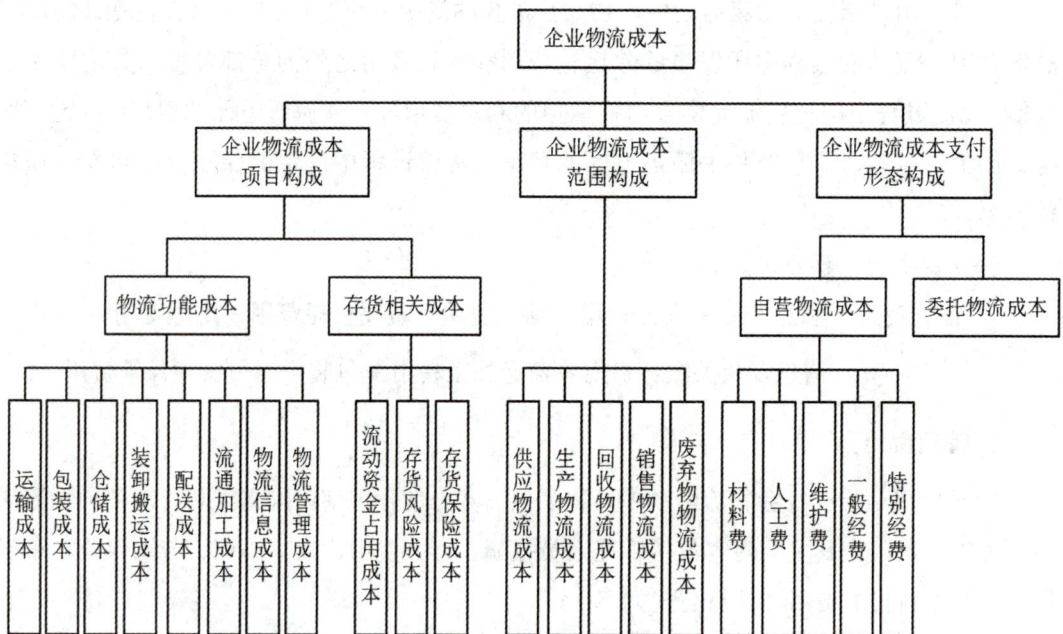

图 2-1　企业物流成本构成图

一、物流功能成本

　　根据国家标准《企业物流成本构成与计算》对企业物流成本按物流成本项目构成分类，企业物流成本由物流功能成本和存货相关成本构成。其中，物流功能成本包括物流活动过程中发生的运输成本、仓储成本、包装成本、流通加工成本、装卸搬运成本、物流信息成本和物流管理成本。

(一) 运输成本

运输是指用专用运输设备将物品从一个地点向另一个地点运送。它包括集货、分配、搬运、中转、装入、卸下、分散等一系列操作。在现代企业物流中，运输在企业经营业务中占有主导地位，运输费用在整个业务中占有较大比例，因此，物流合理化在很大程度上依赖于运输合理化，而运输合理与否直接影响运输费用的高低，进而影响企业物流总成本的高低。

运输成本是指在一定时期内，企业为完成货物运输业务而发生的全部费用，包括支付的外部运输费和自有车辆运输费。具体包括以下三部分：

(1) 人工费。人工费主要是指从事运输业务人员的费用，如运输业务人员的工资、福利、奖金、津贴和补贴、住房公积金、人员保险费、职工教育培训费等。

(2) 维护费。维护费主要是指与运输工具及运营有关的费用，如营运车辆的燃料费、轮胎费、折旧费、修理费、车辆牌照检查费、车辆清理费、过路养路费、保险费、公路运输管理费等。

(3) 一般经费。一般经费是指在企业运输业务开展过程中，除了人工费和维护费之外的其他费用或运输业务有关的费用，如差旅费、事故损失费、相关税金等。

就范围而言，运输成本存在于企业供应物流、生产物流、销售物流、回收物流和废弃物物流的全过程。

(二) 仓储成本

仓储是指利用仓库及相关设施设备进行物品的入库、存储、出库的活动。在企业诸多物流业务中，货物储存业务是一个重要组成部分。仓储业务管理的主要任务是，以最低的费用在适当的时间和地点取得适当数量的货物。

仓储成本是指在一定时期内，企业为完成货物储存业务而发生的全部费用，包括支付的外部仓储费和使用自有仓库的仓储费用。具体包括以下三部分：

(1) 人工费。人工费主要是指从事仓储业务人员的费用，如仓储业务人员的工资福利、奖金、津贴和补贴、住房公积金、人员保险费、职工教育培训费等。

(2) 维护费。维护费主要是指与仓库及保管货物有关的费用，如仓储设备设施的折旧费、维修保养费、水电费、燃料与动力费用等。

(3) 一般经费。一般经费是指在企业仓储业务开展过程中，除了人工费和维护费之外的其他费用或与仓储业务有关的费用，如仓储业务人员差旅费、事故损失费等。

(三) 包装成本

包装是指为在流通过程中保护产品、方便储运、促进销售，按一定技术方法采用的容器、材料及辅助物等的总称。包装作为物流活动的功能之一，与运输、仓储、装卸搬运、流通加工均有十分密切的关系，在企业物流成本中占有重要地位。据统计，包装费用占流通费用的 10%，有的商品包装费用甚至高达 50%，因此，加强包装成本的管理与控制，将对进一步降低企业物流成本产生深远影响。包装成本具体包括以下四部分：

(1) 材料费。材料费主要是指包装业务所耗用的材料费。常见的包装材料有多种，由于包装材料功能不同，物流成本差异较大。企业的包装材料除了少量自制外，大部分通过外部采购。

(2) 人工费。人工费主要是指从事包装业务的人员费用，具体包括包装业务人员的工资、福利、津贴和补贴、住房公积金、人员保险费等。

(3) 维护费。维护费主要是指用于包装设施设备的折旧费、维修费、能耗费及低值易耗品摊销等。

(4) 一般经费。在包装过程中，除了以上三部分费用外，还会发生诸如包装技术费用和辅助费用等其他杂费，这部分费用通常列入一般经费。如包装标识、标记的设计费用、印刷费用、辅助材料费用等。

根据国家标准《企业物流成本构成与计算》的分类，对于进入流通加工环节所实施的包装作业而发生的物流成本列入流通加工成本，不列入包装成本。就范围而言，包装成本存在于供应物流、生产物流和销售物流阶段。

（四）装卸搬运成本

装卸搬运是指在指定的地点以人力或机械设备装入或卸出物品的作业过程。发生在同一地域范围内（如车站、工厂、仓库等），装卸一般指物品上下方向的移动，而搬运是指物品横向的移动。装卸搬运活动是各项物流活动中出现频率最高的一项作业，其活动效率的高低直接影响整体效率。装卸搬运成本是指一定时期内，企业为完成货物装卸搬运业务而发生的全部费用，具体包括以下三部分：

(1) 人工费。人工费主要是指从事装卸搬运业务人员的相关费用，包括人员的工资、福利、津贴和补贴、住房公积金、人员保险费等。

(2) 维护费。货物在装卸搬运过程中需要使用一些起重搬运设备和输送设备等，维护费是指这些设备的折旧费、维修保养费、能源消耗费等。

(3) 一般经费。一般经费是指在物品装卸搬运过程中发生的除人工费用和设备维护费之外的其他费用，如分拣费、整理费等。就装卸搬运发生的场所而言，包括车间装卸搬运、站台装卸搬运和仓库装卸搬运，因此，装卸搬运成本存在于供应物流、生产物流、销售物流、回收物流和废弃物物流整个物流活动的全过程。

（五）流通加工成本

流通加工是现代物流系统的重要组成部分，是指商品从生产者向消费者流动的过程中，为了促进销售，维护商品质量，实现高效率所采用的使商品发生形状和性质变化的活动，如剪板加工、冷冻加工、分装加工、组装加工、精加工等。流通加工成本是指在一定时期内，企业为完成流通加工业务而发生的全部费用，包括支付的外部流通加工费用和自有设备流通加工费。具体包括以下四部分：

(1) 人工费。人工费主要是指从事流通加工业务人员的相关费用，包括人员的工资、福利、津贴和补贴、住房公积金、人员保险费等。

(2) 材料费。材料费是指在流通加工过程中，一些辅助材料和包装材料消耗的费用。

(3) 维护费。流通加工过程中需要使用一定的设备，如电锯、剪板机等，维护费是指与这些流通加工设备相关的折旧费、摊销费、维修保养费及耗用的电力、燃料、油料等费用。

(4) 一般经费。一般经费是指在流通加工过程中发生的除人工费和维护费之外的其他费用，如流通加工作业应分摊的车间经费和其他管理费用支出等。

流通加工对象是进入流通领域的商品，具有商品的属性。从这一意义上说，流通加工成本仅存在于销售物流阶段。

（六）配送成本

配送是指在经济合理区域范围内，根据客户要求，对物品进行拣选、加工、包装、分割、组配等作业，并按时送达指定地点的活动。配送是物流系统中一种特殊的、综合的活动形式，一般的配送集运输、仓储、包装和装卸搬运于一身，特殊的配送还包括流通加工。

因为配送是一个"小物流"的概念，集若干物流功能于一身，因此在国家标准《物流成本构成与计算》的分类中，将配送成本包括在配送范围内的运输、仓储、包装、装卸搬运和流通加工成本中，从而不单独将配送成本作为物流功能成本的构成，而将与配送物流成本有关的费用支出分配在其他物流功能成本中。

（七）物流管理成本

随着物流业的发展，其本身所蕴含的巨大效益为越来越多的企业所了解和重视。加强物流管理，整合物流运作流程，以最低的支出获取最大的物流效益被提到重要的议事日程，很多企业纷纷设立了专门的物流管理部门，或是在其他业务部门中指定专门人员从事物流管理工作，物流作业现场也有专门人员从事物流作业的协调和管理工作。在作业分工日益精细的今天，物流管理工作逐渐从其他功能作业中分离出来，成为独立存在的作业形式。物流管理成本是指一定时期内，企业为完成物流管理活动所发生的全部费用，具体包括人工费、维护费和一般经费。

(1) 人工费。人工费主要是指从事物流管理工作的人员费用。具体包括物流管理人员工资、福利、奖金、津贴、补贴、住房公积金、保险费、教育培训费和其他一切用于物流管理人员的费用等。

(2) 维护费。管理人员在物流管理过程中，会使用有关软件系统和硬件设施进行物流管理，这些硬件系统及设施的折旧费、摊销费、修理费等被归为维护费。

(3) 一般经费。一般经费指物流管理活动中，除了人工费、维护费外的其他费用支出。如物流管理部门、作业现场及专门的物流管理人员应分摊的办公费、会议费、水电费、差旅费等，还包括国际贸易中发生的保管费、检验费、理货费等。

物流管理活动贯穿于企业物流全过程，因此，就范围而言，管理物流成本存在于供应物流、生产物流、销售物流、回收物流全过程。

（八）物流信息成本

信息渠道的畅通是物流系统高效运行的保证。随着物流业的发展，信息在物流管理中的地位越来越重要，物流信息管理已经成为物流管理的重要手段之一。物流信息成本是指一定时期内，企业为完成物流信息的采集、传输、处理等活动所发生的全部费用，具体包括人工费、维护费和一般经费三部分。

(1) 人工费。人工费指从事物流信息管理工作的人员费用。具体包括物流信息管理人员工资、福利、奖金、津贴、补贴、住房公积金、保险费、教育培训费和其他一切用于物流管理人员的费用等。

(2) 维护费。物流信息管理过程中需要软件系统和硬件设施的投入。维护费主要是指与物流信息软、硬件系统及设备有关的费用，如信息系统开发摊销费、信息设施折旧费及信息软硬件系统维护费等。

(3) 一般经费。一般经费是指在物流信息活动过程中，除了人工费和维护费外，其他与物流信息有关的费用，如在采购、生产、销售过程中发生的通信费、咨询费等。

在企业运营过程中，有物流就有相关的信息客观存在，因此，就范围而言，信息处理成本存在于供应物流、生产物流、销售物流、回收物流和废弃物物流全过程。将物流信息与其他信息区别开来，将物流信息费用从其他费用中分离出来都是极其困难的，但同时也是极为必要和重要的。

二、存货相关成本

在国家标准《企业物流成本构成与计算》的分类中，物流成本除了物流功能成本外，还包括存货相关成本，即流动资金占用成本、存货风险成本和存货保险成本。

1. 流动资金占用成本

流动资金占用成本是指在一定时期内，企业在物流活动过程中因持有存货而占用流动资金所发生的成本，包括因负债融资所发生的利息支出（显性物流成本）和因存货占用资金所发生的机会成本（隐性物流成本）。

隐性物流成本是指企业没有实际发生，会计核算中没有发生，但在物流管理和决策中应予以考虑的机会成本。目前，理论界探讨的隐性物流成本包括库存积压降价处理、库存呆滞产品、回程空载、产品损耗、退货、缺货损失等。这里将流动资金占用成本纳入隐性物流成本范畴，主要基于三个方面的考虑：一是企业在加快存货周转速度，减少资金占用，从而提高利润率方面有巨大的潜力可挖；二是国内外有关统计资料表明，存货资金占用成本在整个物流成本中占有相当大的比重；三是统计存货相关数值简便易行，具有可操作性。

就范围而言，因为流动资金占用成本主要是指产品被锁闭在仓储环节，从而导致其成为企业所占用的资金成本，因此流动资金占用成本主要存在于供应物流、生产物流和销售物流阶段。

从各国企业物流成本的构成来看，其中均包括因流动资金的占用而需要承担的利息费用，且这部分利息费用在整个保管费用中占有相当大的比例，有学者认为，加快资金周转速度、减少流动资金占用物流成本已成为降低物流成本最重要的渠道之一。因此，从微观的企业物流成本的构成内容来看，流动资金占用成本也应纳入物流成本的范畴，并作为独立的内容加以重点管理与控制。

2. 存货风险成本

在物流活动过程中，由于多种不确定因素的存在，原材料、半成品及产成品等存货通常在运输、仓储、装卸搬运等环节可能面临破损、散失、毁损、跌价等风险损失。

存货风险成本是指在一定时期内，企业在物流活动过程中所发生的物品损耗、毁损、盘亏以及跌价损失等。从可操作性和重要性的角度考虑，一般仅将显性物流成本，即会计核算体系中反映的存货损失物流成本计入存货风险成本，而对于会计核算体系中没有反映的贬值、过时损失等则不计入存货风险成本。

存货风险成本在运输、仓储、装卸搬运等环节都可能发生，因此就物流范围而言，存货风险成本存在于供应物流、生产物流和销售物流阶段。

3. 存货保险成本

近年来，企业为分担风险，对货物采取投保缴纳保险费的方式来减少风险损失。存货保险成本是指在一定时期内，企业在物品流动过程中，为预防和减少因物品丢失、损坏造成的损失，向社会保险部门支付的物品财产的保险费用。保险费用支出的高低与产品价值和类型，以及产品丢失或损坏的风险程度等因素相关。

就范围而言，物品丢失、损毁主要发生在采购、保管和销售过程中；就存货实物形态而言，既包括在途存货，也包括库存存货，因此，存货保险成本存在于供应物流、生产物流和销售物流阶段。

前述各项物流功能成本的支付形态主要包括人工费、材料费、维护费和一般经费。与物流功能成本不同，存货相关成本的支付形态在"特别经费"中反映。

第三节　不同类型企业物流成本的构成

　　讨论不同类型企业物流成本的构成时，一般将企业分为制造型企业、商品流通型企业和物流企业。不同类型企业物流成本的构成及分析方法是有所区别的，下面我们对这三种不同类型企业的物流成本构成进行更进一步的分析。

一、制造型企业物流成本的构成

　　制造型企业物流是指从原材料的采购开始，经过一系列的加工制造过程，到形成具有一定使用价值的产成品或半成品，直到把产成品或半成品送到销售商或客户的全过程物流活动。图 2-2 是一个典型的制造型企业物流系统的流程图。

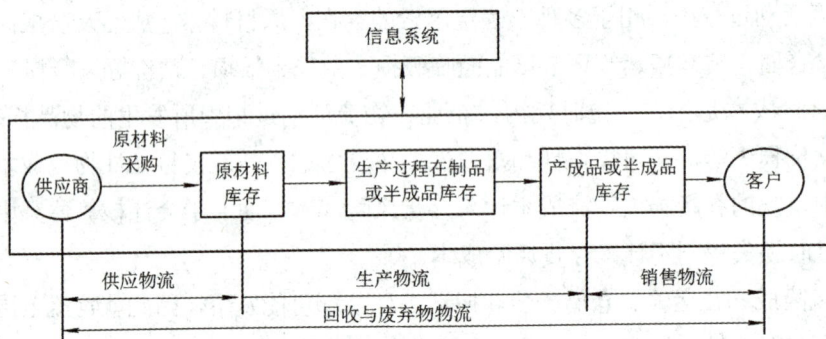

图 2-2　典型的制造型企业物流系统的流程图

　　与物流系统流程相对应，制造型企业的物流成本也应该包括供应物流成本、生产物流成本、销售物流成本与回收物流成本和废弃物物流成本五个方面。

1. 供应物流成本

　　制造型企业的供应物流是指从原材料采购开始，到原材料进入企业仓库储存的物流活动。其物流成本主要包括：订货采购费，如采购部门人员工资、差旅费、办公费等；运输费，如外包运输费、运输车辆折旧费、运输损耗、合理损耗、油料消耗及运输人员工资等；验收入库费用，如验收费用、入库作业费；仓储保管费，如仓储人员工资、仓储设施折旧费、合理损耗、仓库办公费用、储备资金利息等。

2. 生产物流成本

　　制造型企业生产物流是指伴随企业内部生产过程的物流活动，从范围划分，它是由原材料从供应仓库开始，经过一系列的生产制造过程形成产品，一直到产品成品库待销售为止。生产物流成本具体包括：内部搬运费，生产过程中设施的折旧费，占压生产资金的利息支出，半成品仓库的储存费用等。

3.销售物流成本

制造型企业销售物流是指企业经过销售活动，将产品从成品仓库通过拣选、装卸搬运、运输等环节，一直到运输至中间商的仓库或消费者手中的物流活动。销售物流成本具体包括：产成品储存费用，销售过程中支付的外包运输费，自营运输设施的折旧费、油料消耗、运输人员工资等，销售配送费用，退货物流成本等。

4.回收与废弃物物流成本

制造型企业回收与废弃物的物流成本与特定的企业相关，如废旧产品的回收过程中发生的人工费、材料费、设施设备的折旧费及其他各种支出等。

二、流通型企业物流成本的构成

商品流通型企业主要是指商业批发企业、商业零售企业、连锁经营企业等。商品流通型企业物流成本是指在组织商品的购进、运输、仓储、销售等一系列活动中所消耗的人力、物力、财力的货币表现，相对于制造型企业来说，商品流通型企业只是减少了生产的环节，并且其供应和销售是一体化的。图 2-3 为典型的商品流通型企业物流系统业务流程。

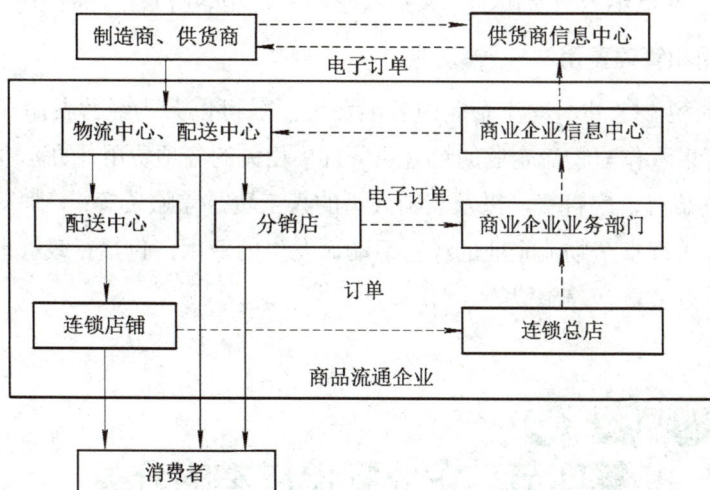

图 2-3　商品流通型企业物流系统业务流程图

商品流通型企业的物流成本构成包括：

(1) 人工费：包括与物流活动相关人员的工资、奖金、福利和津贴等。

(2) 营运费：包括物流营运中的能源消耗、运杂费、折旧费、办公费、差旅费、保险费等。

(3) 财务费用：指经营活动中发生的存货资金使用成本支出，如利息、手续费等。

(4) 其他费用：与物流活动相关的税金、信息费等。

三、物流企业物流成本的构成

物流企业是为货主企业提供专业物流服务的，它既包括一体化的第三方物流服务企业，也包括提供物流功能性服务的企业，如仓储公司、运输公司、货运代理公司等。物流服务企业通过专业化的物流服务，来降低货主企业运营的物流成本，并从中获得利润。可以说，物流企业的整个运营成本和费用实际上就是货主企业物流成本的转移。物流企业的全部物流运营成本费用都可以看作广义上的物流成本。

物流企业的物流成本包括营业税及附加、经营费用、管理费用三大类。

1. 营业税及附加

物流企业的营业税及附加主要包括营业税、城市维护建设税和教育费附加等。营业税是以物流企业营业收入为课税对象的一个税种。物流企业应缴纳的营业税计算公式为

$$应缴纳营业税 = 营业收入 \times 适用营业税税率$$

城市维护建设税是根据应缴纳的营业税总额，按照税法规定的税率计算公式得出：

$$应缴纳城市维护建设税 = 营业税总额 \times 适用城市维护建设税税率$$

教育费附加是应缴纳营业税总额按规定比例计算缴纳的一种地方附加费，计算公式为

$$应缴纳教育费附加 = 营业税总额 \times 适用教育费附加费率$$

2. 经营费用和管理费用

除了缴纳的税金之外，物流企业的各项费用一般可以归为经营费用和管理费用两大类。经营费用可以看作与物流企业的经营业务直接相关的各项费用，如运输费、仓储费用、装卸搬运费、包装费、广告费，以及营销人员的人工费、差旅费等；管理费用一般是指物流企业为组织和管理整个物流企业的经营活动而发生的费用，包括行政管理部门人员的人工费、修理费、办公费、差旅费等。

第四节　企业物流成本的分类

按不同的标准和要求，企业物流成本有不同的分类。日本强调按照多种标准进行划分，从不同角度反映问题以及物流组织程度，通过综合物流成本测度全面管理物流成本。具体

来讲，日本企业物流成本按不同的标准大致分为 13 大类：总物流成本，事业部别物流成本，部门别物流成本，营业网点别物流成本，交易对象别物流成本，机能别物流成本，车辆别物流成本，人员别物流成本，场所别物流成本，作业别物流成本，销售别物流成本，形态别物流成本，固定及变动物流成本。

日本企业立足于上述物流成本类别的划分，在具体的物流成本体系和框架下，可以从多角度衡量物流成本，不仅能够全面反映企业费用的真实水准，而且还能有针对性地进行物流成本管理改进和调整，优化物流经营活动。

我们借鉴日本企业物流成本的分类思路，对我国物流成本分类进行介绍。企业物流成本分类的主要目的有两个：一是满足物流成本核算的要求；二是满足物流成本管理的要求。下面分别从成本核算和成本管理两方面来介绍企业物流成本的分类。

一、基于成本核算的物流成本分类

（一）按物流成本计入物流成本对象的方式分类

物流成本按其计入物流成本对象的方式不同，分为直接物流成本和间接物流成本。这种分类的目的是经济、合理地将物流成本归属于不同的物流成本对象。

物流成本对象是指需要对物流成本进行单独测定的一项活动，分为中间对象和最终对象。中间物流成本对象是指累积的物流成本还应进一步分配的归集点，有时也称物流成本中心，是将共同物流成本按某个分配基础进一步分配给最终物流成本对象之前的一个物流成本归集点。设置多少中间对象以及中间对象之间的联系，取决于企业物流成本管理与控制的要求。最终物流成本对象是指累积的物流成本不能再进一步分配的物流成本归集点，是物流成本的最终分配结果。

1. 直接物流成本

直接物流成本也称为可追溯物流成本，是直接计入物流范围、物流功能和物流支付形态等成本对象的成本。一种物流成本是否属于直接物流成本，取决于它与物流成本对象是否存在直接关系，并且是否便于直接计入。因此，直接物流成本也可以说是与物流成本对象直接相关的成本中可以用经济、合理的方式追溯到物流成本对象的那部分成本。在这里，"与物流成本对象直接相关"是指该物流成本与某一特定的物流成本对象存在直接关系，即它们之间存在明显的因果关系或受益关系；"追溯"是指在物流成本发生后，寻找引起物流成本发生的特定对象，例如，物流过程中耗用的材料成本很容易找到是用于包装作业还是流通加工作业；"经济、合理的方式追溯"是指将某项物流成本直接分配给该对象是合乎逻辑的，并且追溯到对象的代价不能太高。

大部分的直接材料和直接人工成本属于直接物流成本。直接材料物流成本是指在物流活动中直接耗费掉，用以完成物流服务的材料成本，例如包装作业中的包装材料费用；直接人工物流成本是指在物流活动中直接参与完成物流服务所耗用的人工成本，例如企业中从事仓储、运输等业务人员的工资、福利、奖金、津贴等。

2. 间接物流成本

间接物流成本是指与某一特定物流成本对象没有直接联系的物流成本，它是几种物流成本对象所共同消耗的，不能直接计入某一特定物流成本对象。间接物流成本是与物流成本对象相关联的物流成本中不能用一种经济、合理的方式追溯到物流成本对象的那一部分物流成本，主要有两种情况：一种是不能合理地追溯到物流成本对象；另一种是不能经济地追溯到物流成本对象。例如，办公用房的折旧费，很难直接分辨出管理部门及信息部门应分担的数额。再如，办公室用品的物流成本，可以单独追溯到特定部门及人员，但是单独计量的物流成本较高，而其本身数额不大，准确分配的实际意义有限，不如将其按一定的分配标准统一进行分配。

一项物流成本可能是直接物流成本，也可能是间接物流成本，要根据物流成本的对象而定。例如，对于从事运输业务的司机的工资支出，若以物流功能和物流成本支付形态作为成本核算对象，上述支出为直接物流成本：若以物流范围作为物流成本核算对象，上述支出则为间接物流成本。再如，在供应物流阶段发生的成本支出，若以物流范围作为成本核算对象，则为直接物流成本；但若以物流功能或物流成本支付形态作为物流成本核算对象，则为间接物流成本。所以，一项物流成本是直接物流成本还是间接物流成本，不是一成不变的，通常要随物流成本核算对象的变化而变化。

（二）按物流活动成本项目分类

企业物流成本按物流成本项目，可分为物流功能成本和存货相关成本，这种分类方式实际上是对传统物流成本按物流功能分类的细化。传统物流成本可分为运输、仓储、装卸搬运、流通加工、信息处理、物流管理等成本，其中仓储成本是一个"大物流成本"的概念，它既包括真正意义上的仓储运作成本，也包括与存货有关的流动资金占用成本、风险成本和保险成本等，且仅指仓储环节与存货有关的成本支出。

现实中，随着业务分工的细化及管理精细化的要求越来越迫切，将与存货成本，即与物的流动有关的成本支出从仓储成本中分离出来，使仓储成本与其他物流功能成本意义等同，仅反映在仓储环节所发生的物流运作支出上。一方面，将与存货有关的物流成本支出单独进行分析和管理，积极探寻加速存货资金周转，减少存货风险损失的方法与途径，从而降低总物流成本，这已成为现代物流成本管理与控制的方向和工作着力点；另一方面，与存货有关的利息支出、风险损失和保险费用支出贯穿于物流活动全程，而不仅仅发生在仓储环节。基于以上两方面的分析，对传统意义上的物流成本做出分析和细分，将仓储成本还原为物流运作意义上的仓储成本。

将物流成本按物流成本项目分类，可以了解在总物流成本中，物流功能成本和存货相关成本各自所占的比重，明确物流成本改善的方向；同时，还可以了解物流功能成本内部不同功能成本的结构，了解各自所承担的费用，在纵向和横向的比较分析后，明确降低物流成本的功能环节；另外，还可以了解存货相关成本中流动资金占用成本及存货其他物流成本所占的比重，促进企业加快存货资金周转速度，减少存货风险损失，探索物流功能活动之外的物流成本降低渠道。

（三）按物流成本范围分类

物流活动范围对于物流成本的核算而言，是对物流起点和终点的界定。现代物流活动范围包括从原材料采购开始，经过企业内的生产周转，到产品的销售乃至退货，以及废弃物的处理等这样一个宽泛的领域。物流成本对象选取的物流活动范围不同，物流成本核算的差异巨大。物流成本按物流活动的范围，可分为供应物流成本、生产物流成本、销售物流成本、回收物流成本和废弃物物流成本。

1. 供应物流成本

供应物流成本是指企业在采购环节所发生的费用，具体来说，是指经过采购活动，将企业所需原材料（生产资料）从供应者的仓库运至企业仓库为止的物流过程中所发生的物流费用。

2. 生产物流成本

生产物流成本是指从领用原材料开始，直到产成品完工入库这一物流过程中所发生的费用，具体来说，是指原材料从进入仓库开始，经过出库、制造加工形成产品进入成品库直到产品出库为止的过程中所发生的费用。

3. 销售物流成本

销售物流成本是指企业在销售环节所发生的费用，具体来说，是指为了销售，产品从成品库开始，经过流通环节，直到运输至消费者手中或终端售点的物流过程中所发生的物流费用。

4. 回收物流成本

回收物流成本是指退货、返修物品和周转使用的包装容器等从需方返回供应方的物流过程中所发生的物流费用。

5. 废弃物物流成本

废弃物物流成本是指将经济活动中失去原有使用价值的物品，根据实际需要进行收集、分类、加工、包装、搬运、存储等，并分送到专门处理场所的物流过程中所发生的物流费用。

物流成本按物流成本范围进行分类，可以了解每个物流成本范围阶段所发生的成本支出，了解在哪个或哪些物流成本范围阶段是成本发生的集聚点，并通过趋势分析和与其他企业的横向比较，把握成本改善的阶段取向。同时，进一步明确了企业内部供、产、销链条上不同部门的职责和要求，为确定相关责任部门提供依据。

（四）按物流成本支付形态分类

按物流成本支付形态的不同对物流成本进行分类，是以财务会计中发生的费用为基础，首先将物流成本分为自营物流成本和委托物流成本。自营物流成本又有不同的支付形态，包括材料费、人工费、维护费、一般经费和特别经费。以不同的支付形态提取和分离物流成本信息，是物流成本核算的起点，也是物流成本核算的难点。

1. 材料费

材料费是指因物料消耗而发生的费用，具体包括资材费、工具费、器具费、低值易耗品摊销以及其他物料消耗等。

2. 人工费

人工费是指因人力劳务的消耗而发生的费用，具体包括职工工资、福利奖金、津贴、补贴、住房公积金、职工劳动保险费、职工教育培训费等。

3. 维护费

维护费是指土地建筑以及各种设施设备等固定资产的使用、运转和维护保养所产生的费用，具体包括折旧费、维护/维修费、租赁费、保险费、税金、燃料与动力消耗费等。

4. 一般经费

一般经费涵盖了各物流功能成本在材料费、人工费、维护费三种支付形态之外的所有费用，包括办公费、差旅费、会议费、通信费、咨询费、水电费、煤气费以及其他杂费等。

5. 特别经费

特别经费是指与存货相关的物流成本支付形态费用，包括存货占用资金所产生的利息、存货保险费和存货风险成本等。

二、基于成本管理的物流成本分类

（一）按物流成本是否具有可控性分类

物流成本按是否具有可控性，可分为可控物流成本与不可控物流成本。分析可控物流成本与不可控物流成本之前，首先要明确责任成本的概念。责任成本是以具体的责任

单位 (部门、单位或个人) 为对象，以其承担的责任为范围所归集的成本。

可控物流成本是指在特定时期内，特定责任中心能够直接控制其发生的物流成本。可控物流成本总是针对特定责任中心而言的，它的确定需具备三个条件：一是有关责任单位有办法了解所发生耗费的性质；二是有关责任单位有办法对所发生的耗费进行计算；三是有关责任单位有办法对所发生的耗费进行控制和降低。

与可控物流成本相对应的是不可控物流成本，它们是相对的。一项物流成本对某个责任中心来说是可控的，而对另外的责任中心来说则可能是不可控的。例如，管理部门所发生的管理费，管理部门可以控制，但信息部门则不能控制；有些物流成本，对下级单位来说是不可控的，而对于上级单位来说则是可控的，例如，从事运输业务的司机不能控制自己的薪金收入，但他的上级则可以控制。

从管理的角度看，将物流成本分为可控物流成本与不可控物流成本，对于加强物流成本管理、持续降低物流成本具有重要意义。可控物流成本对于特定责任中心而言既然是可控的，该责任中心就理应成为控制和降低这部分物流成本的责任单位。从整个企业来看，既然所有物流成本都是可控物流成本，就应调动企业经营者及物流管理人员，发挥其主动性和积极性，进一步挖掘降低物流成本的潜力。

(二) 按物流成本习性进行分类

物流成本习性是指物流成本总额与业务量之间的依存关系。物流成本总额与业务总量之间的关系是客观存在的，而且具有一定的规律性。企业的物流业务量水平提高或降低时，会影响到各项物流活动，进而影响到各项物流成本。在一定范围内，一项特定的物流成本可能随着业务量的变化而增加、减少或不变，这就是不同的物流成本所表现出的不同的成本习性。

物流成本按物流成本习性的不同，可分为变动物流成本、固定物流成本和混合物流成本。

1. 变动物流成本

变动物流成本是指其发生总额随物流业务量的增减变化而近似呈比例增减变化的物流成本，例如材料消耗、燃料消耗、与业务量挂钩的物流业务人员工资支出等。这类物流成本的最大特点是物流成本总额随业务量的变动而变动，但单位成本保持原有水平。变动物流成本根据其发生的原因，又可进一步划分为技术性变动物流成本和酌量性变动物流成本两大类。

(1) 技术性变动物流成本。技术性变动物流成本是指其单位物流成本受客观因素影响，消耗量由技术因素决定的变动物流成本。例如，设施设备的燃料动力消耗支出，在一定条件下，其物流成本由于设计的影响而与作业量呈正比例关系。若要降低这类物流成本，一般应当通过改进技术设计方案等措施降低单位消耗量来实现。

(2) 酌量性变动物流成本。酌量性变动物流成本是指单耗受主观因素决定，其单位物流成本主要受企业管理部门决策影响的变动物流成本。例如，按作业量计算工资的各项作业人员费用，其主要特点是单位变动物流成本的发生额可由企业管理层来决定。要想降低这类物流成本，应通过提高管理人员的素质来提高决策的合理化水平。

2. 固定物流成本

固定物流成本是指物流成本总额不随作业量的变化而变化，其主要特点是物流成本总额保持不变，但单位物流成本与作业量成反比关系。固定物流成本按其支出数额是否受管理层短期决策行为的影响，又可细分为酌量性固定物流成本和约束性固定物流成本。

(1) 酌量性固定物流成本。酌量性固定物流成本是指通过管理层的短期决策行为可以改变其支出数额的物流成本项目，例如管理人员的培训费等。这类费用的支出与管理层的短期决策密切相关，即管理层可以根据企业的实际情况和财务状况，考虑这部分费用的支出数额。

(2) 约束性固定物流成本。约束性固定物流成本是指通过管理层的短期决策行为不能改变其支出数额的物流成本项目，例如仓库、设备的折旧费，租赁费，税金，存货保险费等。这部分费用与管理层的长期决策密切相关，具有很大的约束性，一经形成，长期存在，短期内难以重大改变。

3. 混合物流成本

混合物流成本是指全部物流成本在固定物流成本和变动物流成本之间，既随着作业量变动，又不与其成正比例变动的那部分物流成本。在实务中，有很多物流成本项目不能简单地归类为固定物流成本或变动物流成本，它们兼有变动物流成本和固定物流成本两种不同特性。

将企业的全部物流成本根据物流成本习性分为固定物流成本、变动物流成本和混合物流成本，是管理会计规划与控制企业物流成本的前提条件。通过上述物流成本类型的划分，可以明确不同类型物流成本改善的最佳途径。对于变动物流成本，其物流成本总额随作业量的变动而呈倍数变动，降低这类成本的途径应是采取多种举措，包括改进技术工艺设计、改善成本效益关系等，在一定物流作业量下，努力降低物流成本单耗；对于固定物流成本，其物流成本总额在一定范围内保持相对稳定，这类成本的降低途径主要在于改善管理层的决策水平，提高固定成本支出项目的使用效率，合理利用生产能力，取得相对节约；对于混合物流成本，因其性质的特殊性，首先应根据其与作业量之间的变动关系，将其划分为半变动物流成本、半固定物流成本和延期变动物流成本，然后再结合变动和固定物流成本的特征，对其逐一进行分析，寻找改善物流成本的途径。

（三）按物流成本是否在会计核算中反映进行分类

物流成本是管理会计意义上的"大物流成本"概念，既包括会计核算中实际发生的、计入企业实际物流成本费用的各项支出，也包括会计核算中没有实际发生，但在管理决策中应该考虑的物流成本支出。物流成本按其在会计核算中是否反映，分为显性物流成本和隐性物流成本。

1. 显性物流成本

显性物流成本是指物流成本在管理会计和财务会计两大领域中的共性物流成本，这部分物流成本支出是企业实际发生的，既在财务会计核算中反映，又是物流成本分析与控制决策所需要的物流成本支出。在物流活动过程中实际发生的人工费、材料费、水电费、折旧费、保险费等都属于显性物流成本，这部分物流成本的核算是以会计核算资料为依据，对会计核算资料分析和信息提取的过程。所有显性物流成本数据均来源于财务会计资料。

2. 隐性物流成本

隐性物流成本是指财务会计核算中没有反映，但在物流成本分析与控制决策中需要考虑的物流成本支出，它是管理会计领域的物流成本。隐性物流成本的含义较为宽泛，例如，存货占用自有资金所产生的机会成本，由于物流服务不到位所造成的缺货损失，存货的贬值损失，回程空载损失等，这些成本支出和损失确实客观存在，但由于不符合会计核算的确认原则、难以准确量化和缺少科学的计量规则等原因，没有在财务会计核算中反映。但是在管理会计领域，为了保证管理决策的科学合理，又要求将这部分物流成本支出计入总物流成本中予以考虑。在物流成本管理实践中，从物流成本核算的适度准确和可操作性的要求出发，一般仅将存货占用自有资金所发生的机会物流成本作为隐性物流成本计入总物流成本范围，在分析与控制决策时予以考虑。

将物流成本划分为显性物流成本和隐性物流成本，是现代物流成本分析与控制的必然要求。加强显性物流成本管理，可以减少实际发生的物流成本支出，这是一种绝对物流成本管理理念；而加强隐性物流成本管理与控制，可以减少未实际记录的物流成本损失，是考虑了资金时间和风险价值的物流成本管理，是一种相对的物流成本节约理念。

（四）按物流成本管理对象分类

物流成本按管理对象不同，可以分为事业部物流成本、营业网点物流成本、部门物流成本和物流作业成本等。企业可根据物流成本管理实践，选择物流成本管理对象，通过核算和分析管理对象的物流成本，寻找物流成本管理的薄弱环节制定措施，进而改进物流成本管理与控制措施。例如，企业若想通过对各区域分公司物流成本的绩效考核来进行物流成本分析和控制，就应该以区域作为物流成本管理对象；若要完善事业部制度，加强事业部的内部利润考核，就应该以各事业部为物流成本管理对象；若要完善物流作业系统，则应以各物流作业作为物流成本管理对象。总之，物流成本管理对象的选择应密切配合物流成本分析与控制工作的需要和管理目标，不同时期的物流成本管理对象可以有所不同。

本章思考题

1. 我国社会物流成本的构成包括哪些方面?

2. 描述企业物流成本的构成(分别从物流成本项目、物流成本范围和物流成本支付形态三个维度说明)。

3. "特别经费"主要包括物流成本的哪些项目?

4. 物流成本分类的标准都有哪些?

案例分析

一家饺子馆的物流管理

胡小艾在海滨小城开了一家饺子馆,生意还算火爆。不少周围的小区住户常来光顾小店,有些老顾客一气儿能吃半斤饺子。胡经理说,"别看现在生意还不错,开业这一段时间,让我头疼的就是每天怎么进货,很多利润被物流吃掉了。"

刚开始卖出一盘10个烤饺,定价为5元钱,直接成本为饺子馅、饺子皮、佐料和燃料,每个饺子成本大约2角钱。虽然存在价差空间,可是胡经理的饺子馆却赚不了钱,原因在于每天都有大量的剩余原料,这些采购的原料不能隔天使用,算上人工、水电、房租等经营成本,饺子的成本都接近4角钱了。

胡经理很感慨,如果一天卖出1000个饺子,同时剩余500个饺子的原料,相当于亏损了100元左右,每个饺子的物流成本最高时有1角钱,加上年初粮食涨价,因此利润越来越薄。

胡经理分析成本控制的关键在于控制数量、准确供货,但数量很难掌握。做少了吧,有的时候顾客来买没有,也等不及现做,眼看着要到手的钱飞走了;做多了吧,就会剩下。从理论上说,一般有两种供应方式:一是每天定量供应,上午10点开始,晚上9点结束,这样可能会损失客流量;二是根据以往的经验作预测,如面粉每天的用量比较大,因为不管包什么馅儿都得用面粉,所以这部分的需求量相对比较固定。后来,胡经理又开了两家连锁店,原料供货就更需要统筹安排了。饺子馆的原料要根据头天用量进行每日预测,然后根据原料清单进行采购。一日采购两次,下午会根据上午的消耗进行补货,晚上采购第二天的需求量。

麻雀虽小,五脏俱全。饺子馆的物流管理同样容不得差错。胡经理咨询了一些物流专家，这是波动的需求和有限的生产能力之间的冲突。在大企业里，它们通常会提高生产柔性去适应瞬息万变的市场需求。可是对于经营规模有限的小店来说，要做到这点太难，所以有人建议想办法调整顾客的需求以配合有限的生产能力，用物流专业名词说，叫作平衡物流。比如，用餐高峰期大概在每天 12:00—13:00 和 19:00—20:00 这两个时段，胡经理就选择在 11:00—11:45 和 18:00—18:45 推出九折优惠计划，吸引了部分对价格比较敏感的顾客，有效分散了需求。

如果碰到需求波动比较大的情况，即某一种饺子的需求量非常大时，比如客户要的白菜馅儿没有了，胡经理就要求店员推销牛肉馅儿或者羊肉馅儿，同时改进店面环境，提供杂志报纸，使顾客在店里的等待时间平均从 5 分钟延长到 10 分钟。

胡经理做了三年的水饺生意，从最初每个饺子分摊大约 1 角钱的物流成本，到现在 5 分钱甚至更低。因为需求的种类和数量相对固定，每个饺子的物流成本得到有效控制，大约为 2 分钱，主要就是采购人工、运输车辆的支出。

案例讨论：

1. 结合案例分析企业物流成本的构成。
2. 分析该店对物流成本进行管控的措施。

第三章　企业物流成本核算

学习目标

◆ 了解企业物流成本核算的特点和原则
◆ 了解我国物流成本核算中存在的问题
◆ 掌握企业物流成本核算的要求和程序
◆ 掌握企业物流成本核算的方法
◆ 掌握企业物流成本核算的内容及报表分析

第一节　企业物流成本核算概述

　　物流成本核算是按照国家有关规定、制度和企业经营管理的要求，对物流服务过程中实际发生的各种劳动耗费进行计算，以提供真实的、有用的物流成本信息。

一、企业物流成本核算的目的

　　企业物流成本核算是根据物流成本的内涵，通过对会计数据进行整理和分析，从中分离出物流成本的数据，为企业物流成本分析与控制提供依据。物流成本核算是物流管理中的重要环节，通过对各项物流活动进行计算，可以提高物流成本信息的准确性，为企业进行物流管理决策提供重要依据，提高效率。具体地说，物流成本核算的目的主要有以下几方面。

（一）通过对企业物流成本的全面核算，弄清物流成本的大小，从而提高企业内部对其重要性的认识

长期以来，由于现行会计制度将物流成本的各个构成部分分散在众多的成本项目中，从当前的账户和会计报表中，人们很难甚至根本无法看清物流耗费的实际状况，因此物流成本一直没有引起人们的关注。而实际上，物流成本在不同行业中占产品成本的比例一般都在 15% ～ 30% 范围内，有的甚至高达 40%，成为制造业仅次于原材料成本的第二大成本。挖掘物流成本的潜力，是企业降低成本、创造更多利润的途径。而对企业物流成本进行全面细致的核算，描绘出企业物流成本的全貌就成为达到上述目的的基础工作。

（二）为企业物流自营或外包决策提供依据

随着现代经营理念的引入，很多企业更加专注于提高核心竞争力，而把不具备竞争优势的物流业务全部或部分外包出去，这其中往往要计算投入产出比，以便在此基础上做出有效决策。建立物流成本核算制度，准确、及时地计算物流成本，可以使企业较详尽地了解自身物流成本支出情况，同时通过自身物流成本和委托物流成本二者的比较，在充分考虑其他相关因素的基础上，对物流自营或外包做出科学合理的决策。

（三）为企业物流成本的分析与控制提供依据

随着人们对物流成本的重视程度越来越高，不少企业已经开始着手物流系统的成本分析与控制。企业管理的重点在于经营，经营的重点在于科学的决策，而决策的重点在于充分、真实、完整的信息。因此，通过企业物流成本核算，准确、及时地核算物流成本，可以为企业提供详细、真实、及时、全面的物流成本数据，帮助企业了解其在物流管理方面的优势与劣势，为企业建立物流成本预算制度、标准化物流成本管理制度、明确物流成本责任单位，以及进行物流业绩评价提供依据。

（四）计算各物流部门的责任成本，有利于评估各物流部门的绩效

当前，很多企业都在进行内部物流责任成本核算，并制定了物流服务的内部转移价格，其目的就是对各物流部门进行绩效考核，以提高各部门的物流成本意识和服务意识。而要对相关物流部门进行考核，就需要企业物流成本核算的相关数据。

（五）建立企业物流成本核算制度，为完善我国会计制度和社会统计制度奠定基础

建立企业物流成本核算制度，可以弥补现行企业会计核算制度在物流成本核算方面的缺失，为我国企业会计制度与国际会计准则的接轨奠定基础。2004 年 10 月，由国家发改委和国家统计局联合印发了《社会物流统计制度及核算表式（试行）》的通知，旨在统计社会各行业的总物流成本，而通过建立企业物流成本核算制度计算企业物流成本，可以更准确地获取统计数据，有助于推动社会物流统计制度的顺利实施。

二、企业物流成本核算的原则

为提高企业物流成本核算的质量，发挥物流成本核算的作用，核算物流成本时主要遵循以下原则。

1. 合法性原则

合法性原则是指计入企业物流成本的支出都必须符合国家法律、法令、制度等关于物流成本支出范围和标准的规定，不符合规定的支出不能计入物流成本。物流成本会计制度是物流成本会计工作的规范，是会计法规和制度的重要组成部分，企业应遵循国家有关法律、法规、规章，如《中华人民共和国会计法》《企业财务通则》《企业会计准则》等有关规定，并根据企业生产经营的特点和管理的要求，制定企业内部物流成本会计制度，作为企业进行物流成本会计工作具体和直接的依据。

2. 可靠性原则

可靠性原则包括真实性和可核实性。真实性是指所提供的物流成本信息与客观的经济事项相一致，不应掺假，或人为地提高、降低物流成本。可核实性是指物流成本核算资料按一定的原则由不同的会计人员加以核算，都能得到相同的结果。真实性和可核实性是为了保证物流成本核算信息的正确、可靠。

3. 相关性原则

相关性原则包括物流成本信息的有用性和及时性。有用性是指物流成本核算要为物流管理者提供有用的信息，为物流成本分析、控制、预测和决策提供服务。及时性是强调物流信息取得的时间性，及时的物流信息反馈可使企业及时地采取管理措施，进而改进工作，否则提供的物流成本核算信息往往成为无用的资料。

4. 分期核算的原则

企业为了取得一定期间所发生的物流成本，必须将川流不息的生产经营活动按一定阶段(例如月、季、年)划分为各个时期，分别计算各期的物流成本。物流成本核算的分期，必须与会计年度的分月、分季、分年相一致，这样便于企业利润的计算。

5. 权责发生制原则

权责发生制原则是指物流成本核算应以权责发生制原则为基础，对于应由本期物流成本负担的支出，不论其是否在本期已经支付，都要计入本期物流成本；不应由本期物流成本负担的支出，即使是本期支付，也不应计入本期物流成本。

遵循权责发生制原则，是为了划分支出发生时间及支出收益时间的界限，以便正确处理各项待摊费用和预提费用，进而为正确划分各期物流成本的界限提供保证，以准确地提供各项物流成本信息。

6. 一致性原则

企业应当根据本企业的生产经营特点和管理要求，确定适合本企业的物流成本核算对象、物流成本项目和物流成本核算方法，三者一经确定，不得随意变更。如需变更，应当根据管理权限，经股东大会或董事会，或经理会议或类似机构批准，并在会计报表附注中予以说明。

物流成本核算遵循一致性原则，物流成本核算对象、物流成本项目和物流成本核算方法前后各期一致，其目的是使各期的物流成本资料有统一的口径，前后连贯，互相可比，以提高物流成本信息的利用程度。

三、企业物流成本核算的特点

物流成本核算对于企业进行物流成本分析与控制非常重要，但是核算所需要的数据却很难获得。具体来说，企业物流成本核算具有以下特点。

1. 难确定性

由于物流成本核算的范围太大，包括原材料物流、工厂内部物流、从工厂到仓库和配送中心的物流、从配送中心到销售商的物流等，并且涉及的单位非常多，牵扯的面也很广，所以，进行企业物流成本核算时很容易漏掉其中的某一部分，而计算哪部分、漏掉哪部分，物流总费用的结果相去甚远。例如，企业向外部支付的运输费、保管费、装卸费等费用一般都容易列入物流成本，但是本企业内部发生的物流费用，如与物流活动相关的人工费、物流设施建设费、设备购置费以及折旧费、维修费、电费、燃料费等是否也应列入物流成本中？而此类问题都与物流成本核算的结果直接相关，所以说物流费用犹如海里的一座冰山，露出水面的仅是冰山一角。

2. 难分解性

在现行会计核算体系的框架内，无法直接得到物流成本数据，各种物流成本数据混杂在生产成本、销售费用以及财务费用中，如从企业内部来看，货物采购或销售时产生的运输成本常常包含在货物的采购成本或产品销售成本之中；厂内运输成本常常是计入产品生产成本之中；订单处理成本可能包含在销售费用之中；部分存货持有成本又可能包含在财务费用之中。从供应链角度来考虑，则会发现一系列相互关联的物流活动产生的物流成本既分布在企业内部的不同职能部门中，又分布在企业供应链上下游的不同合作伙伴那里。因此，在实际核算物流成本时，对上述费用的分解还存在一个核算制度规范的问题，而且分解隐藏的费用在操作上也存在很大的难度，操作成本较高。

3. 难统一性

不同企业的物流成本费用项目不同，且企业对物流成本核算的范围和具体计算方法还没有完全统一的规范。2006年国家标准《企业物流成本构成与计算》的发布实施，统一了企业物流成本的构成与计算，但就其实施情况看，很多企业并未执行上述国家标准，物流成本核算不统一的问题仍然存在。

四、企业物流成本核算的要求

核算企业物流成本，首先要了解企业物流成本核算的具体要求。一般来说，主要有三方面的要求：一是明确物流成本核算的内容；二是具备物流成本核算的前提条件；三是分清有关费用的界限。

（一）明确物流成本核算的内容

物流成本核算属于管理会计的范畴，是为企业物流成本管理服务的。核算物流成本首先应明确核算内容，即站在管理者的角度，系统地考虑物流成本的构成和核算内容。物流成本核算的基础数据来源于会计核算资料，但物流成本核算的范围还包括会计核算没有反映而物流成本分析与控制决策应考虑的物流成本因素。因此，物流成本核算应包括两部分内容，即显性物流成本和隐性物流成本。

（二）具备物流成本核算的前提条件

物流成本核算必须具备以下两个基本前提条件。

1. 了解企业物流成本内涵及形成机制

企业物流成本的形成和运作流程对管理人员而言并不陌生，但物流成本核算通常是由会计人员来完成的。由于企业部门职责和人员分工的细化，会计人员往往只负责产品物流成本的核算以及其他财务管理工作，通常不能以系统和全局的观点来了解和掌握物流运作过程，且由于传统产品成本核算思路的影响，对物流成本核算往往会产生抵制和畏难情绪。因此，准确核算物流成本，首先要求会计人员或其他物流成本核算人员深入了解物流成本的内涵以及物流成本的形成过程。对企业会计人员而言，物流成本核算的准确程度取决于其对物流成本内涵的理解程度。

2. 会计基础工作规范，各有关部门密切协作

物流成本核算可采用两种方式进行：一是与产品成本核算同步；二是于期末单独进行核算。无论采用哪种方式，均要求企业建立健全规范的会计工作流程，以及完整可靠的原始资料记录。物流成本核算是对会计数据提取和分离的过程，尤其对于间接物流成本，当前主要是根据有关实物量的消耗进行分配和核算，因此，会计原始凭证中一定要有清晰、准确的相关实物数量的记录，从而为间接物流成本分配提供依据。另外，作为分配基础的很多实物量数据来源于其他部门，包括采购、生产、销售、人事、管理和信息部门等，因此，财务部门必须加强与其他部门的沟通联络，才能及时取得所需要的物流业务数据，从而使物流成本核算的依据，尤其是间接物流成本的分配依据更为可靠，物流成本核算工作

才能顺利实施。

（三）分清有关费用的界限

1. 正确划分不同会计期物流成本的费用界限

物流成本的核算期可分为月度、季度和年度，一般要求每月计算一次。因此，应计入物流成本的费用要在各月之间进行划分，以便分月核算物流成本。为了正确划分各会计期的物流成本费用界限，在会计核算上，要求企业不能提前结账，将本月费用作为下月费用处理，也不能延后结账，将下月费用作为本月费用处理；同时，还要求企业严格贯彻权责发生制原则，正确核算待摊费用和预提费用，本月已经支付但应由以后各月负担的物流费用应作为待摊费用处理，本月尚未支付但应由本月负担的物流费用应作为预提费用处理。

2. 正确划分不同物流成本对象的费用界限

对于应计入本期物流成本的费用还要在各物流成本对象之间进行划分：凡是能分清应由某个物流成本对象负担的直接物流成本，应直接计入该物流成本对象；各个物流成本对象共同发生、不易分清应由哪个物流成本对象负担的间接费用，应采用合理的方法分配后计入有关物流成本对象，并保持一贯性。

五、物流成本核算的程序

物流成本核算的一般程序归纳如下：

（一）明确物流核算范围

如前所述，物流按其活动范围可分为供应物流、生产物流、销售物流、回收物流和废弃物物流。物流成本核算对象选取的物流活动范围不同，物流成本核算的结果相差悬殊。因此，明确物流范围是进行物流成本核算的前提，将物流从哪里开始到哪里为止作为物流成本核算对象，对物流成本总额的影响是不同的，会引起物流成本发生很大的变化。

（二）审核原始记录

物流成本核算是以有关的原始记录为依据的，如据以计算费用的领料单或领料登记表，计算工资费用的考勤记录和业务量记录等。为了保证物流成本核算的真实性、正确性和合法性，物流成本核算人员必须严格审核有关的原始记录，审核其内容是否填写完整，数字计算是否正确，签章是否齐全，费用支出是否合理，所耗费的种类和用途是否符合规定，用量有无超过定额或计划等。只有经过审核无误后的原始记录才能作为物流成本核算的依据。

（三）确定物流成本核算对象

物流成本核算过程就是按照一定的物流成本核算对象分配、归集费用的过程。物流成本核算对象是物流成本核算过程中归集、分配费用的对象，即费用的承担者。物流成本核算不是由人们主观随意规定的,不同的生产经营类型从客观上决定了不同的物流成本核算对象。企业可以根据自己生产经营的特点和管理要求的不同,选择不同的物流成本核算对象来归集和分配费用。确定物流成本核算对象是设置物流成本明细账、分配费用和核算物流成本的前提。不同的物流成本核算对象,也是区分不同物流成本核算方法的主要标志。

(四)确定物流成本项目

为了正确反映物流成本的构成,必须合理地规定物流成本项目。物流成本项目要根据具体情况与需要设置,既要有利于加强物流成本管理,又要便于正确核算物流成本。企业一般应设置直接材料、燃料及动力、直接人工和间接费用等物流成本项目。在实际工作中,为了使物流成本项目更好地适应企业的生产经营特点和管理要求,企业可以对上述物流成本项目进行适当的调整。在规定和调整成本项目时,应考虑以下几个问题:

(1) 各项费用在管理上有无单独反映、控制和考核的需要。

(2) 各项费用在物流成本中所占比重的大小。

(3) 某种费用专设成本项目所增加的核算工作量的大小。对于管理上需要单独反映、控制和考核的费用,以及在物流成本中所占比重比较大的费用,应专设成本项目;否则,为了简化物流成本核算工作,不必专设物流成本项目。

(五)确定物流成本核算期及处理跨期费用的摊提工作

物流成本核算期是指汇集费用、计算成本的时间范围,可以用年、月、周、日等经营周期作为成本核算期。根据权责发生制原则,一般以月份作为物流成本核算期,但对于一些经营周期比较短的特殊物流活动,也可将经营周期作为物流成本核算期。

跨期费用是指按照权责发生制原则,虽在本期支付但应由本期和以后各期共同负担的费用,以及本期尚未支付但应由本期负担的费用。对于这类费用,在会计核算上采用待摊提或预提的办法处理。将在本月开支的物流成本和费用中应该留待以后月份摊销的费用,计作待摊提费用,将在以前月份开支的待摊提费用中本月应摊销的物流成本和费用,摊入本月物流成本和费用;将本月尚未开支但应由本月负担的物流成本和费用,预提计入本月的物流成本和费用。

(六)进行物流成本归集和分配

成本归集和分配是指根据成本核算期,按成本核算对象和成本项目归集计算物流费用,计算出按成本项目反映的各种成本核算对象的成本。

从一定意义上讲,物流成本核算就是成本归集和成本分配两大工作。首先是成本归集,然后是成本分配,两者是密切联系、交错进行的。物流成本的归集,是指对企业生产经营过程中所发生的各种物流费用,按一定的对象(如各种产品、作业、各个车间或部门)所进行的成本数据的收集或汇总,收集某类成本的聚集环节称为成本归集点。对于直接材料、直接人工,应按成本核算对象进行归集。而对于间接费用,则应按发生地点或用途进行归集，然后再计入成本核算对象的成本。物流成本的日常核算，首先是将物流过程中发生的各种费用支出，归集于"物流成本"账户中。但应注意，有些物流费用在供应、生产、销售及企业管理部门四阶段都有发生，应区别情况分别记入相应的二级账户及明细账户中。

在有多个物流成本核算对象的情况下，为求得各物流成本核算对象的成本，对不能直接计入成本核算对象的费用，在按照费用发生的地点和用途归集后，按一定分配标准进行分配。成本的分配，是指将归集的间接成本分配给成本核算对象的过程，也叫间接成本的分摊或分派。成本分配要使用某种参数作为成本分配基础。成本分配基础是指能联系成本核算对象和成本的参数。可供选择的分配基础有许多，如人工工时、机器台时、占用面积、直接人工工资、订货次数、采购价值、品种数、直接材料成本、直接材料数量等。

（七）设置和登记物流成本明细表

为了使物流成本核算结果真实、可靠、有据可查，物流成本核算的过程必须要有完整的记录，即通过有关的明细账或计算表来完成计算的全过程。要正确计算各种对象的物流成本，必须正确编制各种费用分配表和归集的核算表，并且登记各类有关的明细账，这样才能将各种费用最后分配、归集到物流成本的明细账中，从而核算出各种对象的物流成本。

第二节　企业物流成本核算对象

一、企业物流成本核算对象的选取

企业物流成本如何归集和计算，取决于物流成本核算对象的选取。物流成本核算对象选取的方法不同，得出的物流成本核算结果也就不同。因此，核算物流成本，首先应明确物流成本核算对象。一般来说，企业进行物流成本核算时，大多是以物流范围、物流成本项目、物流成本支付形态作为物流成本核算对象，也可根据企业物流成本管理和控制的重点来选取物流成本核算对象。

（一）以物流活动范围作为物流成本核算对象

以物流活动范围作为物流成本核算对象，是对物流的起点与终点以及起点与终点间的物流活动过程作为物流成本核算对象，具体包括供应物流、生产物流、销售物流、回收物流和废弃物物流等不同阶段所发生的物流成本支出。它的主要任务包括以下四个方面：

(1) 从材料采购和管理费用等会计科目中分离出供应物流成本。如材料采购账户中的外地运输费、装卸搬运费，管理费用账户中的市内运杂费，以及列入有关费用科目中的采购环节所发生的企业自行运输的人工费、燃料费，运输工具的折旧费、维修费等。

(2) 从生产成本、制造费用、管理费用等账户中分离出生产物流成本。例如，与仓储有关的人工费，仓库折旧费、维修费，企业内的运输成本，企业内的包装成本以及存货的资金占用成本、风险损失等。

(3) 从销售费用账户中分离出销售物流成本。如销售过程中发生的运输、装卸搬运、流通加工等费用。

(4) 从销售费用、管理费用以及其他业务成本等账户中分离出回收物流成本和废弃物物流成本。

通过上述的数据分离、归集和计算，就可以得出不同物流活动范围的物流成本及总物流成本，可以使企业管理者一目了然地把握各范围物流成本的全貌，并据此进行比较分析。

(二) 以物流成本项目作为物流成本核算对象

以物流成本项目作为物流成本核算对象，是将物流成本首先按照是否属于功能性物流成本分为物流功能成本和存货相关成本。

以物流成本项目作为物流成本核算对象，不仅对于加强每个功能环节的管理、提高每个功能环节的作业水平具有重要意义，而且可以直观地了解与存货相关的成本支出数额，对于加速存货资金周转、减少资金风险损失具有重要意义。另外，在整个物流成本构成中，物流功能成本以及物流功能成本之外的物流成本支出各自所占的份额，对于物流成本分析、物流成本管理与控制工作具有重要的意义。物流成本项目是最基本的物流成本核算对象。

(三) 以物流成本支付形态作为物流成本核算对象

以物流支付形态表现的物流成本是企业物流成本发生的最原始的状态。以物流成本支付形态作为物流成本核算对象是把一定时期的物流成本，从财务会计数据中予以分离，按照物流成本支付形态进行分类归集和计算。企业的物流成本按照支付形态可划分为自营物流成本和委托物流成本。

(1) 自营物流成本。自营物流成本是指企业在物流活动过程中发生的人工费、材料费、维护费、一般经费和特别经费。

(2) 委托物流成本。委托物流成本是指企业委托外单位组织物流活动所支付的运输费、保管费、装卸搬运费等。

以支付形态作为物流成本核算对象，可以得到不同形态的物流成本支出数据，了解企业本身的物流成本支出和对外支付的物流成本支出的数据和结构，尤其是可以获得较为详尽的内部支付形态信息，为企业制定标准物流成本和编制物流成本预算提供资料依据。

(四) 以客户作为物流成本核算对象

在物流服务业竞争日益激烈的今天，以客户作为物流成本核算对象，可以了解为不同客户服务所产生的物流成本支出，这对于加强客户服务管理，制定有竞争力的收费价格，以及为不同客户提供差异化的物流服务具有重要意义。以客户作为物流成本核算对象主要适用于专业的第三方物流企业。

（五）以产品作为物流成本核算对象

以产品作为物流成本核算对象主要适用于生产企业或流通企业。它是指生产或流通企业在物流成本核算时，以产品作为物流成本核算对象，计算为组织该产品的生产或销售而产生的物流成本，据此可进一步了解各产品的物流成本开支情况，以便明确管理的重点。同时，通过不同产品物流成本支出的比较和分析，可明确产品物流成本的改进方向。

（六）以部门作为物流成本核算对象

以部门作为物流成本核算对象获取物流成本信息，对于内部划分了运输、仓储、装卸搬运等部门的企业而言，意义尤为重大。这种物流成本核算对象便于明确物流成本责任中心，有利于开展物流责任成本管理。通过对不同责任部门物流成本的趋势分析，可了解各责任中心物流成本的升降趋势，进一步为部门绩效考核提供依据。

（七）以营业网点作为物流成本核算对象

以营业网点作为物流成本核算对象，是对各营业网点组织物流活动所花费的物流成本进行核算，从而了解企业总物流成本以及各网点物流成本的构成。此种物流成本核算对象的选取，对于企业进行物流成本的日常控制，为各网点实施绩效考核和物流系统优化决策提供重要依据。

总之，企业可以按照物流成本管理和控制的需要，选取适当的物流成本核算对象。从理论上说，企业可以将全部物流经营活动的任何一个管理对象设定为物流成本核算对象，物流成本核算对象可以是一维、二维，甚至多维的，维数越多，物流成本信息也就越详尽，同时核算工作量也就越大。

二、企业物流成本核算对象的确定

成本核算对象的选取方法不同，得出的物流成本结果也就不同，进而也就导致了不同的成本评价对象与评价结果，因此正确确定物流成本核算对象是进行物流成本核算的基础，但是我国对物流成本核算对象的确定还没有形成统一的规范。

确定物流成本核算对象需从以下三方面进行分析。

（一）物流成本核算期间的确定

物流活动是持续不断进行的，必须截取其中的一段时间作为汇集物流经营费用、计算物流成本的时间范围，这个时间范围就是物流成本核算期间。物流成本核算期间可以以年、季、月为周期，也可以是某项作业周期，应当视具体情况而定。

（二）物流成本核算范围的确定

物流成本核算范围是物流成本核算的具体内容，即应选哪些成本项目进行物流成本核算。根据物流成本分析与控制的需要，从物流活动范围的角度看，考虑将供应物流费、生产物流费、销售物流费、回收物流费和废弃物物流费中的哪些纳入物流成本核算范围；从物流功能范围的角度看，考虑在运输、装卸搬运、仓储、包装、流通加工等物流功能中，选取哪些功能作为物流成本核算对象。

（三）物流成本承担者的确定

成本承担者是指发生并应合理承担各项费用的特定经营成果的体现形式。根据不同的情况，物流成本承担者可以是某一客户，某一作业种类，物流责任中心乃至整个企业。

第三节　企业物流成本核算方法及存在的问题

一、企业物流成本核算的基本方法

企业物流成本核算的基本方法主要有三种：会计方式、统计方式、会计与统计相结合的方式。

（一）会计方式核算物流成本

会计方式核算物流成本就是通过凭证、账户、报表对耗费进行连续、系统、全面的记录、计算和报告的方法，具体包括双轨制和单轨制两种形式。

1. 双轨制

双轨制强调将物流成本核算与其他成本核算截然分开，单独建立物流成本核算的凭证、账户、报表体系。具体做法是：对于每项涉及物流费用的业务，均由车间成本员或者基层核算人员根据原始凭证编制一式两份的记账凭证，一份连同原始凭证用以登记日常成本核算会计账簿，另一份交由物流成本核算人员登记有关物流成本核算账簿。

双轨制的优点是能随时清晰地反映物流成本的相关资料；其缺点是成本核算的工作量大，如果财会人员数量不多，物流专业知识缺乏，则提供的信息也未必准确。从成本效益角度看，可行性比较小。

2. 单轨制

单轨制即物流成本核算与企业现行的其他成本核算（如产品成本核算、责任成本核算、变动成本核算等)结合进行，建立一套提供多种成本信息的共同的凭证、账簿和报表核算体系。具体做法是：对现有的会计核算体系进行较大的变更，需要对某些凭证、账户和报表的内容进行调整，如在有关的成本费用账户下设"物流费用"专栏。同时，根据需要还将增加一些凭证、账簿和报表。

单轨制的优点是两种成本的核算工作同时进行，在不增加更多工作量的前提下，提供有关物流成本的信息；其缺点是需要对原有的会计体系和相关内容进行较大的调整，弄不好会导致账簿体系混乱，所以这种结合无疑也是有一定难度的。

企业物流成本会计核算是采用单轨制还是双轨制，应根据每家企业的具体情况而定。

(二) 统计方式核算物流成本

采用统计方式核算物流成本时，对凭证、账户和报表体系没有要求，主要是通过对企业现行成本核算资料的剖析，从中抽出物流活动耗费部分(物流成本的主体部分)，再加上一部分现行成本核算没有包括进去但要归入物流成本的费用，例如物流信息费、支付给外企业的物流费用等，然后再按照物流管理的要求对上述费用重新进行归类、分配、汇总、加工成物流管理所需要的物流成本信息。具体核算过程如下：

(1) 通过对材料采购、管理费用账户的分析，抽出供应物流成本部分，如材料采购账户中的外地运输费，管理费用账户中的材料市内运杂费、原材料仓库的折旧修理费，保管人员工资等，并按功能类别、形态类别进行分类核算。

(2) 从"生产成本费用""辅助生产""管理费用"等账户中抽出生产物流成本，并按功能类别和形态类别进行分类核算。例如，人工费用部分按人数比例或活动工时比例进行确定，折旧修理费用按固定资产占用资金比例加以确定。

(3) 从"销售费用"中抽出销售物流成本部分，包括销售过程中发生的运输、包装、装卸搬运、仓储、流通加工等费用。

(4) 物流利息的确定可按企业物流作业所用资产占用额乘以内部利率进行计算。

(5) 从"管理费用"中抽出回收物流成本。

(6) 对于企业来说，废弃物物流成本数额一般较小，可以不单独抽出，而是并入到其他费用中。

(7) 委托物流费用的计算比较简单，是企业对外支付的物流费用。

与会计方式归集和分配费用类似的是，用统计方式核算物流成本时，单独为物流作业所耗费的费用直接计入物流成本，间接费用按照物流活动所耗费的比例进行分配，例如人员比例、工时比例、资产余额等。

与会计方式的物流成本核算相比，统计方式运用起来比较简单、方便，但是由于它不需要对物流耗费做全面、系统、连续的反映，所以核算出来的物流成本的精确程度略差。

(三) 会计与统计相结合的方式核算物流成本

物流成本核算的目的是更好地进行物流成本的分析与控制，因此企业可以按照物流成本管理的不同要求和目的设置相应的成本计算项目，并根据成本计算项目所需的数据设置成本费用科目的明细科目。但是，过细的会计科目设置会给企业会计工作增加很多负担，这是不经济的。因此，企业在设置会计科目前应考虑物流成本核算可能给企业带来的收益，以及增加物流成本核算科目将会增加的会计操作成本。在这个前提下，会计与统计相结合的方式是企业进行物流成本核算的一个不错的选择。

这种方法的实质是将物流成本的一部分通过统计方式予以核算，另一部分则通过会计核算予以反映。这种方法虽然也要设置一些物流成本账户，但它不像会计方式那么全面、系统，而且这些物流成本账户不纳入现行财务会计成本核算的账户体系中，是一种账外计算，具有辅助账户记录的性质。具体做法如下：

(1) 辅助账户设置。一般说来，企业应设置物流成本总账，核算企业发生的全部物流成本；同时，按照物流成本项目所包括的成本项目设置二级科目，以物流成本范围设置三级科目，并按物流成本支付形态设置专栏，如表 3-1 所示。

表 3-1　企业物流成本核算记录表

一级科目	二级科目	三级科目	专　栏
物流成本	运输成本	供应物流成本	材料费
			人工费
			维护费
			一般经费
			特别经费
		生产物流成本	
		销售物流成本	
		回收物流成本	
		废弃物物流成本	
	仓储成本		
	包装成本		
	装卸搬运成本		
	流通加工成本		
	物流信息成本		
	物流管理成本		
	流动资金占用成本		
	存货风险成本		
	存货保险成本		

(2) 对于现行成本核算已经反映但分散于各科目的费用，例如计入管理费用中的对外支付的材料市内运杂费、固定资产折旧费、本企业运输车队的费用、仓库保管人员的工资、产品和原材料的盘亏损失、停工待料损失等。在按照会计制度的要求编制凭证、等级账簿，进行正常成本核算的同时，登记相关的物流成本辅助账户，进行账外的物流成本计算。

(3) 对于现行物流成本核算没有包括但属于物流成本应该包括的费用，其核算方法与统计方式下的核算方法相同，并设置台账反映。

(4) 月末根据各物流成本辅助账户所提供的成本信息进行汇总，以编制各种类型的物流成本报表、提供有关信息。

这种方法的优缺点介于会计方式核算和统计方式核算之间，既没有会计方式核算那么复杂，但它也没有统计方式准确、全面。在实际企业物流成本核算中，显性物流成本主要由会计方式进行核算，隐性物流成本主要由统计方式进行核算，所以，企业物流成本核算通常采用会计和统计相结合的方式。

二、我国物流成本核算中存在的问题

我国传统的物流成本核算方法在物流成本核算方面的不足体现在以下五个方面。

1. 现行会计制度没有对物流成本费用进行单独核算，物流成本被分散在许多其他成本项目中

企业通常将物流成本计入企业的经营管理费用。例如，企业将在采购过程中产生的外地运杂费计入原材料成本中，而原材料市内运杂费往往计入企业管理费用。

2. 物流成本核算不全面

目前，企业日常会计核算范围着重于采购、销售环节，忽视了其他环节的物流成本核算，相当一部分企业只把支付给外企业的运输费用、仓储费用列入专项物流成本，而企业内部发生的物流成本费用和企业的生产费用、销售费用、管理费用等混杂在一起，因而容易被忽视。

3. 没有正确确认物流成本责任

物流活动及其发生的许多费用常常是跨部门发生的，而传统的会计是将各种物流活动费用与其他活动费用混在一起，归集为诸如工资、租金、折旧等形态，这种归集的方法不能确认物流运作的责任。

4. 物流成本分配动因缺乏关联性

传统物流成本核算中普遍采用与产量关联的分配基础，如直接工时、机器小时、材料耗用额，与物流成本之间的关联性低，这样导致物流成本核算不准确。而在现代生产中订货作业、搬运、信息系统管理的维护等与产量无关的费用在大大增加，投入的所有资源也

随其成倍增加，这样就导致物流成本核算不准确。

5. 核算标准不统一

虽然我国 2006 年颁布了《企业物流成本构成与计算》，对企业物流成本核算统一了标准，但在实践中各企业仍然是根据自己不同的理解和认识来把握物流成本的，并没有完全按统一的标准进行物流成本核算，这就造成企业间无法对物流成本进行比较、分析，也无法得出行业平均物流成本。

第四节　企业物流成本核算的内容

物流成本包括显性成本和隐性成本，它们有不同的核算方法和内容，下面分别介绍显性成本和隐性成本的核算内容。

一、显性物流成本的核算

对于显性物流成本，即现行物流成本核算体系中已经反映但分散于各会计科目中的物流成本，按以下程序核算。

（一）选取相关会计科目

核算显性物流成本必须依赖于现行会计核算体系，完整、准确的会计核算资料尤其是物流成本核算资料是物流成本计算的基础。从纷繁复杂的会计信息中获取物流成本信息，无论是在期中与会计核算同步进行还是在期末单独进行，均需要找到计算物流成本的切入点。在会计核算实践中，可从原始凭证、会计报表或会计科目中获取物流成本信息。

首先，从原始凭证入手核算物流成本，理论上行得通，逐一分析每张原始凭证通常不会遗漏相关信息，但与物流成本无关的信息太多，徒增工作量；从会计报表核算物流成本，会计信息高度概括，无法准确分析哪些内容包含物流成本信息，而且即使明确了包含物流成本信息的会计报表项目，物流成本的计算仍需要向会计科目和原始凭证追溯；从会计科目入手计算物流成本，方法相对折中，因为就物流成本的含义而言，由于其归属于物流成本费用类支出范畴，所以在核算物流成本时，只要从会计核算中所有的物流成本费用类会计科目入手，逐一分析其发生的明细项目，必要时追溯至原始凭证，逐一确认其是否属于物流成本的内容，就可以找到核算物流成本的切入点。

基于以上分析，企业在核算物流成本时，应选取成本费用类会计科目进行计算。对生产制造企业而言，成本费用类会计科目主要包括管理费用、销售费用、财务费用、生产费用、制造费用、其他业务支出、营业外支出等。另外，我国会计核算中对于采购环节存货成本的确认通常包括运输费、装卸费等与物流成本有关的内容，而这部分内容连同存货本身的采购价格一并记入"材料采购"科目。所以，核算企业物流成本时，除了从上述物流成本费用类会计科目入手进行核算外，还应考虑材料采购科目中所包含的物流成本信息。

（二）设置物流成本辅助账户

核算物流成本往往需要设置物流成本辅助账户，具体要设置哪些账户，主要取决于物流成本核算对象的选取和物流成本管理的要求。从物流成本构成的角度来看，物流成本核算对象主要包括三个维度：即物流成本项目、物流成本范围和物流成本支付形态。根据这三个维度，以"物流成本"作为一级账户；在"物流成本"账户下，按物流成本项目设置运输成本、仓储成本、包装成本、装卸搬运成本、流通加工成本、信息管理成本、物流管理成本、流动资金占用成本、存货风险成本、存货保险成本等二级账户；按物流成本范围设置供应物流、生产物流、销售物流、回收物流和废弃物物流等三级账户；按支付形态设置自营物流成本和委托物流成本四级账户；对于自营物流成本，还应按费用支付形态设置材料费、人工费、维护费、一般经费和特别经费等费用专栏。

例如，辅助账户设置如下：

(1) 物流成本——运输成本——供应物流成本——人工费；

(2) 物流成本——运输成本——生产物流成本——人工费。

（三）核算物流成本

在设置物流成本辅助账户、明确应选取的会计科目的基础上，企业物流成本核算人员通过逐一分析各相关会计科目，确认哪些费用支出应计入物流成本，对于应计入物流成本的内容，可根据本企业实际情况，选择在期中与会计核算同步登记物流成本辅助账户，或在期末（月末、季末、年末）集中归集核算物流成本，分别反映出按物流成本项目、物流成本范围和物流成本支付形态作为归集动因的物流成本数额。

二、隐性物流成本的核算

（一）存货占用资金机会成本的核算

对于隐性物流成本，即现行物流成本核算体系中没有反映但应计入物流成本的费用，这里主要指存货占用自有资金所发生的机会成本，按以下程序核算。

(1) 期末（月末、季末、年末）对存货按采购在途、在库和销售在途三种形态分别统计出账面余额。无论按哪种状态统计，均以存货正在占用自有资金为统计标准，对于存货已购在途或在库但企业尚未支付货款，以及企业已收到销售货款但存货仍在途的，不计入统计范围。

(2) 按照下列公式计算存货占用自有资金所产生的机会成本：

存货占用资金机会成本 = 存货账面余额（存货占用自有资金）× 行业基准收益率

其中，对于生产制造型和流通型企业而言，若企业计提了存货跌价准备，则存货账面余额为扣除存货跌价准备后的余额；对于物流企业而言，由于不发生存货购销业务，只是在受委托开展物流业务时需要垫付一定的备用金和押金，这部分备用金和押金可视为存货占用自有资金，也应计算其产生的机会成本。

企业若无法取得有关行业基准收益率的数值，也可使用 1 年期银行贷款利率或企业内部收益率进行计算。当企业计算物流成本仅为内部管理使用时，则使用内部收益率计算物流成本对于其内部物流成本管理决策更有意义。

（二）缺货物流成本的核算

1. 缺货对企业的影响

缺货对企业的影响很大，由于供货中断，可能造成生产线中断或者销售中断，从而造成停工损失和丧失销售机会等。缺货对企业造成的影响有以下几种：

(1) 延期交货。当缺货时，如果企业为了不失去客户而进行紧急加班生产或进货，利用速度快、收费高的运输方式运输产品，则这些物流成本就构成了延期交货物流成本。

(2) 失去某次销售机会。当缺货时而客户不允许延期交货时，客户会转向同行业其他竞争者处购买，这时缺货造成失销。此时的缺货物流成本主要是未售出产品的利润损失，还包括当初负责这笔业务的销售人员的人力、精力浪费。

(3) 永远失去某些客户。当缺货时，会出现有些客户永远地转向其他供应商，这时的缺货物流成本最大。除了利润损失外，还有缺货造成的信誉损失。

2. 缺货物流成本的计算

缺货物流成本的确定往往用如果发生缺货造成的期望损失来计算。某次缺货物流成本的计算，首先，分析缺货物流成本的类型，发生缺货后的后果；其次，计算与可能结果相关的物流成本，即利润损失。

在企业中，如果每次缺货都要进行缺货物流成本计算比较困难，可以在调研的基础上，计算出缺货一次的平均缺货物流成本（即平均一次缺货物流成本），然后根据企业每期缺货的次数来估算每期的缺货物流成本。具体步骤如下：

(1) 进行市场调研，分析确定三种缺货物流成本类型的比例；

(2) 计算三种类型下的缺货物流成本；

(3) 利用加权平均法计算平均一次缺货物流成本。

[例 3-1]　某企业以调查问卷的形式，向其 200 名客户调查对待缺货的态度，其中有 20 名客户同意延迟交货；有 140 名客户选择本次从其他供应商处购买，而剩下的 40 名客

户将永远转向其他供应商处购买。

解　企业根据资料计算出三种结果下的缺货物流成本分别为 0 元、60 元和 1200 元，则此企业平均一次缺货物流成本为

$$0 \times 10\% + 60 \times 70\% + 1200 \times 20\% = 282 \text{ 元}$$

三、物流成本核算案例

[例 3-2]　A 公司是一个粮食加工生产企业，2019 年底资产总额为 6186 万元，2019 年全年实现销售收入 1.23 亿元，实现利润总额 6562 万元，经查阅会计核算有关资料，得知 A 公司的成本费用类科目主要包括生产成本、制造费用、销售费用、管理费用、财务费用、营业外支出和其他业务支出。经查阅，12 月 A 公司"管理费用"科目余额为 265.8 万元，经进一步分析相关明细资料得知，"管理费用"科目下的工资、折旧费、职工福利费、职工培训费、劳动保险费、待业保险费、住房公积金、统筹医疗费、照明电费等细目支出均与物流成本相关。这里仅计算与"管理费用 —— 照明电费"有关的物流成本。经查阅，"管理费用 —— 照明电费"科目余额为 2.52 万元，其中有两项支出与物流成本相关：一是支付仓库照明电费 1399 元；二是支付车间照明电费 4197 元。车间共有生产工人 60 人，其中从事包装作业的人数为 15 人，车间照明电费按从事包装作业的人数进行分配。

解　根据上述资料，设置物流成本辅助账户，计算与"管理费用 —— 照明电费"有关的物流成本如下：

包装作业人数占车间生产人数的比例 $= \dfrac{15}{60} = 0.25$

包装作业消耗的照明电费 $= 4197 \times 0.25 = 1049.25$ 元

仓储作业消耗的照明电费 $= 1399$ 元

物流成本 —— 包装成本 —— 生产物流 —— 一般经费　1049.25 元

物流成本 —— 仓储成本 —— 生产物流 —— 一般经费　1399 元

第五节　企业物流成本报表分析

企业物流成本核算出来后，需要通过一种载体披露物流成本信息，这个载体就是企业物流成本报表。按披露物流成本信息内容的不同，企业物流成本报表可分为企业物流成本主表和企业自营物流成本支付形态表。

一、企业物流成本主表

企业物流成本主表是按物流成本项目、物流成本范围和物流成本支付形态三个维度反映企业一定期间各项物流成本信息的报表。它是根据物流成本的三维构成，按一定的标准和顺序，把企业一定期间的物流项目成本、物流范围成本和支付形态的物流成本予以适当排列，根据活动中形成的大量费用数据，整理核算编制而成。

（一）企业物流成本主表格式

企业物流成本主表对企业物流成本核算对象的三个维度进行整合，报表使用者可以从主表中了解详细的企业物流成本信息，具体包括以下内容。

(1) 既可以了解不同物流功能成本以及存货相关成本的发生额，也可以了解不同物流范围的物流成本发生额；

(2) 既可以了解单项物流成本项目在不同范围的物流成本明细额，也可以了解单一范围所发生的不同的物流成本项目明细额；

(3) 既可以了解内部自营物流成本以及具体的物流成本项目和范围的物流成本发生额，又可以了解委托物流成本及其支出明细。

此外，企业物流成本主表还能够提供物流成本评价的基础资料，它是企业物流成本评价的基础。企业物流成本主表的基本格式如表 3-2 所示。

（二）企业物流成本主表的编制方法及要求

1. 企业物流成本主表的编制方法

企业物流成本主表的编制，主要是对企业日常会计核算中的物流成本费用数据加以归集、整理和计算，使之成为有用的物流成本信息。企业物流成本主表中各项目的数据主要来源于会计核算资料和物流成本核算的结果，具体包括以下内容。

(1) 根据会计明细账发生额汇总填列。企业物流成本主表中各项委托物流成本，一般可根据会计明细账发生额汇总填列。例如，对于生产制造和流通型企业而言，委托运输成本和委托装卸搬运物流成本，可根据会计明细账中的"销售费用运费""销售费用装卸费"分别汇总列列；对于企业而言，委托运输成本和委托装卸搬运成本，可根据会计明细账中的"主营业务物流成本—运费""主营业务物流成本—装卸费"分别汇总填列。

(2) 根据会计明细账发生额分析汇总填表。对于生产制造型企业来说，可根据会计明细账"制造费用折旧费"来具体分析其中有哪几项，多少支出用于包装设备折旧费，根据会计明细账"制造费用 —— 保险费"来具体分析其中有哪几项，多少支出用于包装设备保险费，从而获取和计算包装成本的有关信息，最后将与包装成本有关的信息汇总填写。

表 3-2　企业物流成本主表

企业法人代码：

企业详细名称：

编号：

物流成本范围及支付形态　　　　　　　　　　　　　　　　　单位：元

物流成本项目		代码	供应物流成本			生产物流成本			销售物流成本			回收物流成本			废弃物物流成本			总物流成本		
			自营	委托	合计	自营	委托	合计	自营	委托	合计	自营	委托	合计	自营	委托	合计	自营	委托	合计
			01	02	03	04	05	06	07	08	09	10	11	12	13	14	15	16	17	18
物流功能成本	运输成本	01																		
	仓储成本	02																		
	包装成本	03																		
	装卸搬运成本	04																		
	流通加工成本	05																		
	物流信息成本	06																		
	物流管理成本	07																		
	合计	08																		
存货相关成本	流通资金占用成本	09																		
	存货风险成本	10																		
	存货保险成本	11																		
	合计	12																		
	其他物流成本	13																		
	总物流成本	14																		

单位负责人：　　　　　　　　填表人：　　　　　　　　填表日期：

(3) 根据会计明细账发生额分析计算汇总填列。企业物流成本主表中的多数项目都属于间接物流成本，其填列都需要根据会计明细账的有关资料进行分析，并采用一定的标准和方法进行分析和计算，最后汇总成与某个物流成本项目有关的所有细目后加以填列。例如，在填列仓储成本时，首先要看企业仓储成本包括哪些内容。假设经查询企业会计明细资料，得知企业仓储成本主要包括人工费和维护费两部分，这时需要分别计算人工费和维护费的数额，经查"销售费用 —— 工资"明细账，发现这部分工资支出既包括仓库管理人员也包括仓库运作人员的工资，这时需要进一步分析和计算仓库运作人员的工资以确定仓储成本中人工费的支出数额；经查"销售费用 —— 折旧费"明细账，发现这部分内容既包括仓库也包括营业用房的折旧费支出，这时需要进一步分析和计算仓库的折旧费，以确定仓储成本中维护费的支出数额。然后再将"仓储成本 —— 人工费"和"仓储成本 —— 维护费"两部分内容相加，就能得到仓储成本的有关信息。

总之，企业物流成本的核算是以会计成本费用类账户明细资料为依据，企业物流成本主表的填列是以物流成本的计算结果为主要依据，是在汇总各同类物流成本项目的基础上进行填列，因此，物流成本的核算和物流成本主表的填列主要遵循以下程序：

(1) 获取物流成本费用类明细账资料。

(2) 按明细科目逐一分析该项费用是否属于物流成本内容。

(3) 对于属于物流成本内容的，设物流成本四级明细账户，"物流成本 —— 物流项目成本 ——物流范围成本 —— 物流支付形态成本"账户。

(4) 对于可直接计入上述物流成本账户的，直接计入；不能直接计入的，则按一定标准对物流成本进行分摊，然后分析计算计入。

(5) 按企业物流成本主表内容要求，汇总同一物流成本明细项目。

(6) 按汇总结果填列企业物流成本主表。

2. 企业物流成本主表的编制应遵循的要求

(1) 生产制造企业和流通型企业一般按供应物流、生产物流、销售物流、回收物流和废弃物物流五个范围阶段逐一进行填列。

(2) 按范围形态填列时，若某阶段未发生物流成本或有关物流成本项目无法归属于特定阶段的，则按实际发生阶段据实填列或填列横向合计数即可。

(3) 对于委托物流成本，若无法按范围进行划分但可按物流成本项目分别支付的，填写"总物流成本 —— 委托 —— 17"一列的有关内容即可；若采用不分物流成本项目的整体计费方式支付的，但可划分范围的，则填写"总物流成本 —— 14"一行中与委托有关的物流成本即可；若采用整体计费方式支付又无法划分范围的，则填写"总物流成本 —— 14"一行与"总物流成本 —— 委托 —— 17"相交位置物流成本即可。

(4) 对于物流企业，不需按范围进行填列，按物流成本项目及物流成本支付形态填写物流成本即可。

二、企业自营物流成本支付形态表

（一）企业自营物流成本支付形态表格式

企业自营物流成本支付形态表是按物流成本项目和自营物流成本支付形态两维形式反映企业一定期间自营物流成本信息的报表。它是根据物流成本项目和自营物流成本支付形态之间的相互关系，按一定的标准和顺序，把企业一定期间的物流项目成本及其对应的自营支付形态物流成本予以适当排列，依据日常工作中形成的大量物流成本费用数据，通过整理计算编制而成的。

企业自营物流成本支付形态表是对企业物流成本主表的补充说明。物流成本按支付形态可分为自营物流成本和委托物流成本，企业在物流成本分析与控制过程中，除了要了解自营和委托物流成本的数额，还需要了解不同支付形态下的各项自营物流成本数额。

企业自营物流成本支付形态表中物流成本项目一维的构成内容与企业物流成本主表的构成内容完全一致，其支付形态包括材料费、人工费、维护费、一般经费、特别经费，基本格式如表 3-3 所示。

表 3-3 企业自营物流成本支付形态表

编号：

企业详细名称： 企业法人代码： 单位：元

物流成本项目		代码	内部支付形态					
			材料费	人工费	维护费	一般经费	特别经费	合计
			01	02	03	04	05	06
物流功能成本	运输成本	01						
	仓储成本	02						
	包装成本	03						
	装卸搬运成本	04						
	流通加工成本	05						
	物流信息成本	06						
	物流管理成本	07						
	小计	08						
存货相关成本		09						
委托物流成本		10						
合计		11						

单位负责人： 填表人： 填表日期：

（二）企业自营物流成本支付形态表格式的编制方法及要求

1. 企业自营物流成本支付形态表的编制方法

企业自营物流成本支付形态表的编制方法与企业物流成本主表的编制方法基本相同，各项目的数据也主要来源于会计核算资料和物流成本计算结果。自营物流成本支付形态表主要依据会计明细账发生额分析汇总或分析计算汇总填列，一般不能直接汇总填列。

(1) 根据会计明细发生额分析汇总填列。

(2) 根据会计明细发生额计算汇总填列。

2. 企业自营物流成本支付形态表的编制要求

企业自营物流成本支付形态表的编制应符合以下要求：

(1) 对于运输成本、仓储成本、装卸搬运成本、物流信息成本和物流管理成本，对应的支付形态一般为人工费、维护费和一般经费；对于包装成本、流通加工成本，对应的支付形态一般为材料费、人工费、维护费和一般经费；对于流动资金占用成本、存货风险成本和存货保险成本，对应的支付形态为特别经费。

(2) 物流成本项目中各明细项目有相应支付形态的均需填写；无相应支付形态的，则不填写。

第六节　企业物流成本核算案例

某公司截至 2019 年 12 月底，资产总额为 2552 万元，负债总额为 1275 万元。该公司共有员工 68 人，设有办公室、人事部、财务部、运营部、安全部、客服部门等。公司主要提供委托业务，其中运输业务外包给企业外有资质的运输公司，装卸搬运则雇佣外部的搬运工完成。公司除了一个自有仓库外，还租用 4 个仓库，另有 1 辆 10 吨叉车和 3 辆卡车，供内部零星装修搬运使用。根据公司的资产负债资料和利润资料，利用本章前述的物流成本核算的方法，通过设置物流成本辅助账户，对本企业发生的各项物流成本进行核算汇总。有关物流成本辅助账户的余额计算如下：

1. 对于主营业务——搬运费和主营业务——营运费，有

(1) 物流成本——装卸搬运成本——委托　　　　　　　48 943.50 元

(2) 物流成本——运输成本——委托　　　　　　　　　9826.90 元

2. 对于销售费用——工资，有

(3) 物流成本 —— 运输成本 —— 人工费　　　　　　　6001.20 元

(4) 物流成本 —— 仓储成本 —— 人工费　　　　　　　7334.80 元

(5) 物流成本 —— 装卸搬运成本 —— 人工费　　　　　2933.92 元

(6) 物流成本 —— 包装成本 —— 人工费　　　　　　　4400.88 元

(7) 物流成本 —— 物流管理成本 —— 人工费　　　　　80 938 元

3. 对于销售费用 —— 通信费，有

(8) 物流成本 —— 物流信息成本 —— 一般经费　　　　15 631.55 元

4. 对于销售费用 —— 办公费，有

(9) 物流成本 —— 物流管理成本 —— 一般经费　　　　39 646.68 元

5. 对于销售费用 —— 燃油费，有

(10) 物流成本 —— 运输成本 —— 维护费　　　　　　3530.75 元

(11) 物流成本 —— 物流管理成本 —— 维护费　　　　2353.83 元

6. 对于销售费用 —— 保险费，有

(12) 物流成本 —— 存货保险成本 —— 特别经费　　　1550.31 元

(13) 物流成本 —— 运输成本 —— 维护费　　　　　　2383.81 元

7. 对于销售费用 —— 折旧费，有

(14) 物流成本 —— 运输成本 —— 维护费　　　　　　2173.47 元

(15) 物流成本 —— 仓储成本 —— 维护费　　　　　　6520.40 元

(16) 物流成本 —— 装卸搬运成本 —— 维护费　　　　2503.38 元

(17) 物流成本 —— 物流信息成本 —— 维护费　　　　756.82 元

8. 对于销售费用 —— 摊销费，有

(18) 物流成本 —— 仓储成本 —— 维护费　　　　　　22 723.56 元

9. 对于销售费用 —— 快递费，有

(19) 物流成本 —— 物流信息成本 —— 一般经费　　　1324.68 元

10. 对于销售费用 —— 修理费，有

(20) 物流成本 —— 运输成本 —— 维护费　　　　　　4123.82 元

(21) 物流成本 —— 物流管理成本 —— 维护费　　　　2749.22 元

11. 对于销售费用 —— 房租物业费，有

(22) 物流成本 —— 物流管理成本 —— 一般经费　　　33 340 元

(23) 物流成本 —— 仓储成本 —— 维护费　　　　　　387.91 元

12. 对于销售费用 —— 低值易耗品费，有

(24) 物流成本 —— 包装成本 —— 材料费　　　　　　3191.47 元

13. 对于存货占有资金的机会物流成本，有

(25) 物流成本 —— 流动资金占用成本 —— 特别经费　15 136.41 元

根据上述计算结果编制企业物流成本主表和企业自营物流成本支付形态表，如表 3-4
和表 3-5 所示。

表 3-4　某公司物流成本主表

编号：01

企业名称：某公司　　　　　　　　企业法人代码：　　　　　　　　单位：元

物流成本项目		代码	总物流成本		
			自营	委托	合计
物流功能成本	运输成本	01	18 213.05	9826.90	28 039.95
	仓储成本	02	36 966.67		36 966.67
	包装成本	03	7592.35		7592.35
	装卸搬运成本	04	5437.30	48 943.50	54 380.80
	流通加工成本	05			
	物流信息成本	06	17 713.05		17 713.05
	物流管理成本	07	159 027.73		159 027.73
	合计	08	244 950.15	58 770.40	303 740.55
存货相关成本	流动资金占用成本	09	15 136.41		15 136.41
	存货风险成本	10			
	存货保险成本	11	1550.31		1550.31
	合计	12	16 686.72		16 686.72
其他物流成本		13			
总物流成本		14	261 636.87	58 770.4	320 407.27

单位负责人：　　　　　　填表人：　　　　　　填表日期：

表 3-5　某公司自营物流成本支付形态表

编号：01

企业名称：某公司　　　　　　　　企业法人代码：　　　　　　　　单位：元

物流成本项目		代码	内部支付形态					
			材料费	人工费	维护费	一般经费	特别经费	合计
甲		乙	01	02	03	04	05	06
物流功能成本	运输成本	01		6001.20	12 211.85			18 213.05
	仓储成本	02		7334.80	29 631.87			36 966.67
	包装成本	03	3191.47	4400.88				7592.35
	装卸搬运成本	04		2933.92	2503.38			5437.30
	流通加工成本	05						
	物流信息成本	06			756.82	16 956.23		17 713.05
	物流管理成本	07		80 938	5103.05	72 986.68		159 027.73
	小计	08	3191.47	101 608.80	50 206.97	89 942.91		244 950.15

续表

物流成本项目		代码	内部支付形态					
			材料费	人工费	维护费	一般经费	特别经费	合计
存货相关成本	流动资金占用成本	09					15 136.41	15 136.41
	风险成本	10						
	保险成本	11					1550.31	1550.31
	小计	12					16 686.72	16 686.72
其他物流成本		13						
合计		14	3191.47	101 608.80	50 206.97	89 942.91	16 686.72	278 323.59

单位负责人：　　　　　　　填表人：　　　　　　　填表日期：

本章思考题

1. 企业物流成本核算的原则是什么？
2. 企业物流成本中显性物流成本如何核算？
3. 企业物流成本核算的方法有哪些？
4. 企业物流成本主表如何编制？

案例分析

某物流企业物流成本的核算

某物流企业以配送产品的批次为成本核算的对象，12月份发生货物的配送3批次，编号为第一批次、第二批次、第三批次（各批次运送车辆均为5辆车），共发生制造费用14 000元（见表3-6）。生产成本明细见表3-7。

表 3-6　某物流企业 12 月份制造费用明细表　　　　单位：元

一级科目	明细科目	金　额	合　计
制造费用	工资及福利	2000.00	14 000.00
	折旧费	3000.00	
	修理费	1000.00	
	办公费	3000.00	
	水电费	2000.00	
	其他	3000.00	

表 3-7　生产成本明细表   单位：元

产品批次	直接材料	直接人工
第一批次	1500.00	1000.00
第二批次	2500.00	2000.00
第三批次	3500.00	4000.00

案例讨论：

请根据企业 12 月份发生的实际成本计算各批次运送产品的成本。

第四章　基于作业成本法的物流成本核算

学习目标

◆ 了解作业成本法的概念
◆ 掌握作业成本法核算成本的程序
◆ 了解物流作业成本法的优缺点及适用范围
◆ 掌握物流作业成本法的基本步骤
◆ 掌握物流作业成本法分析核算的内容

第一节　作业成本法概述

一、作业成本法的产生和发展

作业成本法的产生，最早可以追溯到 20 世纪美国杰出的会计大师埃里克·科勒 (Eric Kohler) 教授。科勒教授在 1952 年编著的《会计词典》中，首次提出"作业""作业账户""作业会计"等概念。1971 年，乔治·斯托布斯 (George.J. Staubus) 教授在《作业成本计算和投入产出会计》中对"作业""作业成本""作业会计""作业投入产出系统"等概念做了全面系统的讨论，这是理论上研究作业会计的第一部宝贵著作。但是当时作业成本法并未在理论界和实业界引起足够重视。20 世纪 80 年代，随着 MRP、CAD、CAM、MIS 的广泛应用，以及以 MRPII 为核心的管理信息系统的广泛应用，美国实业界普遍感到产品成本与现实脱节，成本扭曲普遍存在，且扭曲程度令人吃惊。美国芝加哥大学的青年学者库伯和哈弗大学教授卡普兰注意到这种情况，于是对美国公司进行调研，并在此基础上重提了斯托布斯的思想，提出了以作业为基础的成本计算。目前，作业成本法在各国企业管理实践中得到广泛应用，应用的领域包括制造业、商业批发、零售业、金融、保险机构、医疗卫生、会计师事务所、咨询类社会中介机构及物流产业等。

作业成本法在企业的应用有 3 个层次：成本核算层、成本管理层和作业优化层。实际应用中，企业首先要做的是实施作业成本核算，然后在正确核算各作业成本的基础上，运用管理学的方法，把作业成本的信息运用到企业的各项决策和管理中去。作业优化层是企业借助作业成本的信息开展作业管理，消除不增值作业，提高作业效率。通过对美国运输与企业的相关调查显示，有 29% 左右的企业用作业成本法取代了传统成本法，超过 50% 的企业使用作业成本法作为传统成本系统的补充，另外还有 15% 的企业将作业成本法当作辅助成本系统和成本分析的工具。

作业成本法采用不同的间接费率，对不同作业的间接成本进行分配，强调成本的功能性和结构性，适应于物流服务的构成特点。它不但弥补了现行会计制度的缺陷，而且体现了现代成本管理与控制的新思想。

二、作业成本法的基本含义

作业成本法涉及的基本概念包括资源、作业、作业中心、成本对象、成本动因、成本要素和作业成本库。图 4-1 显示了作业成本法中各概念之间的关系。

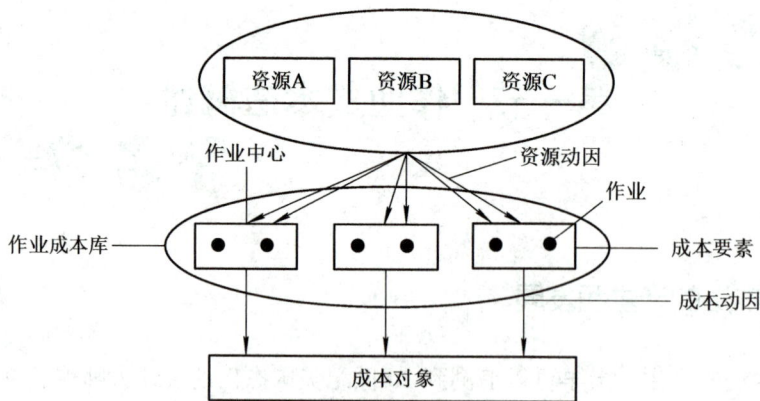

图 4-1 作业成本法模型图

作业成本法是将各种直接或间接资源分配到作业活动上的一种成本分析工具。在作业成本法的应用过程中，涉及资源的两层分解：第一层是将各种资源分解到业务流程的活动中，从而核算各种活动环节所耗费的资源；第二层是将活动成本分摊到各产品、服务、顾客或者部门，进而计算这些类别是如何消耗活动资源的，为企业优化业务和市场、合理管理作业流程奠定基础，如图 4-2 所示。

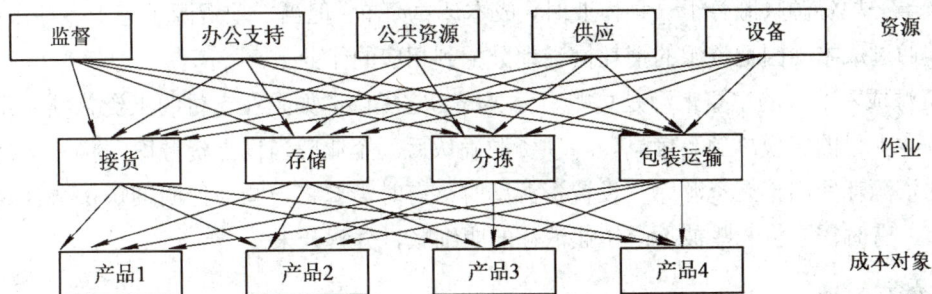

图 4-2 作业成本法的两层资源分解图

作业成本法在间接费用的分配上比传统的成本核算方法更准确，它直溯支出之源，而不是按是否与生产有直接关系来归集、分配物流成本。其基本逻辑是：各种资源的耗费驱动成本的发生，因而各种产品成本的多少应取决于对各种活动的消耗量，并以此来核算物流成本，使成本分析与控制具有更大的准确性。

作业成本法具有二维观念：成本分配观和过程观。成本分配观以"成本对象引起作业需求，而作业需求进而引起资源需求"为基本依据，首先将资源分配到作业，再由作业分配到成本对象；过程观提供的是"何种因素引起作业以及作业完成效果如何"的信息，企业可以利用这些信息不断地优化作业过程，从而实现持续改善作业的目标。在二维观念的指导下，作业成本法在企业物流成本管理中的应用主要体现在两个方面：一方面，将作业成本法引入物流领域，结合物流作业的特征进行物流成本核算；另一方面，利用作业成本法的核算信息分析、改善物流作业过程，进行物流作业成本管理与控制。

三、作业成本法的相关核心概念

作业成本法可以看作一个以作业为基础的管理信息系统。它以作业为中心，作业的划分从产品设计开始到物料供应，从工艺流程的各个环节、总装、质检到发运销售全过程，通过对作业及作业成本的确认计量，最终计算出相对准确的产品成本。经过对所有与产品相关联作业的跟踪，消除不增值作业，优化作业和价值链，增加需求者价值，提供有用信息，促进最大限度的节约，提高决策、计划、控制能力，以最终达到提高企业竞争力和获利能力，增加企业价值的目的。作业成本法管理信息系统不仅可以提供相对准确的成本信息，还可以依据对作业链和价值链的分析进行作业管理，满足经营管理、成本控制的需要。其相关核心概念主要有资源、作业、成本动因、作业中心与作业成本库。

（一）资源

资源是指作业所消耗的各种费用的总支出，它是一定期间内为了生产产品或提供劳务而发生的各类成本项目之和。一个企业的资源包括直接人工、直接材料、间接制造费用、物流成本、营销成本等。比如包装作业需要占用和消耗一定的人力、材料、工具和机器等资源。当一项资源只服务于一种作业时,成本计算简单,但当一项资源服务于多种作业时,就必须通过成本动因把资源的消耗恰当地分配到相应的作业上。

资源成本信息的主要来源是总账、分类账,它提供诸如企业支付的工资总额、计提折旧总额、支付的赋税总额等信息。各项资源确认后,企业应当设立资源库,将一定会计期间内的资源耗费归集至资源库。设置资源库时,有时需要将一些会计明细账目结合成一个资源库,有时需要将一些被不同作业消耗的明细账目分解开来。

(二)作业

作业是作业成本法中最基本的概念,是指企业为提供一定量的产品或劳务所发生的以消耗资源为重要特征的各项业务活动的总称,是连接资源耗费和成本核算对象的桥梁。企业经营过程中的每个环节或每道工序都可以视为一项作业,企业的经营过程就是由若干项作业构成的。

库伯和卡普兰认为作业可以分为四个层次:(1)单位作业,是指针对每个单位产出所要执行的作业活动,作业的成本与产出量成比例变动;(2)批别作业,是指针对每批产品生产时所需要从事的作业活动,如对每批产品的机器准备、订单处理、原料处理、检验及生产规划等,这种作业的成本与产品批数成比例变动,是该批产品所有单位产品的固定(或共同)成本,与该批产品的产量多少无关;(3)产品别作业,是指支持各种产品的生产而从事的作业活动,这种作业的目的是服务于各项产品的生产与销售,例如,对一种产品编制材料清单、数控规划、处理工程变更、测试线路等,这种作业的成本与单位数和批数无关,但与生产产品的品种成比例变动;(4)过程作业,也称管理级作业,是指为维持工厂生产而从事的作业活动,它是为支持厂务一般性制造过程的作业活动,如暖气、照明及厂房折旧等,这种作业的成本为全部生产产品的共同成本。

不同类型的企业,因其规模、工艺和组织形式的不同,作业的划分和定义也不同,企业可根据实际情况,选择一定的作业划分和确定方式。作业有两个基本特点:一是作业作为最基本的成本核算对象,必须具有量化的特点;二是作业贯穿于企业经营的全过程,其定义根据管理需要可粗可细,但必须囊括全部经营活动。

(三)成本动因

成本动因是指导致成本发生的各种因素,是决定成本发生额与作业消耗资源之间的内在数量关系的根本因素,如直接人工小时、机器小时、货物挪动次数、订购次数等。在作业成本计算中,成本动因即是资源成本的分配标准。成本动因依其在资源流动中所处的位置分为资源动因和作业动因两种。

1. 资源动因

资源动因是作业成本计算的第一阶段动因。按作业成本法的规则,作业量决定资源的耗用量,资源耗用量的多少与作业量有直接关系,与最终的产品量没有直接关系,资源的耗用量与作业量的这种关系称为资源动因。资源动因是资源被各种作业消耗的方式和原因，它反映了某项作业对资源的耗用情况，是将资源成本分配到作业中的基础和依据。

作业成本法下，如果某项资源耗费从最初消耗上呈混合耗费形态，则需要选择合适的量化依据将资源分解并分配至各项作业，而这个量化依据即为资源动因。例如人工费用主要与从事各项作业的人数相关，就可以按照人数向各作业中心（作业成本库）分配人工费用，从事各项作业的人数，就是一个资源动因。

2. 作业动因

作业动因是作业成本计算的第二阶段动因，它是各项作业被最终产品或劳务消耗的方式和原因，是作业成本库成本分配到成本核算对象的标准，反映了产品消耗作业的情况。

一项作业的作业动因往往不止一个，因此成本计算过程中要特别注意选择和确定合适的作业动因。作业动因的选择至少要考虑两个因素：一是作业动因与实际作业消耗之间的相关性；二是作业动因的可计量性及计量成本的合理性。比如订单处理这项作业，其作业成本与其产品订单的处理份数有关，订单处理份数就是一个作业动因，就可以按订单处理份数向产品分配订单处理作业的成本。

（四）作业中心与作业成本库

作业中心是成本归集和分配的基本单位，它由一项作业或一组性质相似的作业所组成。一个作业中心就是生产流程的一个组成部分。根据管理上的要求，企业可以设置若干个不同的作业中心，其设立方式与成本责任单位相似。但作业中心的设立是以同性质作业为原则，是相同的成本动因引起的作业的集合。例如，为保证产品质量，对 A、B 两产品所花费的质量监督成本虽然不同，但它们都是由监督时所消耗的时间引起的费用，因而性质上是相同的，可以归集到一个作业中心。由于作业消耗资源，因此伴随着作业的发生，按作业中心建立作业成本库，作业成本库归集了一个作业中心所耗用的全部资源。

四、作业成本法与传统成本法的比较

作业成本法与传统成本法既有区别又有联系。

（一）两者的区别

1. 成本核算对象不同

传统成本计算方法的成本核算对象是企业生产的产品，一般为最终产品；而作业成本法更关注产品形成过程和成本形成的前因和后果，成本核算对象是各个层次的作业，具有多层次性，最终再由作业追踪到产品。

2. 成本核算过程不同

传统成本法只采用单一的标准进行间接费用的分配，无法正确反映不同技术因素对费用产生的不同影响。作业成本法将直接费用和间接费用都视为产品消耗作业所付出的代价同等对待，对直接费用的确认和分配与传统成本计算方法并无区别；对间接费用的分配则依据作业成本动因，采用多元化的分配标准，并且同时考虑财务数据与非财务数据，从而使间接成本的分配和计算更为准确。

3. 使用范围不同

传统成本法适用于产品结构单一、制造费用的数额相对较小，且发生在与直接人工成本有事实上相关的劳动密集型企业。而现代企业现代化、自动化程度越来越高，人工成本大大降低，间接费用与成本总费用的比率相比过去而言大大增加，如果按照传统成本法去分配间接费用，成本信息就会失真。作业成本法将单标准间接费用分配法改为多标准间接费用分配法，避免了上述问题的发生。因此，作业成本法能满足现代企业的需求，适用于现代高科技企业。

（二）两者的联系

无论是作业成本法还是传统成本法，其计算结果都是产品的成本。另外，从作业成本法的产生和发展来看，作业成本法是在传统成本法的基础上发展而来的，是对传统成本法的改进。

五、作业成本法的优点及适用范围

（一）作业成本法的优点

1. 提供详细的成本信息，推动企业管理系统的发展

作业成本法更为准确的成本计算及动因分析为企业进行成本决策、利润分析等管理活动提供了相关的有用信息，使企业的管理更加合理科学。

2. 拓展了成本核算的范围

作业成本法以作业为核心进行成本核算，把作业、作业中心、顾客和市场纳入了成本核算的范围，形成了以作业为核心的成本核算对象体系。作业成本法抓住了资源向成本对象流动的关键，便于全面分析企业在特定产品、劳务、顾客和市场及其组合，以及各相应作业盈利性的差别。

3. 揭示了资源耗费、成本发生的前因后果

作业成本法以作业为纽带，寻求企业间接费用与产品成本之间的因果关系，为降低产品的成本找到了源头。作业成本法通过对成本动因的分析，明晰了产品成本形成的来龙去脉，找到了成本形成的根本，从而为企业降低不能为最终产品提供有用价值的作业成本成为可能。

除了以上优点，作业成本法也存在一些局限性：第一，作业成本法虽然减少了传统成

本法在产品物流成本核算上的主观分配，但还是没有从根本上消除主观性，作业的划分、成本动因的选择还带有主观性；第二，采用作业成本法，必须以作业为基础设置责任中心，要改进成本核算和成本管理的组织体系，就增大了成本核算特别是间接成本分配的工作量，从而加大了提供成本信息的成本。

（二）作业成本法的适用范围

作业成本法是有一定的适用条件的，要针对各个企业的实际情况而定，评价的依据如下：(1) 间接费用占全部制造成本的比重较高；(2) 管理层对传统成本核算提供信息的准确程度不满意；(3) 生产经营活动十分复杂；(4) 经常调整生产作业，而较少调整会计核算体系；(5) 具有较高素质的管理人员，熟悉会计知识和生产工艺流程。

总体来说，企业实施作业成本法的必要条件是产品中间费用的比例高和产品（服务）个性化要求高。如果把企业看作生产服务这一无形产品的制造企业，以合同或者客户为成本核算对象时，生产服务产品所耗费的直接人工和直接材料较少，其成本几乎全部由间接费用构成；同时，服务产品的物化表现为企业和客户签订的合同，不同的客户类型要求的服务内容不同，以及产品生产的个性化程度高，所以企业采用作业成本法核算成本将极大提高管理的有效性。

六、作业成本法核算成本的基本步骤

（一）定义作业，建立作业中心

定义作业是构造作业成本法系统的基础。定义作业首先要进行鉴别，即确定哪些作业是重要作业并且需要进一步细分，哪些作业不需要细分，甚至可以合并到其他作业中去。一个经济组织的作业链是与成本标的密切相关的一系列有序作业的集合，是由员工、设备、设施、供应商以及客户等构成的一个系统。

定义作业完成后，将产生大量的次级作业，为了建立合理可行的系统，需要把大量次级作业按一定原则合并为若干个一级作业，建立作业中心，再依据作业中心归集作业成本库。

确定作业中心需要考虑的因素有：一是各作业的生产工序和重要程度，一般考虑是先确定一些主要作业，然后将其上下工序的一些不太重要的作业与之归集成作业中心；二是将同性质作业归集到作业中心，具有量的同质性的作业也可以合并为一个作业中心；三是应注意减少作业中心数量对产品（服务）成本核算准确性的影响，以及基层部门内部控制的需要。通常，在手工计算的条件下或工艺较为简单时，合并后保留 10 个左右的作业中心，在会计电算化的条件下，保留 15 个左右的作业中心。表 4-1 为一个企业利用作业成本法核算物流成本时所确定的主要作业的示例。

表 4-1   确认作业示例表

活动	活动 1	活动 2	活动 3	活动 4	活动 5	活动 6
采购	挑选供应商	谈判	订立合同	发订单	委托采购	…
运输	运送货物	维修车辆	…			
仓储	租赁仓库	入库检验	库存盘点	出库检验	…	
装卸搬运	装货	卸货	…			
流通加工	商品检验	商品加工	商品包装	…		
配送	分拣	配送	…			
物流信息	信息输入	信息输出	信息查询	…		

（二）确认资源，归集作业成本库费用

资源实质上是为了产出作业或产品所发生的费用支出。资源的界定在作业界定的基础上进行，每项作业必涉及相关资源，与作业无关的资源则应从成本核算中剔除。

作业成本库的测算归集可以根据实际情况从两个方面着手：一是测算出作业中心整体成本，再将该成本分配到作业；二是测算出各个作业成本，再归集成作业中心成本。

表 4-2 描述了一个企业确认的资源构成示例。

表 4-2   确认资源示例表

活动	活动 1	活动 2	活动 3	活动 4	活动 5	活动 6
采购	订单处理费	业务招待费	差旅费	…		
运输	第三方运费	养路费	车辆折旧费	汽油费	…	
仓储	入库检验费	仓库租赁费	资金占用费	出库检验费	…	
装卸搬运	设备折旧费	…				
流通加工	材料费	加工费	折旧费	检验费	…	
配送	分拣费用	配送运输费	设备折旧费	…		
物流信息	网络维护费	材料费				

（三）依据资源动因，归集作业成本库

选择恰当的资源动因不仅仅是为了获取满意的产品或服务成本精确度，更是为了有效

地进行作业管理。确定适当的资源动因数目，通常是为了满足产品或服务成本一定的精确度，进而提高决策水平。

在对企业作业和资源动因进行理论分析的基础上，依据各项资源耗费结果、资源动因与作业之间的相关性，按不同作业中心将当期发生的费用进行归集，并计算各作业成本库中的成本总和。

（四）依据作业动因分配作业成本

(1) 确认各作业的作业动因，并统计作业动因的总数，据此分别计算各作业的单位作业动因的费用分配率，即作业成本动因率。作业中心的作业成本动因率的计算公式如下：

$$作业成本动因率=\frac{该作业中心成本库的作业成本总额}{该作业中心的作业动因数}$$

(2) 统计各产品所耗作业量 (或作业动因数)，计算产品应承担的作业成本，开列产品成本单。某项产品应承担的某项作业成本分配额计算公式如下：

$$\begin{array}{l}某项产品应承担的\\某项作业成本分配额\end{array}=\begin{array}{l}该产品消耗某作业\\的作业动因数\end{array}\times\begin{array}{l}该作业中心的\\作业成本动因率\end{array}$$

（五）计算产品或服务的总成本

根据产品或服务对作业的消耗，将间接成本分配给最终产品或服务，再加上直接追溯到成本对象上的直接成本，就可以得到成本对象的总成本。

$$成本对象的总成本 = 产品应承担的作业成本分配额 + 直接成本$$

第二节　基于作业成本法的物流成本核算理论

现行物流成本在核算上存在许多问题，如计算方法上并没有切实掌握公司内部的物流成本，物流成本与制造成本、物流成本与促销费用的关系尚未弄清。物流成本核算和评价所存在的问题，给利用物流成本进行物流管理增加了难度。从作业与成本之间的因果关系出发，将作业成本法应用于企业物流成本的核算即物流作业成本法，其核算结果更为准确、科学，是最有发展前途的物流成本核算方法之一。

一、企业采用物流作业成本法核算的意义

现代生产的特点是生产经营活动复杂，产品结构多样，产品生产工艺改进频繁，使得过去费用较少的订货作业、物料搬运、物流信息系统的维护等与产量无关的物流费用大大增加。在现代生产形式和特点下，传统物流成本核算方法提供的物流成本信息往往失真，不利于进行科学的物流成本控制。

现代物流企业实质上是为满足客户物流需要而建立的一系列有序的物流作业集合体。企业每进行一项物流作业，都要耗费一定的资源（人力、物力和财力），而每完成一项作业也必然产生一定价值，并且随物流作业的转移而转移到下一个物流作业上去，依次转移，最后为客户提供物流服务。所以企业为实现其经营目标，就必须努力提高物流作业产出，减少物流作业消耗，这就要求物流企业管理应深入到"作业"层次，以物流作业为企业管理的核心，重点分析哪些物流作业能够增加价值，哪些物流作业不能增加价值，并尽可能消除不能增加价值的作业。

物流作业成本法理论和实践的发展，给企业物流成本核算和管理带来了一场新的革命，对企业物流管理的影响是深远而重大的。物流作业成本法作为一种先进的物流成本核算与管理方法被引入企业物流管理领域，显示出巨大的优越性。

二、物流作业成本法与传统成本法的比较

（一）传统成本法的局限性

1. 物流成本信息不完整、不全面

我国现行会计制度没有单独对物流成本设立单独的科目进行核算，从现行的账本和报表中看不清消耗的实际情况，要取得完整、明晰的物流成本信息非常困难。

2. 产品物流成本分配不合理

传统物流成本核算中，间接费用的分配往往采用与物流作业量关联的直接人工工时、机器工时进行分摊，这种方法导致物流成本信息失真，使许多物流活动产生的费用处于失控状态，造成大量的浪费和物流服务水平下降。

3. 不同产品和不同物流服务之间物流成本的转移

传统成本法对所有产品和所有物流服务按照相同标准分配间接费用会扭曲其物流成本，一般来说，会造成小批量产品物流成本向大批量产品转移、资本密集型产品向劳动密集型产品转移，使物流成本失真。

4. 通常不能提供足够的量度

传统成本法下，物流活动及其发生的许多费用通常是跨职能部门发生的，而传统的物流成本核算是将物流活动费用与其他活动费用混在一起归集和反映的，因此物流成本缺乏

精细、有效的度量，很难对企业的物流成本做出准确、全面的核算和分析，也无法同其他企业的物流成本相比较，不利于物流成本业绩评价和物流作业的改进。

5. 传统会计科目的费用分配率存在问题

传统成本法将会计的各项费用剥离出物流费用，通常是按物流功能分离的，在分配物流成本时存在许多问题，很难为个别物流活动所细分。

（二）物流作业成本法的优越性

1. 从物流成本核算的角度看，物流作业成本法更适合于物流成本的核算

在间接费用的分配上，物流作业成本法以物流作业而不是以产品为物流成本核算对象，对不同的物流作业中心采用不同的物流成本动因来分配间接费用，采用了多样化的标准，考虑了不同技术因素对费用的不同影响。物流作业成本法使物流成本的可归属性明显提高，从而大大提高了物流成本核算结果的准确性。

2. 从物流成本管理的角度看，物流作业成本管理更能满足企业物流成本分析与控制的需要

物流作业成本法通过对物流作业成本的确认、计量，将不同的作业成本库分类归集不同的物流成本信息，再分配到具体的产品或服务，便于企业清楚地了解物流成本的构成情况。利用作业成本信息进行比较分析，不仅为物流作业管理提供更客观、更及时、更准确的物流成本信息，而且为企业的物流成本分析与控制决策提供依据。

三、物流作业成本法的核算过程

物流作业成本法的基本原理可以概括为：依据不同的物流成本动因分别设置物流作业成本库归集资源耗费，再分别以各物流成本核算对象所耗费的作业量分摊其在该物流成本库中的作业成本，最后汇总各物流成本核算对象的总物流成本。

（一）物流作业成本法核算系统

物流作业成本法是以作业成本计算为指导，将间接物流成本和辅助资源更准确地分配到作业、运作过程、产品、服务及顾客中的一种物流成本核算方法。物流作业成本法核算扩展了用于归集物流成本的生产成本中心的职能，将其从集中反映物流责任中心的位置、组织机构，转变到集中反映由组织资源引起的实际作业。它保留了传统物流成本核算模型中有关直接材料、直接人工的分配方法，同时也确认了一些辅助作业的价值，如调整准备机器、安排流通加工计划、检验产品质量等。

物流作业成本法以两个基本目标汇集了企业的财务或非财务数据，这两个基本目标是：一是核算成本对象的物流成本，二是通过物流作业管理为有效的物流成本分析与控制提供信息。图 4-3 说明了物流作业成本核算是如何达到这两个目标的。

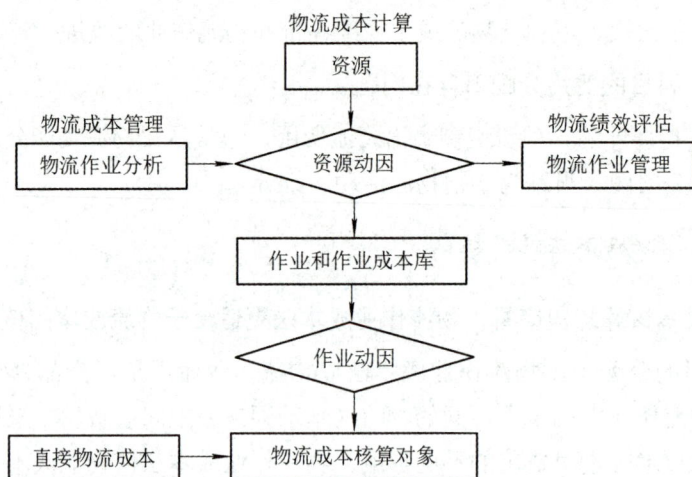

图 4-3　物流作业成本法核算系统

由图 4-3 可以看出，物流作业成本法核算系统包括六个部分：资源（货币、材料、人力、动力及厂房设备等）、资源动因、作业和作业成本库、作业动因、物流成本核算对象、直接物流成本。

物流作业分析是一个定义和描述作业及其物流成本动因（资源动因和作业动因）的过程，它是构筑一个物流作业成本法核算系统的关键。物流作业管理应用作业成本法提供的信息来持续改进或重构企业的物流作业。

(二) 物流作业成本法的核算步骤

一般来说，物流作业成本法的核算的步骤如图 4-4 所示。

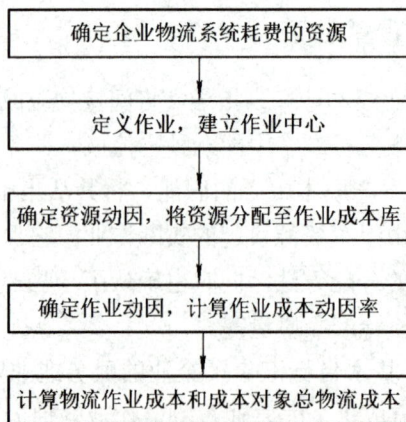

图 4-4　物流作业成本法的核算步骤

1.确定企业物流系统耗费的资源

资源是物流作业得以进行的基础，是物流成本消耗的源泉，物流成本核算首先要分析各项物流活动都消耗了哪些资源。确认企业各项资源后，要为每类资源设立资源库，并将一定会计期间的资源耗费归集到各相应的资源库中。如果在作业的产品输配送及仓储保管功能环节中，这些物流成本在一般企业可依照下列方式抽离出来。

(1) 仓储厂房费用：包括仓储空间的租金或折旧，货架、仓储设备折旧等。

(2) 人工费用：包括仓储行政、入库、拣货、包装、贴标等。

(3) 车辆相关物流成本：包括自有车辆折旧、租用车辆租金、车船税等。

(4) 装卸设备折旧：按照使用年限计提折旧。

(5) 其他材料费：包括包装材料、标签等。

以上物流成本项目可由会计记录中直接取得或经物流成本分离、估算等方式取得。如果一个企业会计科目分类足够细，会计科目的子科目应该可以足够辨识物流成本费用属于何单位。当企业的会计记录无法理清上述各项费用时，可以利用下面的方法合理估算以上这些物流成本项目。

(1) 仓储厂房费用：仓储空间若是租用的可按照租金计算，若是自建的可按照机会成本概念，即因为自用而不能外租损失的从市场可能取得的租金收益作为仓储费用。货架的投资可按照使用年限或租赁期间计提折旧。

(2) 车辆相关物流成本：如果为外包运输，则运输成本直接以所付运费计算，如果为自有车辆，则运输成本按照其使用年限计算每年折旧。其他如燃料费用、车船税等按照实际成本核算。

(3) 装卸设备折旧：按照装卸设备使用年限计提折旧。

(4) 其他材料费：如包装材料、胶带、标签等可以按照实际成本核算，也可以每件产品平均成本乘以产品总数进行推算。

2.定义作业，建立作业中心

物流服务由一系列基本物流作业构成，首先采用业务职能分析法、作业流程法、价值链分析法等确定各项作业。物流作业的划分应当得当，划分太细会使作业总数过多，导致物流成本核算量过大；反之，如果作业划分太粗，一个作业中含有多种不相关业务，必然导致物流成本核算的准确度下降。在确认物流作业的基础上对各项作业进行筛选和整合，将同质作业合并，形成物流作业中心。

在创建一个企业的物流作业中心的过程中，区分 200 个以上的物流作业也很常见。表 4-3 是收集物流作业信息的表格格式，用来在调查中收集物流作业信息并确保以后阶段可靠的信息来源。物流作业调查结束后最好将这些表格转换成电子数据表或数据库格式。

表 4-3   收集物流作业信息表

序号	物流作业	过程说明	输入信息	输出信息	前一项作业	后一项作业	作业所需资源	作业衡量指标
1								
2								

确定物流作业的相关成本，为每个物流作业中心开发物流作业成本表，如表 4-4 所示；通过物流作业成本表，将作业中心的物流成本分配给作业。

表 4-4   物流作业成本表

	作业部门人工成本				直接成本			间接成本			作业成本	
序号	作业	小组1	小组2	⋮	总人工成本	材料费	燃料费	其它	间接成本1	间接成本2	其他	总作业成本	总作业人数
1													
2													
⋯													

3. 确定资源动因，将资源分配至作业成本库

确认物流作业、建立物流作业中心后，分析资源，并为各项资源确定资源动因。例如，设备所耗费的燃料，直接与设备的搬运次数、工作时间或搬运量相关，则设备的搬运次数、工作时间或搬运量即为该项物流作业成本的资源动因。以资源动因为标准将各项资源耗费分配至各物流作业成本库。具体计算公式如下：

$$资源动因分配率 = \frac{某项资源耗费}{该项资源耗费的动因量}$$

$$某项作业应分配的资源耗费 = 该项作业所耗费的资源动因量 \times 资源动因分配率$$

$$某项资源耗费 = 耗费该资源的作业成本之和$$

[例 4-1]   某企业 2017 年 3 月份人工费支出为 55 000 元，其主要作业粗略可分为采购、生产、销售和管理，从事以上作业的人数分别为 2 人、6 人、3 人、4 人。

解   该企业资源耗费为 55 000 元，资源动因为作业人数，则

$$人工费分配率 = \frac{55000}{15} = 3666.67元$$

采购作业分配的人工费 = $2 \times 3666.67 = 7333.34$ 元；

生产作业分配的人工费 = 6 × 3666.67 = 22 000.02元；

销售作业分配的人工费 = 3 × 3666.67 = 11 000.01元；

管理作业分配的人工费 = 4 × 3666.67 = 14 666.68元。

4. 确定作业动因，计算作业成本动因率

一旦将资源耗费分配给物流作业成本库后，就可以开始确定作业动因。进行物流作业和作业动因分析的基本方法包括观察、记录时间、问卷、访谈。

(1) 观察。需要对此项工作有经验的人来进行，可以迅速收集到与物流作业有关的资料。这种方法简单易行，但是收集的资料相对来说较少。

(2) 记录时间。工作中让员工使用工作日志之类的工具，记录某项物流作业的使用时间。为了激励员工的积极性和热心，可以给予员工一定的激励来获取准确的物流作业信息。

(3) 问卷。问卷使用中必须注意问卷的完整清晰，以避免资料收集不够完整或受访者误解题意而提供错误信息。此方法可以当作访谈前的准备工作。

(4) 访谈。这是目前被普遍采用的一种信息收集方法。访谈的问题主要包括：分析部门内的各项重要物流作业是什么？物流作业所需要的资源有哪些？物流作业为什么会发生？绩效考核标准是什么？确认物流成本核算对象等。

物流作业与物流成本动因的分析往往是以上方法的混合使用，总体来说，需要的信息越准确，其花费的时间和成本就越高，企业可以根据所需信息的准确程度来选择适当的分析方法。

物流作业成本库的作业成本动因率都确定后，便可给各物流成本核算对象分配其应得的物流作业成本。具体计算公式如下：

$$作业成本动因率 = \frac{某作业中心所发生的作业成本}{该作业中心可提供的作业动因数}$$

$$\frac{物流成本核算对象应}{分配的该项作业成本} = \frac{物流成本核算对象耗用的}{该项作业的作业动因数} \times 作业成本动因率$$

由于物流服务过程中所需物流作业的数量很多，因此，从经济上看，唯某一项物流作业确定一个物流成本动因是不可行的，反之，将许多物流作业综合起来，共用一个物流成本动因又会造成物流成本核算的误差。所以，物流作业成本法核算中需要特别注意物流成本动因的确定，即选择哪些物流成本动因和确定物流成本动因的数目。物流成本动因的选择主要应遵循三个原则：

(1) 选定的物流成本动因与实际作业消耗之间的相关性应从现有资料中易于分辨；

(2) 选择信息容易获得的物流成本动因，以降低获取信息的物流成本；

(3) 为避免物流作业成本核算过于复杂，要筛选具有代表性和重要影响的物流成本动因。

对于物流成本动因数的确定，一方面，物流作业成本法核算系统所需要的最少物流成本动因数目，取决于其要达到的物流成本核算结果的准确程度及其复杂性，物流管理所需信息越准确、过程越复杂，物流成本动因数量就应越多；另一方面，物流成本效益原则决定了作业动因并非越多越好，相应地限制了物流作业动因的数量。

[例 4-2] 某企业 2017 年 3 月份人工费支出为 55 000 元，其中采购作业分配的人工费为 7333.34 元，该企业生产甲、乙两种产品，两种产品当月的采购次数为 2 次和 3 次。计算甲、乙两种产品的采购作业成本。

解 本例中作业动因为采购次数，具体计算如下：

$$作业成本动因率 = \frac{7333.34}{2+3} = 1466.67 \; 元$$

$$甲产品应分配的采购作业成本 = 2 \times 1466.67 = 2933.34 \; 元$$

$$乙产品应分配的采购作业成本 = 3 \times 1466.67 = 4400.01 \; 元$$

需要注意的是，上例中的计算是假定各物流成本核算对象实际耗用作业的物流成本动因数之和等于该作业中心可提供的作业量，即甲、乙两种产品的实际采购次数等于该作业中心可提供的采购次数总量。而在实际运作过程中，由于各物流成本核算对象实际耗用的某项作业的物流成本动因数之和一般小于该作业中心可提供的作业量，因此按上述方法计算出来的各产品应分配的某项物流作业成本之和一般都小于该作业中心发生的物流作业成本，二者的差额即为未耗用的资源。

在物流成本分配过程中，各物流作业中心的物流作业成本要根据作业动因逐项分配至各物流成本核算对象，这样，物流作业成本和各物流成本核算对象之间的对应关系就建立起来了。

5. 计算物流作业成本和物流成本对象总物流成本

根据计算出的物流成本动因分配率和产品（服务）所消耗的作业动因种类、数量可计算出该产品（服务）的物流作业成本，即将物流作业成本库归集的物流作业成本按物流作业动因分配到各个物流成本核算对象上。将物流成本核算对象中分摊的各项物流作业成本汇总，即是该物流成本核算对象应负担的间接物流成本，再加上直接物流成本，就是各物流成本核算对象的总物流成本，并可据以计算单位物流成本。资源、作业和物流成本核算对象的关系如图 4-5 所示。

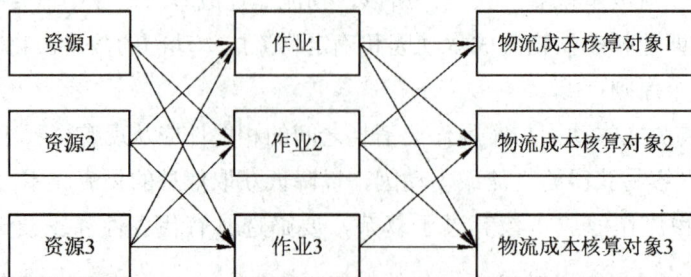

图 4-5 资源、作业和物流成本核算对象关系图

　　物流作业成本法核算分配有两种方法：两阶段法和多阶段法。两阶段法是首先将明细账中的资源物流成本按资源动因分配到不同的作业上，而后将这些在作业上归集的物流成本按物流成本动因分配到产品（服务）上。多阶段法考虑到有些作业并不直接为最终产品（服务）所耗用，而是为多个产品（服务）所耗用，它强调作业和作业成本，以及产品和作业之间的关系，试图更准确地反映物流成本在物流系统里流动的实际情况。

（三）物流作业成本法核算的要点

1. 确认作业的要点

　　物流作业描述了企业所进行的一切物流活动，即说明了时间、原材料等资源是如何被消耗的，作业的投入与产出各是什么，在实施物流作业成本法时，必须在合理的范围内确认作业，作业范围太大，会影响执行物流作业成本核算的效果，作业划分过细，则加重了执行物流作业成本核算的负担，导致不必要的时间、人工等资源的浪费。确认作业时，必须对作业进行整合和分解。

　　建立物流作业成本库首先要确认作业所包含的资源种类，即确认每一作业所包含的物流成本要素，例如：工资、材料和折旧；然后确定各类资源的资源动因，将资源分配到各作业，据此计算出作业中该物流成本要素的物流成本额；最后开列物流作业成本单，得出物流作业成本库的总物流成本额。物流作业成本单揭示了作业所耗用的资源，任何物流作业操作上的变化都会反映在所耗资源上的变化，便于改善物流作业。

2. 确认主要的物流成本项目的要点

　　通过查阅企业的会计账目及相关资料便可得到相关的费用项目。根据费用与物流业务量的关系，可将物流费用分为变动费用、固定费用和混合费用。变动费用是指在一定物流业务量范围内，费用总额随物流业务量的变动而发生正比例变动的费用，但其单位费用在一定条件下不受物流业务量变动的影响而发生变化。固定费用是指在一定时期或一定物流业务量范围内，费用总额不受业务量变动的影响而保持相对稳定。除了变动费用和固定费用外，部分费用既有变动性质又有固定性质，表现为一种混合费用。对于混合费用，可用一定的方法进行分解，归集入固定费用和变动费用中去，以利于进行物流成本核算、物流活动决策、物流规划和控制。

3. 确定作业与物流成本项目关系的要点

　　每个物流作业可能与一个或多个物流成本项目相联系，因此，必须明确物流作业与物流成本项目的关系。为便于核算和实现电算化，应引入物流作业成本核算矩阵，通过它可以准确地得出每个作业的物流成本。

4. 确定各项作业的物流成本动因的要点

　　确定物流成本动因，是作业成本法实施中非常重要的，也是难度最大的步骤。确定物流成本动因，不仅需要会计人员参加，而且应该有企业各个部门人员的广泛参与。实施物流作业成本核算的人员还要深入企业的各个工作现场，同员工直接接触，充分了解企业的物流活动，以便确定合理的物流成本动因。确定物流成本动因可以分两步走：先确定物流成本动因数量，再选择物流成本动因。

确定物流成本动因数量时应考虑的要点：物流成本的精确度越高，所需的物流成本动因数量越多；组合复杂度越高，所需的物流成本动因数量越多；形成服务物流成本中关键部分的作业种类越多，所需的物流成本动因数量越多；不同作业批量大小的差异越大，所需的物流成本动因数量越多。

选择物流成本动因时应考虑的要点：考虑相关物流成本动因的资料是否容易获得，若在现有的物流成本系统中可以获得，则核算物流成本的费用较低；若是利用新的物流成本系统收集资料，则核算物流成本的费用会大大增加；相关程度越高，产品物流成本被歪曲的可能性越小，则越有可能采用该物流成本动因。表 4-5 是常见作业的可能物流成本动因示例。

表 4-5　物流成本动因示例

作　业	累积物流成本	可能的物流成本动因
1. 采购处理	采购人员及采购处理物流成本，采购设备折旧及维护	采购次数
2. 进货验收	进货验收物流成本，验收设备折旧及维护	托盘数
3. 进货入库作业	进货人员物流成本、堆高机设备折旧	托盘数
4. 仓储作业	仓库管理人员物流成本、仓库租金、折旧、维护费用	体积
5. 存货盘点	盘点人员物流成本、盘点设备折旧及维护	盘点耗用时间
6. 客户订单处理	接受订单人员物流成本、订单处理物流成本	订单数
7. 拣货准备	拣货人员物流成本、拣货准备物流成本	订单数
8. 拣货	拣货人员物流成本、设备折旧及维护	拣货次数
9. 合流	处理合流人工物流成本、设备物流成本	订单跨区数
10. 配送	车辆调配、燃料费、车辆折旧及维护、人员物流成本	出货托盘数
11. 拉货上车	人员物流成本、设备折旧及维护	订单量
12. 人工补货	割箱和搬运人员物流成本、设备折旧及维护	补货箱数
13. 堆高机补货	人员物流成本、设备折旧及维护	补货托盘数
14. 下货	人员物流成本、设备折旧及维护	订货标准箱
15. 销管作业	财会人员物流成本、办公用品物流成本、通信物流成本等	营业金额

第三节　物流作业成本法核算物流成本应注意的问题

一般来说，应用物流作业成本法核算企业物流成本时应注意以下几个问题。

一、确保非财务性资料的易获取性和准确性

作业成本法中，间接成本的分配需要使用资源动因和作业动因，而资源动因和作业动因绝大多数数量指标，很难从会计核算资料中取得。因此，为了推进物流作业成本法的实施，企业必须建立制度、明确职责等，以确保资源动因和作业动因的易获取性和准确性。例如，将电力资源耗费分配至不同物流作业时，需要取得不同物流作业的耗电度数，这就需要通过对不同作业设置不同电表等方式分别统计耗电度数；在将人工费分配至不同物流作业时，需要取得不同物流作业的职工人数，这就需要人事部门统一提供或各作业部门分别提供职工人数。再如，在将运输成本分配到不同产品时，需要取得不同产品的运输里程信息，这就需要司机按不同产品分别统计运输里程数，在产品品种较多且经常共同运输时，这项统计工作显然费力费时。资源动因和作业动因信息是否准确，往往取决于基层作业人员的责任心，而信息准确与否又直接影响到物流成本的核算结果，所以为保证物流作业成本法的顺利实施，企业必须在制度建设、文化建设上下功夫，这是牵一发而动全身的工作，仅仅依靠企业某个部门或某几个人是很难完成的。

为保证有关数据信息的可得性和可靠性，在全面推行物流作业成本法时，企业应根据物流管理与控制的需求，确定物流作业及物流成本核算对象。在此前提下，详细分析所需要的资源动因和作业动因，然后通过设置表格或下达工作任务的形式，将资源动因和作业动因的统计工作落到实处。不管是企业的物流部门还是整个企业，要引入物流作业成本制度，都需要从统计设计的角度考虑，做好该制度实施的一系列准备工作。

二、剔除非物流作业所消耗的资源

利用物流作业成本法核算物流成本，首先应明确哪些是物流作业发生的资源耗费。对于可直接计入物流成本核算对象的资源耗费，必然是独立地、一对一地为成本核算对象所耗费；对于间接为物流成本核算对象所发生的资源耗费，在将资源分配至作业过程中，首先应剔除非物流作业所消耗的资源。具体做法是：在确定物流作业时，对于属于物流业务的作业，根据管理目标和核算需要，将其细分为不同的物流作业；对于非物流业务的耗费，将其作为一项作业（即非物流作业），与其他细分的物流作业并列，通过相应的资源动因，

共同参与资源耗费分配。通过这种方式，可计算出各细分的物流作业成本和单独的非物流作业成本。在后续将作业成本向物流成本核算对象分配的过程中，仅有物流作业成本参与分配，非物流作业成本将不再参加分配，这样，在计算过程中就剔除了非物流作业成本及其所消耗的资源。

三、注重物流作业成本法应用的多元性

多元性的概念贯穿于物流作业成本法应用的全程，资源、资源动因、作业、作业动因和成本核算对象均是多元的。在这里，尤其要特别注意作业和成本核算对象的多元性。

关于物流成本的构成、计算直至物流成本表的设计，均包括物流成本项目、物流成本范围和物流成本支付形态三个维度，结合作业成本法的核心思想，在应用物流作业成本法的过程中，通常将支付形态物流成本(例如人工费、材料费等)定义为作业成本法中的资源耗费，将物流功能成本(如运输、仓储等)定义为作业成本法中的作业，将物流范围成本定义为最终的物流成本核算对象，然后按资源、作业及成本核算对象这样的路径关系来核算物流成本。实际上，在应用作业成本法计算和管理企业物流成本的过程中，资源耗费是固定的，是物流成本核算的起点，但中间环节物流作业的选择以及最终的物流成本核算对象的确定则是可变的，企业可根据实际情况和物流管理与控制的要求，选择适合企业特定时期特定需要的作业和成本核算对象，例如，可将运输、仓储、包装、装卸搬运、流通加工、物流信息、物流管理定义为作业，也可以合并或者进一步细分。一般来说，对于相同的资源耗费而言，作业定义得越多，划分得越细，最终成本核算对象的成本计算越准确，但同时计算的工作量也越大。

四、企业内部物流成本的核算应区分实际耗用资源和浪费资源

企业在实际的运营过程中，很多物流作业都不是满负荷运转的，可能提供的物流作业动因数总是大于实际耗用的物流作业动因数，例如企业某月可以提供的物流信息作业工作小时数为 176 小时，但实际的工作小时数为 120 小时，这其中未利用即浪费的物流作业动因数为 56 小时。我们在计算作业成本动因率时，选择的成本动因数为 176 小时，但在计算不同物流成本计算对象，如甲产品和乙产品所分配的物流信息作业成本时，选择的成本动因量为 120 小时，另外的 56 小时成本动因量所消耗的作业资源即为资源浪费。为了更好地说明这一点，下面举例说明。

[例 4-3] 某企业想了解和掌握在供应物流和销售物流阶段运输业务所发生的物流成本。某月该企业运输业务发生的资源耗费主要有工资 24 000 元，折旧费 24 000 元，办公费 2400 元。该企业有运输车辆 6 辆，每月可提供的运输作业小时数为 1056 小时，根据有关统计资料，运输车辆用于供应物流的运输小时数为 462 小时，用于销售物流的运输小时数为 475.2 小时。根据以上资料，采用物流作业成本法核算企业供应物流和销售物流中运

输业务的物流成本。

解　运输业务的资源耗费总和：

$$资源耗费总和 = 24\,000 + 24\,000 + 2400 = 50\,400\ 元$$

运输作业的作业成本动因率：

$$作业成本动因率 = \frac{50\,400}{1056} = 47.73\ 元/时$$

分别计算供应物流和销售物流阶段运输业务实际消耗的资源价值以及未消耗资源成本，计算结果如表 4-6 所示。

表 4-6　运输作业实际消耗资源价值及未消耗资源成本一览表

作业	作业成本动因率	实际耗用作业动因数 / 小时			未耗用成本动因数	实际耗用资源 / 元		未耗用资源 / 元
		供应物流	销售物流	合计		供应物流	销售物流	
运输作业	47.73	462.00	475.20	937.20	118.80	22 051.26	22 681.30	5667.44

通过对上述未耗用资源的计算，可以发现企业在物流运作过程中，哪些作业未满负荷运作，存在资源的浪费现象，从而为资源的合理配置提供依据。

第四节　物流作业成本法核算制造型企业物流成本案例

SA 公司是一家大型中外合资的机械设备企业，成立于 1997 年，经过多年的发展，2019 年产值超过了 20 亿。

1. 企业的治理模式

SA 公司的组织模式采用典型的现代企业管理制度，公司董事长为中方代表，副董事长和总经理均为外方代表，下设制造部、市场部两大部门，财务科、总务科和品质保证科也直接归总经理办公室管理。其中，制造部分为生产管理科、生产技术科、总装科、结构件科和安全科；市场部分为售后服务业务科、售后服务技术科、销售科和培训科等。

SA 公司以前并没有设立专门的物流管理部门，所有相关的业务由制造部下的生产管理科负责。随着企业规模的不断扩大，物流成本逐渐成为企业越来越重要的成本组成内容，对物流成本的管理和控制也越来越被企业重视，SA 公司在 2008 年设立了专门的物流管理部门对物流业务进行统一的管理。

2. 企业的财务管理制度

SA 公司在财务、会计一系列的规章制度中，对手续、费用的确认采用权责发生制，产品物流成本由直接材料费用、直接人工费用和制造费用构成，其中直接材料费用基本按产品的材料定额消耗比例进行分配，直接人工费用按产品定额工时比例进行分配，制造费用采用作业成本法进行分配；财务费用、管理费用和销售费用作为期间费用，直接计入企业当期损益；固定资产折旧的计提按照税法的相关规定，分大类采用直线法进行计提，存货的估价方法采用后进先出法。

3. 企业的业务流程及物流成本的产生

1) 企业的业务流程

SA 公司主要从事某大型机械设备的生产和销售，产品主要面向国内市场。目前，SA 公司生产的机械设备的销售采取总经销的形式，由中方合作伙伴 W 公司将产品一次性买断，全面代理企业在国内的销售业务和及时反馈市场的各种信息。W 公司一般在企业向其交货 8 个月后将货款打入该企业的账户。

SA 公司根据 W 公司的订单制定生产计划，由制造部下的生产管理科进行材料需求的测算与生产时间的安排。W 公司将接到的订单通过电话、传真或信息系统等方式在最短的时间内传递到 SA 公司的销售科，销售科再将订单发给生产管理科，制定相应的生产计划。伴随 SA 公司的业务处理流程，产生了订单处理、采购、报关、购买保险、装船、验货、存储、运输、装卸、搬运等具体环节的支出，这些支出构成了 SA 公司的物流成本。

2) 企业的生产流程

SA 公司生产的主要产品是面向国内建筑市场的，其生产流程大致可分为零配件加工和生产组装两个阶段，每一个生产阶段又包括若干个具体的程序：生产管理科首先要根据订单的要求来提交所需采购的原材料和配件清单，当原材料运抵生产部门验收并投入生产后，首先进入的是零配件加工阶段，具体由结构件科来完成；在完成零配件加工后，将进入生产组装阶段，在该阶段，总装科接收结构件科造出的半成品，并通过焊接、油漆、喷塑、黏合、组装等工艺流程，最终完成产品的生产过程。

3) 企业的物流流程

自 SA 公司建立以来，物流业务大多外包给第三方物流公司，而生产出来的产品包销给 W 公司，因此销售基本也归 W 公司负责。所以对 SA 公司来说，企业的业务活动范围在采购与生产这两部分。下面对这两部分的过程进行分析。

(1) 零部件采购。SA 公司生产的机械设备 50% 左右的零部件由日本进口，其余的在国内厂家采购。SA 公司进口的零部件主要通过专业的第三方公司来完成，实现门对门的运输。SA 公司进口的零部件主要由日方合作伙伴企业根据其订单统一进行采购，日本的第三方公司 D 在神户港将采购的零部件包装装船，经海上运输到上海进行转关；从上海再改走铁路保税专列到达成都青白江，进行卸货与报关；从青白江到 SA 公司的运输外包给国内第三方公司，到达厂区后，公司将货物集装箱卸下，由叉车送到仓库，最后公司将空集装箱拉回港口。国内零部件由供应商利用卡车送货上门，运费已包含在零部件的货款里。

目前，SA 公司正在尝试做集合，由于 SA 公司的供货厂商主要集中在东南沿海地区，因此它与一家第三方物流企业合作，由该公司划分供货区域，建立该区域的中心，并组织公司将该供货区域里厂家的零部件供货运输至该中心，汇总后由铁路运输到成都，这样可以最大限度地降低物流成本。

(2) 生产。SA 公司的生产主要由企业的库房进行运作，由生产管理科进行管理。SA 公司有两个库房，分别是总装库房和焊接库房。焊接库房主要有库管、叉车、零部件配送等工种，主要业务为通过清件台为结构件车间供应零部件，通过叉车转运将结构件车间的半成品转运到总装库房，采用 SAP 系统对零部件出入库进行系统管理。结构件车间的生产主要有下面三个渠道：工人生产所需要的零部件由清件台车运送；工人可利用车间内的行车来实现笨重生产物料的搬运；结构件车间生产出来的半成品由库房工人利用叉车转运到总装库房。总装库房的主要业务为通过清件台车以及叉车转运等方式为总装车间供应装配所需零件，还包括一些零部件集装箱掏箱并通过 SAP 系统对零部件出入库进行系统管理。总装车间的生产主要有四个渠道：工人所需要的零部件主要由库房人员利用叉车分别摆放到指定位置；一些散碎的零部件可以用清件台车拉过来；工人也可利用车间内的行车来实现生产物料的搬运；生产出来的挖掘机成品由总装车间里的调试组开到成品露天存储场。

4) 企业物流成本的核算

利用 2019 年 6 月企业的相关财务数据和生产管理数据来计算该月 SA 公司 B10、B20 和 B30 三种类型机械设备的相关物流成本。采用物流作业成本法核算物流成本时，企业内部所涉及的环节主要有零配件采购、收货验货、库存持有、存储管理、装卸搬运、销售、一般管理。

4. 资料收集

(1) 零配件采购。本月该企业采购进口零部件共有 86 份订单，国产零部件共有 38 份订单，共计 124 份订单，其中，B10 零配件订单为 62 份，B20 零配件订单为 49 份，B30 零配件订单为 13 份。

(2) 运输。由于企业的零配件运输与成品运输均外包出去了，因此相关费用在财务上单列科目进行结算，这里不予考虑。

(3) 收货验货。各种零配件的检验过程完全相同，每次货物入库时检验人员均进行检验。该月 SA 公司库房共入货 113 批，其中，B10 零配件订单为 56 批，B20 零部件订单为 45 批，B30 零配件订单为 12 批。

(4) 库存持有。本月 SA 公司的库存零配件总额为 1744.5 万元，成品挖掘机的库存（其中，B10 为 59 台，B20 为 57 台，B30 为 14 台）总额为 2214.5 万元，这两项共计 3959 万元。同时，该月银行的商业利率是 0.65%。

(5) 存储管理。本月库房能够提供 1872 工作小时的存储管理能力，其中用于各类型产品的存储管理时间分别与它们本月的生产数量成正比。已知本月各类型挖掘机的生产数量：

B10 为 163 台，B20 为 135 台，B30 为 11 台。

(6) 装卸搬运。本月库房能够提供 3328 工作小时的装卸搬运能力，其中用于各类型产品的装卸搬运时间分别与它们本月的生产数量成正比。已知本月各类型挖掘机的生产数量：B10 为 163 台，B20 为 135 台，B30 为 11 台。

(7) 销售。本月 SA 公司处理销售订单 216 份 (这里一份订单只包含一台挖掘机的资料)，其中各类型产品的数量：B10 为 125 台，B20 为 79 台，B30 为 12 台。

5. 利用物流作业成本法核算物流成本的基本步骤

(1) 分析和确定资源。通过确认和计量企业所提供的各类资源价值，将资源价值耗费归集到各资源库中。本月 SA 公司所提供的各类资源价值情况如表 4-7 所示。

表 4-7　SA 公司所提供的各类资源价值

单位：元

资源项目	折旧费	电力	燃油	办公费	工资	流动资产
资源价值	102 236.54	6490	5625	13 296	67 817.4	387 335

(2) 分析和确定作业。根据 SA 公司的业务流程，我们归纳出与 SA 公司相关的七种作业：零配件采购 (订单处理)、收货验货、库存持有、存储管理、装卸搬运、销售 (订单处理)、一般管理。需要为每项作业分别设立物流作业成本库，用于归集各项作业实际消耗的资源。

(3) 资源到各物流作业成本库的分配。首先我们需要确认各项资源的资源动因，将各资源库中所汇集的资源价值分配至各物流作业成本库中。

折旧费与办公费的分配：折旧费发生的原因在于各项作业运用了有关的固定资产。其中，库存持有成本属于直接成本，故不参与折旧费和办公费的分配。因此，可根据各项作业固定资产运用情况来分配折旧费，分配结果如表 4-8 所示。

表 4-8　固定资产折旧费及办公费的分配

单位：元

作　业		零配件采购	收货验货	存储管理	装卸搬运	销售	一般管理	合计
资源	折旧费	11 230.51	7341.33	23 456.30	41 895.70	12 564	5748.70	102 236.54
	办公费	3564	1255	2300	543	2896	2738	13 296

电力的分配：电力资源消耗的资源动因在于"用电"，其数量由用电度数来衡量。已知每度电的价格为 0.6 元，具体分配结果如表 4-9 所示。

表 4-9　电力的分配

作　业		零配件采购	收货验货	存储管理	装卸搬运	销售	一般管理	合计
资源	用电度数 / 度	1465	1356	2890	1366	1695	1213	9985
	金额 / 元	879	813.6	1734	819.6	1017	727.8	5991

燃料的分配：燃料资源消耗的资源动因在于使用，其数量多少可由使用公升数来衡量。已知每升柴油的价格为 3.5 元，具体分配结果如表 4-10 所示。

表 4-10 燃料的分配

作 业		零配件采购	收货验货	存储管理	装卸搬运	销售	一般管理	合 计
资源	燃料用量/公升	0	257	630	988	0	0	1875
	金额/元	0	899.50	2205	3458	0	0	6562.50

工资的分配：工资消耗的资源动因在于各项作业的"职工人数"，因此，应根据完成各项作业的职工人数和工资标准进行分配，分配结果如表 4-11 所示。

表 4-11 工资的分配

作 业		零配件采购	收货验货	存储管理	装卸搬运	销售	一般管理	合 计
资源	工资/元	6096	5379	0	12 105	21 520	8857.40	53 957.40
	流动资产/元	0	0	257 335	0	0	0	257 335
	合计/元	6096	5379	257 335	12 105	21 520	8857.40	311 292.40

流动资产的分配：流动资产这一项资源这里只针对库存持有作业这一项而言，因此我们可以将流动资产的持有物流成本 257 335 元完全分配给库存持有作业。其中，分配给零配件库存的持有物流成本为 113 392.50 元，分配给产成品库存的持有物流成本为 143 942.50 元。将上述有关结果汇总，各资源向各个作业的分配如表 4-12 所示。

表 4-12 各资源的分配汇总　　　　　　单位：元

作 业		零配件采购	收货验货	存储管理	装卸搬运	销售	一般管理	合 计
资源	折旧费	11 230.51	7341.33	23 456.30	41 895.70	12 564	5748.70	102 236.54
	电力	879	813.60	1734	819.60	1017	727.80	5991
	燃料	0	899.50	2205	3458	0	0	6562.50
	办公费	3564	1255	2300	543	2896	2738	13 296
	工资	6096	5379	0	12 105	21 520	8857.40	53 957.40
合计		21 769.51	15 688.43	29 695.30	58 821.30	37 997	18 071.90	182 043.44

(4) 确定各项作业的物流作业成本动因。SA 公司各项作业的物流作业动因如表 4-13 所示。

表 4-13   各项作业的物流作业动因

作 业	作业成本动因
零配件采购	采购订单处理份数
收货验货	货物入库批数
库存持有（成品）	产品台数
存储管理	工作小时数
装卸搬运	销售订单处理份数
销售	销售订单处理份数

(5) 计算有关作业成本动因率。有关作业成本动因率的计算如表 4-14 所示。

表 4-14   物流作业成本动因率的计算

作 业	作业成本动因率	各产品耗用作业成本数				耗用资源 / 元		
		B10	B20	B30	合计	B10	B20	B30
零配件采购	175.56	62	49	13	124	10 884.72	8602.44	2282.28
收货验货	138.84	56	45	12	113	7775.04	6247.80	1666.08
库存持有（成品）	1107.25	59	57	14	130	65 327.75	63 113.30	15 501.50
存储管理	15.86	987.50	817.90	66.60	1872	15 661.75	12 971.90	1056.30
装卸搬运	17.67	1755.50	1454	118.50	3328	31 019.70	25 692.20	2093.90
销售	175.91	125	79	12	216	21 988.80	13 896.90	2110.90
库存持有（零配件）	0.36	156 443	135 087	24 759	316 289	56 319.50	48 631.30	8913.20
一般管理	0.57	156 443	135 087	24 759	316 289	8 917.25	7 699.96	1 411.26
合计						217 894.43	186 855.73	35 035.45

本章思考题

1. 简述物流作业成本法的含义和基本理论。
2. 物流作业成本法计算物流成本的程序是什么？
3. 与传统物流成本法相比较，物流作业成本法的优点有哪些？
4. 物流作业成本法中作业动因的确定要考虑哪些因素？

案例分析

莫科汽车轮胎公司作业成本法的实施

莫科公司位于墨尔本，是工程零件制造商，也是唯一生产这种零件的澳大利亚厂商，近年来遭受海外制造商的激烈竞争。莫科公司是一个大集团公司的一部分，只有100多人，它的会计部门有6人（包括一名财务控制员），它的职责特定为把物流作业成本法引入企业。财务控制员的前一家工作单位是位于墨尔本的汽车零部件生产商，由于那家公司的高层对于作业成本法带来的效益不能认同，他在那家企业引入作业成本法失败了。

该集团公司内部以前从未使用过作业成本法，莫科公司是这个集团内第一家成功应用作业成本法的企业。公司以前的成本核算系统是传统成本核算系统，其中制造费用按照人工小时分配。莫科公司的客户广泛、产品系列很多，生产过程既有高度复杂的自动化生产，也有部分的手工生产，为了满足客户的特殊需求，订单都非常小，因此市场要求公司具有高度的柔性和快速反应能力。

莫科公司开始在现代制造技术方面投资之后，其产品的成本结构发生了显著的变化。现在的人力资源成本仅仅是以前的小部分，但是由新技术带来的成本节约既没有使顾客获得好处，也没有使企业的产品在市场上获得价格优势。许多客户转向从国外供应商进货，虽然他们还是希望能够采用莫科公司的产品。尽管公司的边际利润在增长，但客户还是慢慢地向海外供应商流失，公司不清楚到底是哪一部分导致了边际利润的增长。只是他们很清楚，目前的会计系统存在不足，因为信息不足，高层无法据此做出诸如价格之类的正确决策。

他们从一个前高层经理那里了解到作业成本法，但是他们自己没有关于作业成本法的任何经验，既不知道这个系统是如何运作的，也不知道该如何来建立一个作业成本法系统，但是他们认为作业成本法是解决莫科公司目前面临问题的一个方案。后来，财务控制员被指定为专门在莫科公司引入作业成本法的负责人。接受到这项任务后，财务控制员建立了一个包括他自己、一个制造部门的工程师和一个成本会计师的项目组，在之后的三个月时间里，作业成本法小组与公司内部其他部门的人员进行了大量的非正式交流。工程师和财务控制员都全职参与作业成本法的实施工作，成本会计师把大约2/3的时间投入到这个项目上。

该小组为企业建立了25个物流成本库，并用了大量的时间就成本动因达成一致。一些认定的成本动因包括如下内容：

(1) 机床调试的频率（这包括编程数控机床）；

(2) 制造订单数量（这是很多作业的驱动因素，包括从报价到送货的很多作业）；

(3) 采购订单数量（这是采购部门工作量的主要驱动因素）；

(4) 产品销售的商店数量；

(5) 检查的次数，很多地方需要抽样检查；

(6) 工作面积分配各种设备；

(7) 单个服务人员物流成本。

很多成本动因对于多个物流成本库是相同的，项目小组在物流成本分配上没有费多少时间。莫科公司实施物流作业成本法的软件系统是基于 PC 的，其中包含大量由财务控制员建立的 Excel 表。购买软件只需要 1000 美元，但是需要做很多的基础工作来使软件适应公司的特殊需要，另外收集和输入数据也很花时间。

作业成本法系统最初计划在 40 ～ 50 种产品上试运行，这些产品覆盖了公司产品的所有系列。在分析了产品的同质性后，品种数量降低到 25 种。

在作业成本法介绍到莫科公司的时候，总经理对此全力支持并深刻理解物流作业成本法产生信息的价值。但是，他没有想到建立作业成本法系统需要花费如此多的时间和精力。开始实施才一个月，总经理就希望得到作业成本法的结果。但是，由于缺乏拥有相关技能和知识的人员，项目实施之初不得不做大量的培训。同时为了收集大量的数据，财务控制员不得不与更多的员工打交道，并进行大量的访谈以确定员工一天中是如何支配他们的时间的。

通过项目组的努力，莫科公司实施作业成本法确实带来了多方面的效益，包括：

(1) 获得了更准确的成本信息和定价信息，由此改变公司在市场中的地位；

(2) 建立针对进口的、有竞争力的产品的基准；

(3) 更好的成本信息使得管理层把一些内部低效率的制造转向外包；

(4) 针对不同方面更好的衡量，公司做出了更好的资本投资决策；

(5) 一些消耗成本较高的问题区域被明确，其中包括数控加工阶段，现在，它的成本已经降下来了；

(6) 建立了对改进状况进行评价的业绩评价标准；

(7) 建立了详细而精确的年度预算。

尽管实施作业成本法花费了 1 年时间，但是公司获得的效益明显超过了投入，简单地说，作业成本法带来的效益在于管理层可以使用更精确和更具有相关性的信息，为管理层的商业决策提供了一个好的工具。

案例讨论：

(1) 该企业是如何实施作业成本法的？

(2) 企业在实施作业成本法的过程中遇到了什么问题？取得了哪些成果？

第五章　物流作业成本法在第三方物流企业中的应用

学习目标

◆ 了解第三方物流企业的概念
◆ 掌握第三方物流企业物流成本的构成
◆ 了解第三方物流企业利用物流作业成本法的适用性
◆ 掌握物流作业成本法在第三方物流企业的应用

第一节　第三方物流与第三方物流企业

一、第三方物流简介

（一）第三方物流的概念

第三方物流 (Third Party Logistics，TPL) 的概念源自管理学中的外包，意指企业动态地配置自身和其他企业的功能和服务，利用外部的资源为企业内部的生产经营服务，将外包引入物流管理领域，就产生了第三方物流的概念。所谓第三方物流是指生产经营企业为集中精力搞好主业，把原来属于自己处理的物流活动，以合同方式委托给专业物流服务企业，同时通过信息系统与物流服务企业保持密切联系，以达到全程管理、控制的一种物流运作与管理方式。因此，第三方物流又叫合同物流。

我国 2006 年颁布的国家标准《物流术语》中，将第三方物流定义为：供方与需方以外的物流企业提供物流服务的业务模式。

（二）第三方物流的产生与发展

1. 第三方物流产生的背景

(1) 企业竞争环境的变化。进入 20 世纪 90 年代以来，由于科学技术的不断进步和经济的不断发展，全球信息网络和全球化市场形成及技术变革的加速，围绕新产品的市场竞争也日益激烈。技术进步和需求多样化使得产品寿命周期不断缩短，企业面临着缩短交货期、提高产品质量、降低物流成本和改进物流服务的压力。所有这些都要求企业要对不断变化的市场做出快速反应，源源不断地开发出满足用户需求的、定制的"个性化产品"去占领市场以赢得竞争的主动权。信息技术的发展打破了时间和空间对经济活动的限制，使得每个企业都有机会去占领更大的市场，但也增加了企业因竞争失利而被市场淘汰的可能性，企业面对的将是日益激烈甚至残酷的市场竞争。

(2) 企业核心竞争力的关注。企业要想在激烈的市场环境中生存和发展，必须提高企业资源的高效配置，以取得竞争的优势，这就要求企业将有限的资源集中到自己的核心业务上，以提高企业自身的核心竞争力。核心竞争力可以理解为，企业在市场竞争中取得并扩大优势的决定性力量。企业的能力分为核心能力和辅助能力，对于非物流服务企业来说，物流业务是其非核心业务，对于物流企业来说，物流服务是其核心业务。非物流企业将物流业务进行外包，将其人、财、物集中于核心业务，可使企业的资源得到有效的配置和利用，同时也可以获益于第三方物流提供者的核心经营能力，使企业拥有更强的竞争优势。

物流的外包业务不仅包括运输、仓储，也包括订货履行、自动补货、选择运输工具、包装与贴标签、流通加工等。在物流领域，随着用户和提供者之间重要的市场信息体系的建立，第三方物流的发展和应用继续扩大，并在 20 世纪 90 年代不断地融入新的关系、新的手段，以改进分销渠道，满足顾客服务需求。

(3) 供应链思想的出现。物流的快速发展首先得益于供应链管理思想的出现。由于高科技的迅速发展和市场竞争环境的变化，企业由原来的"纵向一体化"管理模式逐渐转变为"横向一体化"模式，把原来由企业自己生产的零部件业务外包出去，充分利用企业外资源，与这些企业形成一种合作关系，由此产生了供应链。供应链及供应链思想的产生，既增加了物流活动的复杂性，又对物流活动提出了零库存、准时制、快速反应、有效的客户反应等更高的要求，这使得一般企业很难承接此类业务，由此产生了专业化物流服务的需求，第三方物流正是为了满足这种需求而产生的。它的出现一方面迎合了个性化需求时代企业间专业合作不断变化的要求，另一方面实现了进出物流的整合，提高了物流服务质量，加强了对供应链的全面控制和协调，促进供应链不断趋于完善。

2. 第三方物流的特征

(1) 第三方物流是依据合同的一系列物流服务。第三方物流中的合同是指长期合同，它不同于一般的运输或仓储合同，一般合同只是针对一次交易，包含一项或分散的几项物流服务，而第三方物流则根据合同条款规定的要求，提供多功能甚至全方位的物流服务。它满足的不是临时需求，而是一段时期的需求。第三方物流企业提供的服务，也不严格限于物流方面，可以根据用户需要，包含一些商流、信息流方面的服务，只不过物流是其核心能力。

(2) 第三方物流提供个性化的物流服务。第三方物流的服务时间一般较长，往往长达几年，这是因为需求方的业务流程各不相同，而物流、信息流是随商流或价值流流动的，因而要求第三方物流服务应按照用户的业务流程来设计。传统的运输、仓储企业由于服务对象众多而只能提供单一的、标准化的服务，无法满足用户的个性化需求。

(3) 第三方物流以现代信息技术应用为发展基础。现代信息技术的发展是第三方物流产生的必要条件。计算机、网络和现代通信技术实现了数据处理的实时化、数据传递的高速化，使库存管理、运输、采购、订单处理、配送等物流过程自动化、一体化水平不断提高，用户可以方便地通过信息平台与物流企业进行交流和协作，消除物流外包带来的管理上的不便，这就使用户企业有可能把原来在内部完成的物流作业交由第三方物流公司运作。

(4) 第三方物流企业与用户企业是联盟关系。第三方物流企业与用户（或货主）企业不是一般的市场交易关系，而是介于市场交易与纵向一体化（即企业内部提供物流服务）之间的联盟关系。这就要求物流企业与用户企业之间相互信任，充分共享信息，共担风险和共享收益，以达到比单独从事物流活动更好的效果，即双赢。表现在物流服务提供者的收费政策上，即不看重单项业务的盈利，而着眼于整个时期的利润。通过与客户签订明确各自权责的契约，形成长期合作的互惠互利战略联盟关系。

二、第三方物流企业物流成本核算的现状及存在的问题

除了基础设施、经营格局外，因缺少准确物流成本信息造成的管理能力低下也是阻碍第三方物流企业发展的重要因素。由于运输和仓储的过程非常复杂，因此运营物流成本存在许多不确定的因素，当我们完成一个物流服务订单的时候，我们无法确信是盈利还是亏损。可以说，物流成本分析与控制已成为第三方物流企业管理发展过程中亟须解决的问题。

物流成本分析与控制目前存在的最大问题是：企业缺少有效的物流成本核算与分析体系来为企业的外购、定价等经营决策提供准确的物流业务成本信息。外购能够使企业节省精力和资金而去关注企业自身的核心业务，从而提高自身的核心竞争力。外购对于第三方物流企业也是适用的，企业对自己承担的服务的每个环节是决定外包还是自营，不仅取决于自身是否拥有相关资产，更取决于外包与自营的物流成本孰高孰低，这就需要准确的物

流成本数据进行支持。因此，第三方物流企业需要建立一个与其服务相适应的物流成本核算和管理体系来满足企业物流业务发展的需要。

我国在物流成本核算研究方面还处于起步和发展阶段，特别是第三方物流企业的物流成本分析与核算研究还存在以下几方面的问题。

（一）成本核算意识不强

对于我国第三方物流企业而言，成本一直是影响企业发展的瓶颈问题。很多第三方物流企业物流成本核算意识还不是很高；许多企业高层非常重视硬件建设及客户营销，而对于成本核算则认为会计有账就行，无须投入太大的精力；员工更认为成本核算与自己无关，加强核算如果得不到好处还要增加麻烦，种种思想使得成本核算的改革举步维艰。

（二）对物流成本的构成认识不清

第三方物流企业对物流成本的定性千差万别，加上现行成本核算制度使得企业提供的物流成本不准确，无法为物流企业的经营决策提供真实可靠的数据支持，这使得许多物流企业仅将向外部运输企业支付的运输费用和向外部仓库支付的仓储费用作为企业的物流成本。

（三）成本核算口径不恰当

第三方物流在我国还处于发展阶段，而我国的第三方物流企业大多数是由企业中运输仓储部门独立出来的，或者是由功能单一的运输、仓储企业发展壮大的，因此大多数第三方物流企业的物流成本核算依然沿用原有的标准。由制造企业的仓储运输部门发展而成的物流企业依然使用制造企业成本核算制度；由商业流通企业的仓储运输部门发展而成的物流企业依然沿用商业会计核算制度。同时，由于计算口径不同，相同行业或类型相似的企业之间的物流服务成本水平无法比较，这对于评价企业物流成本管理与控制水平，促进企业的物流合理化也是不利的。

第二节　第三方物流企业物流成本

一、第三方物流企业物流成本的构成

第三方物流企业的服务共有 5 个基本环节，即运输、仓储/配送、增值服务、信息服务、总体策划等。其中增值服务环节中的包装和流通加工是指物流服务过程中，第三方物流企业对货物进行不改变其属性的操作，目的是提高货物运输储存的效率或者是出于

方便消费者的需要。总体策划是指许多物流公司具备不同程度地为客户提供物流系统总体规划的能力。

假设第三方物流企业在生产制造一种无形物流服务产品，那么其生产经营物流成本分为两大类：营运成本和管理费用。其中，营运成本是指与服务产品的生产直接联系的物流成本，包含三个物流成本要素，即直接材料、直接人工和营运间接费用。

1. 直接材料

由于第三方物流企业并不需要生产出实体的有形的产品，其直接材料很少。第三方物流企业中产生的直接材料往往是在某个环节中，为了操作便利、提高操作效率，或者是为了实现标识、记录和认证功能而产生的辅助性材料，所需材料的种类较少，可以通过实地观察计算出各个服务产品消耗的实际数量，然后将其归属到具体的产品上去。例如第三方物流企业在包装过程中所用到的包装材料，延迟生产/加工所需的材料等，都可以归结为某种服务产品的直接材料。

2. 直接人工

直接人工是指可直接追溯到所提供的服务产品的人工费用，一般通过有关记录就可以计算出某服务产品所耗用的人工费用，例如各种单证的跟单员，客户服务经理等人员发生的人工费用可以直接归为相应产品的直接人工。

3. 营运间接费用

营运间接费用是第三方物流企业营运物流成本中除直接材料和直接人工以外物流成本的统称。营运间接费用是一个相对的概念，物流成本对象不同，间接费用的内容也不同。由于第三方物流企业的核算对象一般是客户或物流服务合同，所以其营运间接费用占整个营运物流成本的绝大部分，因此，在计算和归集某个物流服务合同或者某个客户所发生的费用时，用传统的营运间接费用分摊方法难以取得令人满意的准确性，从而导致了第三方物流企业物流成本分配不准确。

二、第三方物流企业物流成本的特性

第三方物流企业产出的并非有形产品而是服务，与实体产品相比，有三个明显特性：无形性、瞬时性、多样性。服务的无形性是指客户在购买服务前无法直接感觉到它的存在；瞬时性是指该项服务不能存储到未来使用；多样性是指每个客户对服务内容和要求都不同，例如包装的要求不同、运输条件不同、数量不同、配送频率不同等。

服务的特性决定了第三方物流企业物流成本有以下特点：

(1) 物流成本的组成主要是营运间接费用，直接费用较少，尤其是直接材料。

(2) 由于物流服务的多样性，第三方物流企业各个物流服务合同之间的差异，决定了每个服务合同的物流成本差异也较大。

(3) 由于物流服务的瞬时性，第三方物流企业服务的生产过程也是其销售过程，没有生产成本和销售成本之分。

三、作业成本法对第三方物流企业成本核算的适用性分析

作业成本法的使用有一定的适用条件，通过分析第三方物流企业提供的服务的特点，以及其物流成本的特性，第三方物流企业基本具备了物流作业成本法的适用条件。

（一）第三方物流企业的营运间接费用难以准确分摊

如前所述，第三方物流企业是以营运间接费用为主的物流成本结构，其分配基础是否适当对物流成本准确性的影响很大。传统物流成本法是以收益对象的直接费用总额或者运量作为间接费用的分配基础。前一种分配基础在直接物流成本费用占用比例很小时不适用，后一种分配基础能反映运量的多少所带来的物流成本变化，但是不能反映物流服务过程复杂程度所带来的物流成本变化，结果会造成物流服务过程简单的合同分摊的物流成本偏高，而物流服务过程复杂的合同分摊的物流成本偏低，歪曲了不同物流合同之间的物流成本。

（二）第三方物流企业需要以管理为导向的成本核算法

第三方物流企业的生产过程就是它的销售过程，没有生产物流成本和销售物流成本之分，同时其生产周期与工业生产相比要短得多，在物流成本计算时没有或很少有未完成工作量的情况，一般不存在将营运成本划分为当期和下期营运物流成本的问题，也不存在存货物流成本。注重对企业存货进行计价、以审计为导向的传统物流成本法对没有存货概念的第三方物流企业来说是不适用的。

（三）第三方物流企业属于典型的个性化生产

不同的客户对第三方物流企业的服务要求不同，即使同一客户签订的不同服务合同之间也是有差异的，所以个性化程度很高。

（四）第三方物流企业的共同物流成本所占比例较高

第三方物流企业为了实现低物流成本，实行企业的资源多客户共享。例如，同一车辆同一时间和路途的运输为多个客户服务，多客户的整合使得第三方物流企业运作的复杂性加大，服务于每个客户的物流成本费用分配也随之变得很复杂，在物流各服务合同间很难精确界定。

从以上分析可以看出，我国专业的大型的第三方物流企业的自动化水平达到了一定的水平，为物流作业成本法核算的应用创造了条件，第三方物流企业具备了应用作业成本法核算的条件。

第三节　第三方物流企业物流作业成本法核算体系

　　由于作业成本法核算成本是将消耗资源的作业作为间接费用的分配基础，使物流成本分配基础和间接费用集合之间具有因果联系。在第三方物流企业服务产品种类越来越多、营运业务内容越来越复杂、间接物流成本所占比重越来越大的情况下，物流作业成本法避免了第三方物流企业在传统会计核算物流成本方法下，单纯依赖运量或直接人工工时等单位级作业作为间接费用的分配基础造成的物流成本扭曲现象。

一、业务运作模式及活动费用

　　企业物流成本核算的关键就是物流业务成本项目的确定，物流业务成本项目的确定有赖于对物流业务费用的分析，而物流业务费用的发生与业务的运作模式密切相关。

（一）物流业务运作模式

　　第三方物流企业的业务运作模式主要分为自营和外包两种。例如，一个集团公司承接了业务，从集团公司物流成本核算角度出发，集团公司将业务外包给了下属各区域子公司，这种外包的运作模式简单，不需要进行物流作业成本核算。应用作业成本法有效核算的地方，仅指公司自营的部分。

（二）物流业务活动费用

　　企业进行物流作业成本核算的前提是要明确企业基本的物流活动及其费用，下面对典型的第三方物流企业的基本物流作业进行划分。

1.承揽物流业务

　　第三方物流企业的业务部负责业务的承揽，主要包括物流业务的询价、方案的设计、投标、合同的签订等方面。发生的相关费用包括人员费用、办公场所相关费用、设计费用、承揽过程中的业务招待费用等。

2.物流信息系统

　　第三方物流企业签订并履行服务合同时，需要建立相应的物流信息系统，具体包括物流信息系统开发和物流信息系统调试两项。如果某一业务需要使用该信息系统，则将该信息系统的物流成本费用计入该物流业务成本中；如果存在多个业务同时需要使用该信息系统，则考虑将此笔费用选择合适的分配标准分别计入不同的物流业务成本中，利用作业成本法对业务进行分析，进而合理分配系统开发费用。

3. 运输

从企业实际运作的情形看,运输业务分为自营和外包两种模式。运输服务中远洋运输、内河运输、铁路运输或航空运输的自营模式并不常见,企业通常是通过自己的货运代理业务部门运作,这种外包模式物流成本的计算相对简单。对于有足够的资金实力和技术资源进行自营运输业务的第三方物流企业,可以采用作业成本法进行计算,将发生的运输费用直接计入物流业务的成本。

4. 仓储

仓储业务同样也分为自营和外包两种运作模式,外包一般采取外包给关联仓储公司或非关联仓储公司两种模式。当仓储业务采用外包模式时,仓储费的结算比较简单,根据所签订的仓储合同中的仓储费用结费方式,例如包月、按面积或平均进出库存量的一定百分比等计算该业务的仓储费。

一些大型的第三方物流企业会投入资金建立各种类型的仓储设施,仓储自营模式的作业环节如图 5-1 所示。

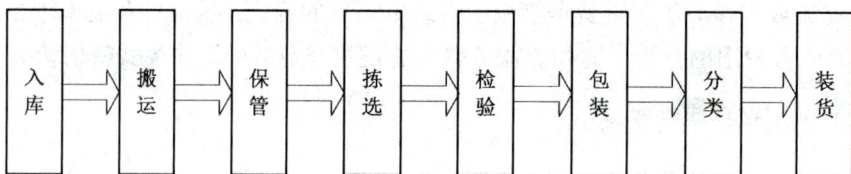

图 5-1　仓储自营模式图

(1) 入库。根据客户商品信息,准备入库清单。入库清单包括商品的类型、数量,货车的信息及到货的时间。根据入库清单保证产品能及时入库。

(2) 搬运。使用适当的装卸搬运工具,例如叉车、托盘等将商品搬运到指定库存位置。仓储中使用最多的搬运机械为链式输送机、带式输送机、自动分拣机。

(3) 保管。在商品的保管过程中有两种方法:一种是不利用保管工具的方法,将商品直接放在托盘上,再将托盘放在地上;一种是利用保管工具的方法,使用最多的工具是货架。根据货架承受重量的不同,可以分为重量型货架、中等程度货架和轻量型货架三种。

(4) 拣选。根据客户的订单内容进行拣选。拣选是指根据订单的要求,考虑商品的类型、客户的需求、时间的前提下,将要出库的商品集中的过程。拣选的方法一般可以分成两大类:一类是单个拣选法,另一类是集中拣选法。

(5) 检验。对出库商品进行检验,看是否和客户订单所需要的商品种类、数量相符合。检验的方法一般可以采用条形码技术,通过条形码扫描仪读取商品的信息。

(6) 包装。将检验合格后的商品进行包装。

(7) 分类。将包装好的商品根据不同运输方向进行分类。

(8) 装货。将分类好的商品装卸到车上,完成商品的出库。

5.装卸

物流业务合同中的装卸作业根据运输方式、装卸地点不同可分为不同类型的装卸。第三方物流企业的装卸作业有自营和外包两种模式，采取外包模式时，装卸作业仅服务于某一物流服务合同时，则应作为直接费用计入该业务的物流成本；如果装卸作业同时服务于多个不同的业务合同时，则用物流作业成本法分配给不同的业务。

6.客户服务

客户服务主要包括与客户关系的维护、处理客户的投诉等方面的工作。根据服务的对象不同，该项活动发生的物流成本费用分别计入各个业务物流成本。

7.单证处理

单证处理主要包括价格管理和单证管理作业。单证处理过程的物流成本应根据订单的批次、归属分别计入各业务物流成本中。

8.其他活动

其他活动，如违约赔偿费、税费、保险费等，都表现为直接费用，直接计入某一业务的物流成本。

二、物流成本核算要素

要正确分析与核算物流成本，首先需要明确企业物流成本要素，这些要素包括物流成本核算对象、物流成本核算期、物流成本核算单位、物流成本项目、物流成本核算方法、物流成本核算的财务处理和物流成本报表七大要素。但在实践中，重点需要明确的是以下四个要素。

（一）物流成本核算对象

物流成本核算对象是指企业计算物流成本所确定的费用归属对象。第三方物流企业与客户签订的业务合同相当于很特殊的产品，由于企业的产品属性是劳务不是实体，同时企业签订合同具有唯一性，所以将企业物流服务合同作为第三方物流企业物流成本核算对象。

（二）物流成本核算期

物流成本核算期是指企业核算物流成本的起讫时间。确定了业务合同为物流成本核算对象后，物流成本的核算要在订单完成以后计算，所以物流成本核算期和合同的营运期一致，但是与会计期间并不完全一致，还可能包括以前期间发生的费用。

（三）物流成本核算单位

由于企业的物流业务涉及的环节属性差异较大，很难找到一个统一的物流业务数量标准。例如，运输环节以运输周转量为核算单位，仓储环节以仓储面积为核算单位。第三方物流企业在核算物流成本时可以计算出业务各个作业环节的总物流成本和单位物流成本。

（四）物流成本项目

第三方物流企业的物流成本项目包括直接费用和间接费用两部分。

(1) 运输直接费用包括燃料费、港口费、货物费、中转费、材料费、事故损失费、职工工资、福利费、物料、折旧费、修理费、保险费、税金、其他运输直接费用；间接费用是指企业营运过程中所发生的不能直接计入物流成本核算对象的各种间接费用。

(2) 装卸直接费用包括人工物流成本、材料、燃料、动力以及照明、折旧费、税金、保险费、事故损失费等；间接费用是指装卸过程中不能直接计入物流成本对象的各种间接费用。

(3) 仓储直接费用包括人工物流成本、燃料、动力以及照明、折旧费、税金、保险费、修理费等；间接费用是指在仓储过程中所发生的不能直接计入物流成本对象的各种间接费用。

(4) 单证处理、客户服务、系统开发等其他业务环节的直接费用包括人工物流成本、材料费、照明等直接费用；间接费用包括不能直接分配到特定活动的费用，以及需要进行物流作业成本核算分配的部分。

三、凭证的设计

根据作业成本法"产品耗用作业，作业耗用资源"的原理，将直接材料和直接人工归集到相应的物流成本对象上，而营运间接费用按照资源动因分配到不同的作业中心成本库中，然后根据作业动因分配到各个服务产品中。用科学的方法对第三方物流企业的物流作业成本核算体系所必需的凭证、账户、账簿、报表进行设计。

应根据各作业中心实际业务的特点，设计符合需要的、简明实用的内部凭证，保证各项数据的记录完整、准确。凭证可以在作业中心内部传递，也可以在几个作业中心之间传递，最后到某一作业中心。原始凭证可以一式两联，一联留存，一联交给相关作业人员。例如，物流成本计算单一式两联，一联留存，一联作为编制产品物流成本的依据。

凭证的内容包括：凭证名称，作业中心名称，编制日期和编号，业务的数量、单价、金额，凭证的附件，有关人员的签字等。

资源凭证用于记录企业资源的获取，具体内容包括资源的计量单位、数量、单价、金额等项目，其格式如表 5-1 所示。

表 5-1　资 源 凭 证

作业中心：　　　　　　　　　　　年　月　日　　　　　　　　　　凭证号：

摘要	资源名称	计量单位	数量	单价	金额

主管：　　　　　　　　审核：　　　　　　　　制证：

作业凭证用于记录作业消耗资源的情况，它是计量物流作业成本、编制作业账户的依据，其格式如表 5-2 所示。

表 5-2 作 业 凭 证

摘要	作业名称	作业动因	计量单位	金额

主管： 审核： 制证：

四、物流成本账户的设置

企业物流成本账户的设计是为了企业内部管理的需要，可以分为以下三级科目。

一级科目 物流作业成本。

二级科目 ××合同。由于企业提供的劳务产品的特殊性，可以看出企业物流成本的发生往往反映在合同和订单过程中，所以选择物流业务合同作为物流成本核算对象。

三级科目 本科目下设运输作业成本、仓储作业成本、装卸作业成本、订单处理作业成本、系统设计作业成本。由于我国第三方物流企业的实际情况各不相同，各个企业可以根据自身的特点、经营范围相应调整会计科目的设置。

五、账簿的设计

第三方物流企业根据物流作业中心的凭证以及相应的账户所反映的经济内容设计账簿，包括作业总账、作业成本账、资源成本账以及直接材料成本账。其中，作业总账格式如表 5-3 所示。

表 5-3 作 业 总 账

物流成本科目：作业成本——××合同

日期	凭证字号	作业中心	物流作业成本		余额
			借方	贷方	
					（期初余额）
合计					
					（期末余额）

物流作业成本账、资源成本账和直接材料成本账可以依据表 5-3 的格式进行设计。

六、第三方物流企业物流业务成本表

物流活动的物流成本是由于产品消耗作业、作业消耗资源引起的，同质的作业物流成本根据其发生的性质、内容、用途，按照一定的物流成本动因分配到相应的业务中。物流业务成本表反映了物流成本费用消耗的综合情况，如表 5-4 所示。

表 5-4　物流业务成本表

编制日期：

作业	业　务				合计
	业务 1	业务 2	…	业务 n	
作业 1					
作业 2					
作业 3					
物流作业成本合计					
直接费用					
总物流成本					

主管：　　　　　　　　　审核：　　　　　　　　制证：

第四节　第三方物流企业实施物流作业成本法的案例

本节通过案例分析，一方面说明如何在第三方物流企业运用作业成本法核算服务产品的物流成本，另一方面通过与传统物流成本核算法的比较，以期得出物流作业成本法比传统物流成本核算法能够为第三方物流企业提供更精确的物流成本信息的结论。

某第三方物流公司与客户签订了 A、B 两个服务合同，合同期都是一个月。A、B 两个合同都是将 24 000 件相同的电子零部件从香港运至广州。根据 A 合同的规定，客户要求将 24 000 件零部件一次统一入关后运至该第三方物流公司的仓库，在合同期内每三天组织一次运输，将 24 000 件零部件送到客户位于广州的工厂。根据 B 合同的规定，可以将 24 000 件零部件分三次入关，然后运到该第三方物流公司的仓库，在合同期内每天运送 800 件零部件到客户位于广州的工厂。A、B 两个服务合同租用第三方物流公司仓库各 800 m²，电子零部件的报关和出入库都采用电子单据，标签的材料费用忽略不计，另外，电子零部件自带托盘，其包装材料费不计。服务合同履行期间，人工费用和材料费用全部是间接费用，计入第三方物流企业的营运间接费用。

（一）建立作业中心

A、B 两个服务合同所需的作业有：用货车将电子零部件从香港运输到深圳（简称运输作业），电子零部件入境代理报关事务（简称报关作业），装卸搬运电子零部件进入公司仓库（简称入库作业），装卸搬运电子零部件出库（简称出库作业），货车运输电子零部件从公司深圳仓库到客户广州工厂（简称配送作业）。由于电子零部件体积小，假设每次运输和配送只需一辆货车。

（二）归集各作业中心物流成本库，计算物流成本动因率

假设公司在该合同期内的全部营运间接费用为 10 万元，且该公司在该月的所有营运间接费用全部由以上五个作业所引起，该月只完成了 A、B 两个服务合同。

1. 确认和计算耗费的各种资源

从以上分析可以看到，公司在两个合同的服务期内，全部耗费资源包括人工、材料（车辆和装卸设备的燃料和润料）和设备折旧。经公司相关部门统计，间接费用中人工费用为 40 000 元，材料费用为 30 000 元，设备折旧费为 30 000 元，这里为了简化计算，不考虑仓库的折旧。其中仓管部门（主要负责入库、出库作业）发生管理费用为 10 000 元、人工费 10 000 元、材料费用 10 000 元，仓管部所用的装卸和升降设备折旧费为 10 000 元。

2. 将资源分配到作业，归集物流作业成本库

第一步，确认每一项作业所包含的资源种类，即物流成本要素。例如，"出库作业"消耗三种资源：人工费用、材料费用和设备折旧费用。

第二步，确定资源动因，将资源分配到作业，形成该作业中心的物流作业成本库。仓库管理部门共有入库和出库两个作业。部门中一半的工人全职负责电子零部件的入库工作，一半负责货物的出库作业，故可得出"入库作业"和"出库作业"的物流成本要素"工资费用"的物流成本额为 5000 元。同样，仓库管理部门的材料费用总额是 10 000 元，装卸搬运设备折旧总额为 10 000 元，由于 A、B 两个合同的货物量是相等的，所以入库作业和出库作业所耗材料分别为 5000 元，折旧费分别为 5000 元。

第三步，开列物流作业成本单，汇总各物流成本要素，得出物流作业成本库的总物流成本额。以"入库作业"为例，开列物流成本单：管理费用 10 000 × 50% = 5000 元，设备折旧费 10 000 × 50% = 5000 元，人工费 10 000 × 50% = 5000 元，材料费 10 000 × 50% = 5000 元。其他作业的物流成本单：运输作业费用 10 000 元、报关作业费用 2000 元、出库作业费用 20 000 元、配送作业费用 48 000 元。

3. 确定各作业的物流成本动因及物流成本动因率

计算各作业的物流成本动因及物流成本动因率，如表5-5所示。

表 5-5　归集作业成本库、计算作业成本动因率

作业	成本动因	物流作业成本库 / 元	作业成本动因量	作业成本动因率 /%
运输作业	次数	10 000	4	2500
报关作业	次数	2000	4	500
入库作业	件数	20 000	48 000	0.42
出库作业	件数	20 000	48 000	0.42
配送作业	次数	48 000	40	1200
合计		100 000		

(三) 计算 A、B 服务合同物流成本

计算 A 合同和 B 合同各自承担的间接费用，如表 5-6 所示。因为本案例中没有直接物流成本，所以间接费用就是其服务产品的物流成本。

表 5-6　A、B 合同间接费用分配表

作业成本动因率		合同 A		合同 B	
		作业量	物流成本 / 元	作业量	物流成本 / 元
运输作业	2500	1	2500	3	7500
报关作业	500	1	500	3	1500
入库作业	0.42	24 000	10 000	24 000	10 000
出库作业	0.42	24 000	10 000	24 000	10 000
配送作业	1200	10	12 000	30	36 000
间接费用总计			35 000		65 000

(四) 物流作业成本法与传统物流成本法核算的结果比较

传统物流成本法核算物流成本是以数量为基础来分配间接物流成本的，A、B 两个服务合同的运输量相同，其计算结果是间接物流成本，A、B 的间接物流成本分别是 50 000 元。采用物流作业成本法进行计算后的结果：A 合同的物流成本是 35 000 元，B 合同的物流成本是 65 000 元。

通过比较两种方法的计算结果可以看出，传统物流成本法分摊给 A 合同的物流成本费用高估了 30%，分摊给 B 合同的物流成本费用低估了 30%，所以说传统物流成本法会高估作业复杂程度低的作业合同的物流成本、低估复杂程度高的作业合同的物流成本，从而使第三方物流企业服务合同的物流成本呈现扭曲的结果。

从上述案例的分析可知，物流作业成本法适用于第三方物流企业，能够满足物流企业对服务产品物流成本计算的精确性要求。

本章思考题

1. 简述第三方物流企业的概念。
2. 简述第三方物流企业物流成本核算的要素。
3. 简述如何建立物流作业成本法在第三方物流企业的核算体系。

案例分析

利用作业成本法对某第三方物流企业物流成本进行核算

某物流公司 2018 年 3 月份采购 1000 个单位的甲产品、3000 个单位的乙产品两种原材料，库存中尚存有 4545 个单位甲材料和 455 个单位乙材料。该月采购甲、乙两种产品的原材料所消耗的服务资源总费用为 44 505 元，其中人工费 10 500 元、电费 3835 元、折旧费 23 970 元、办公费 5200 元、存货占用资金利息费 1000 元。经过对该公司采购业务流程进行分析，确定采购的物流作业包括购货、收货、验货、存储、票据处理、一般管理共六项作业。资源项目及资源动因如表 5-7 所示。

表 5-7　资源项目及资源动因

资源项目	人工费	电费	折旧费	办公费	存货占用资金利息费
资源动因	员工人数	耗电度数	设备价值	作业量	存货价值

根据资源动因和实际数据资料，汇总计算各作业的作业成本如表 5-8 所示。

表 5-8　各资源向各作业分配的成本　　　　　　　　　　　　　　单位：元

作业项目	购货	收货	验货	存储	票据处理	一般管理	合计
人工费	2200	1600	2400	700	1600	2000	10 500
电费	200	1100	1200	1000	175	160	3835
折旧费	2430	3400	6890	8650	800	1800	23 970
办公费	1000	300	1400	1200	400	900	5200
利息费	—			1000			1000
作业成本合计	5830	6400	11 890	12 550	2975	4860	44 505

案例讨论：

要求采用物流作业成本法核算该公司甲、乙两种产品原材料的物流作业成本。

第六章 物流成本分析

学习目标

◆ 了解物流成本分析的含义和目的
◆ 熟悉物流成本分析的指标
◆ 掌握物流成本分析的方法
◆ 掌握物流成本结构分析的内容
◆ 掌握物流成本支付形态分析的内容
◆ 掌握物流成本比率分析的内容

第一节 物流成本分析概述

物流成本分析是以企业物流成本核算数据和其他相关资料为依据，采用专门的分析方法，系统分析和评价企业物流成本构成及其增减变动，研究影响物流成本变化的因素，以便为企业物流成本管理和控制提供依据。

一、物流成本分析的含义

物流成本分析是物流成本管理的重要组成部分，通过将本期物流成本实际发生情况与目标物流成本、上期物流成本或同行业平均物流成本等进行比较，了解本期物流成本增减变动情况，分析引起变动的相关因素，分清责任，以便寻找降低物流成本的方法和途径，为物流成本管理决策提供依据。根据物流成本分析的时间，可分为事前分析、事中分析和事后分析。

1. 事前分析

事前分析是指在本期物流成本未发生前进行的物流成本分析与预测。通过对企业物流成本支出进行事前分析，可以使企业采取一定的方法和措施对物流成本的发生进行控制，提高企业的经营效益。

2. 事中分析

事中分析是指在企业物流成本发生过程中进行的分析，主要用于检测各项费用支出和物流成本计划执行的实际情况，控制过程中各项不必要的费用支出，使物流成本的实际支出控制在目标物流成本的范围之内。

3. 事后分析

事后分析是指整个物流活动结束后，对实际产生的所有物流成本进行分析。根据实际情况以其他方面的有关信息资料，对实际物流成本执行情况进行评价，找出实际物流成本与目标物流成本之间的差距，并分析其产生的原因，总结物流成本降低的经验。

二、物流成本分析的目的

企业物流成本分析的主要功能是将大量的物流成本相关资料和报表转换成对物流成本管理与控制有用的信息，降低物流成本管理决策的不确定性。从根本上说，物流成本分析的目的有以下几点。

1. 分析企业物流成本计划执行情况

企业一个完整的物流成本管理过程，事先都会制定物流成本计划，物流活动结束后计算出各项物流成本后，通过对实际支出和物流成本计划相比较，分析实际物流成本与计划物流成本的差距，进而评价物流成本计划执行情况。根据物流成本的差距，找出产生差距的原因，分析物流成本计划制定得是否合理，实际执行过程中有哪些疏漏，为制定更加合理的物流成本计划提供依据。

2. 分析企业物流成本变化的原因

在物流成本分析过程中，既可以将企业本期物流成本实际发生额进行纵向比较，即与本企业不同时期的物流成本水平相比；也可以进行横向比较，即与同行业平均物流成本水平相比，或者与同行业先进企业水平相比。同时，结合企业内部机构进行分析，找出差距产生的具体原因，为企业控制和管理物流成本提供依据。

3. 有利于探索降低物流成本的途径和方法

企业的物流活动总是处于动态变化的过程，在分析物流成本的过程中，对于增加的物流成本项目，要更深层次地分析其产生的原因，从而明确增幅较大的物流成本项目是否带来了更多的收益或更高的服务水平，并有针对性地采取相应的措施；对于降低的物流成本项目，也不能只满足于目前的物流成本水平，而应进一步分析其是否还有下降的潜力。总之，物流成本分析不仅仅是表面层次的分析，还需要进一步挖掘物流成本降低的潜力，进一步寻求降低物流成本的方法和途径。

三、物流成本分析的一般步骤

物流成本分析的具体步骤和程序，是根据评价目的、一般评价方法和特定评价对象，由分析和评价人员具体设计的。

1. 明确分析的目的

在进行物流成本分析之前，首先要明确物流成本分析的目的，然后根据分析目的设计后续分析程序和收集相关资料。

2. 收集有关的资料

明确分析目的后，应根据分析目的来收集相关资料。例如，如果分析目的是了解物流成本计划的执行情况，则应收集物流成本计划的有关资料；如果分析目的是了解本企业物流成本在行业内所处的水平，则需要收集行业平均物流成本水平、行业内其他企业物流成本水平等信息和资料，以便与本企业进行对比，等等。

3. 设计分析方法

在掌握了充分的信息后，应根据分析目的进行分析方法的设计。在这里，需要对有关因素进行分解，明确需要做哪些工作，需要运用哪一种或者哪几种分析方法，需要哪些信息材料。按照这一思路，将所有的信息资料进行分类和分解，根据分析目的把整体的各个部分分割开来，予以适当安排，使之符合需要，在此基础上，运用相应的分析方法进行分析。

4. 深入研究各部分的本质及各个部分的联系

根据各类信息资料，运用相应的分析方法，逐一进行分析和评价。在深入分析各个部分的特殊本质后，需要对各部分内容进行综合，找出不同部分之间的联系，使之成为一个整体。

5. 解释结果，提供对决策有帮助的信息

物流成本分析的过程实际上是一个定量分析与定性分析相结合的过程。一般来说，定量分析是工具和手段，没有定量分析就无法确定数量界限、阶段性和特殊性；定性分析是基础和前提，没有定性分析就无法确定本质、趋势和与其他事物的联系。因此，在物流成本分析的过程中，除了要获取数据信息，进行定量分析外，还应对整个分析过程进行定性分析，说明有关比率或指标值的内涵，解释其趋势及变动原因，帮助物流成本管理者进行决策。

四、物流成本分析的方法

物流成本分析的方法很多，概括而言主要有定性分析法和定量分析法两大类。定性分析法是指对物流成本变动性质的分析，主要揭示影响资金耗费各因素的性质、内在联系及其变动趋势，此种方法属描述性分析，具有主观性强、随意性强的缺点；定量分析法是对物流成本变动数量（程度）的分析，主要确定物流成本指标变动幅度及各因素对分析对象的影响程度，这种方法客观性较强，但由于一般要借助数学方法或数学模型，操作起来比较复杂。

定性分析与定量分析二者相辅相成，互为补充：定性分析是定量分析的基础，定量分析是定性分析的深化。常用的定量分析方法有物流成本技术分析、物流成本结构分析和物流成本的比率分析等，将在下面分别介绍。

第二节　物流成本技术分析

物流成本技术分析的方法有比率分析法、对比分析法、因素分析法和相关分析法。

一、比率分析法

在错综复杂、相互联系的经济规律中，某些指标之间存在一定的关联，这种关联可以组成各种比率。比率分析法是用同一时期内的有关数据相互比较，得出它们的比率，说明财务报表所列各有关项目的相互关系，以此来判断企业财务和经营状况的好坏。在市场经济条件下，财务分析更注重企业的财务支付能力、营运能力及盈利能力的分析，因此比率分析法已成为当前财务分析的主要方法。

（一）物流成本率

物流成本率是指单位销售额所需的物流成本，计算公式如下：

$$物流成本率 = \frac{物流成本}{销售额} \times 100\%$$

物流成本率越高，则企业单位销售额所需要的物流成本越高。通过这个指标可以和本行业平均水平或本行业其他企业的物流成本水平进行比较，进一步了解企业的物流成本水平。对于将物流部门作为独立利润中心进行考核的企业，可以直接和销售部门的业绩挂钩，考核销售部门所发生的物流成本。

（二）单位物流成本率

单位物流成本率是指企业物流成本占企业总物流成本的比率，计算公式如下：

$$单位物流成本率 = \frac{物流成本}{企业总物流成本} \times 100\%$$

此指标可以用来衡量企业内部的物流是否达到合理化要求，指标值越大，说明物流成本所占的比重越大，据此分析找出物流成本高的原因，提出改进方法。

（三）单位营业费用物流成本率

单位营业费用物流成本率是指物流成本占营业费用的比率，计算公式如下：

$$单位营业费用物流成本率 = \frac{物流成本}{销售费用 + 一般管理费用} \times 100\%$$

该指标不受货品物流成本变动的影响，计算出的数值比较稳定。销售费用是指在整个销售过程中发生的费用支出。

（四）物流功能成本率

物流功能成本率是指构成物流成本各项功能所耗费的物流成本占总物流成本的比率，计算公式如下：

$$物流功能成本率 = \frac{物流功能成本}{总物流成本} \times 100\%$$

物流功能成本率越大，说明该项物流功能支出占总物流成本的比例越大。此指标可以判断各物流功能支出是否合理，为物流成本管理和控制提供依据。

（五）物流成本利润率

物流成本利润率是指在一定时期内企业获得总利润占企业所耗费的总物流成本的比例，计算公式如下：

$$物流成本利润率 = \frac{总利润}{总物流成本} \times 100\%$$

该指标表明企业在物流活动中，耗费一定资金带来的经济利益的能力。指标值越高，说明企业的竞争能力越强，物流成本水平越低，而盈利能力越强。

二、对比分析法

对比分析法又称比较分析法，是财务分析常用的一种方法。它是通过对两个或两个以上有关联的相关指标进行对比，来确定数量差异的一种分析方法。通过对比发现问题，寻找差距，分析差距产生的原因，为进一步控制和降低物流成本，提高物流成本的使用效率指明方向。物流成本对比分析主要有以下几种形式。

1. 本期实际物流成本指标与计划指标对比

通过对比，能够说明计划完成的实际情况，是否达到了企业管理者的要求，同时也使管理者看到实际物流成本支出和计划物流成本额之间的差距，为进一步改进物流成本管理和控制指明方向。

2. 本期实际物流成本指标与上期（或历史最好水平）实际指标对比

通过对比，可以反映出企业物流成本的动态变化，有助于吸取教训、总结经验，改进物流成本管理与控制。

3. 本期实际物流成本指标和同行业先进水平对比

通过对比，可以反映本企业与同行业先进水平的差距，有助于企业取长补短，努力挖掘降低本企业物流成本的潜力，不断提高企业的经济效益。

在采用对比分析法时，一定要保证物流成本指标具有可比性，即计量单位、计价标准、时间单位、物流成本内容等必须一致，否则对比出来的数据没有利用价值。同时，在采用物流成本分析法时，可以选择相对数和绝对数两种方式。

[例6-1]　某第三方公司2019年末进行物流成本分析，编制的物流成本对比分析表如表6-1所示。

表6-1　物流成本对比分析表

产品	本期计划物流成本/元	本期实际物流成本/元	差异额/元	差异率
A	45 000	36 000	−9000	−20%
B	20 000	22 000	2000	10%
C	35 000	28 000	−7000	−20%
合计	100 000	86 000	−14 000	−14%

从表6-1中可以看出，每种产品物流成本的变化是不同的，B产品实际物流成本比计划物流成本高，A和C产品物流成本的降幅比较大。企业应该找出B产品物流成本增加的原因，提出进一步控制物流成本的方法和措施。

三、因素分析法

因素分析法也称连环替代法，是指将综合性指标分解为若干个相互联系的因素，通过测定这些因素对综合性指标影响程度的一种分析方法。企业的物流成本就是一个综合性的价值指标，很多因素都会影响物流成本的水平，概括来说主要有两大类：内部因素和外部因素。企业所处的经济环境和外部条件发生变化，这些是不可控的，统称为外部因素；内部因素是企业本身经营管理所造成的，是企业可以控制和掌握的。

采用因素分析法进行物流成本分析的思路如下：

(1) 确定综合指标的组成因素。

(2) 确定各因素与指标之间的关系，如加减关系、乘除关系等。

(3) 采用适当的方法，把指标分解成各个因素。

(4) 确定每个因素对综合指标变动的影响方向和程度。

因素分析法的具体分析过程是：在测定有关因素对某一物流成本指标的影响时，首先要以基期物流成本指标为基础，将各个因素的基期水平按照一定的次序依次以实际数来代替，每替代一个，就得出一个新的结果。在按次序替代第一个因素时，假定其他因素不变，即保持基期水平。再按次序逐个替代其他因素时，在已替代过的因素的实际数基础上进行，其余尚未替代过的因素保持基期水平，如此替代下去，最后一次替代指标就是实际指标。将每次替代后的指标与该因素替代前的指标相比较，两者的差额就是某一因素的影响程度。再将各个因素的影响数值相加，就是实际指标与基期指标之间的总差异。现举例说明。

设某项物流成本指标 N 由 A、B、C 三个因素组成，在分析时，若将实际物流成本指标与计划物流成本指标进行对比，则它们的计算公式如下：

计划物流成本指标 $N_0 = A_0 + B_0 + C_0$，实际物流成本指标 $N_1 = A_1 + B_1 + C_1$，差异额 $G = N_1 - N_0$ 就是我们的分析对象。

第一次替代：$N_2 = A_1 \times B_0 + C_0$；$N_2 - N_0$ 的余额是 A 因素变动的影响。

第二次替代：$N_3 = A_0 \times B_1 + C_0$；$N_3 - N_2$ 的余额是 B 因素变动的影响。

实际物流成本指标：$N_1 = A_1 \times B_1 + C_1$；$N_1 - N_3$ 的余额是 C 因素变动的影响。

三个变动因素的综合影响为

$$G = (N_2 - N_0) + (N_3 - N_2) + (N_1 - N_3)$$

从上式可以看出，三个因素变动的差异之和与前面计算的实际物流成本指标脱离计划物流成本指标的总差异是相符的，这就确定了各个因素对物流成本指标升降的影响程度，并可以确定各个因素所占差异的比重程度，从而为物流成本决策提供可靠的依据。从以上分析可以看出，因素分析法是对比分析法的补充。

四、相关分析法

相关分析法是利用物流成本相关的两项数值的比率来揭示企业物流成本规律的一种分析方法。因为物流成本构成的各项物流成本间存在相互依存、效益背反的关系，一项物流成本的变化可能会引起另外一项物流成本的变化，进而影响到总物流成本。因此，相关分析法在物流成本分析中占有重要的地位。

在实际的物流成本分析中，以上四种方法往往是结合起来共同揭示物流成本的内在规律。

第三节　物流成本结构分析

物流成本结构分析是以共同比物流成本表和比较共同比物流成本表的形式，来反映不同范围、不同成本项目和不同支付形态物流成本在总物流成本中所占的百分比，以及这些百分比在企业不同时期的比较，及其与其他企业的比较，进而明确企业物流成本结构的合理性，了解物流成本结构的变化趋势，明确企业降低物流成本的方向。

物流成本结构分析主要包括物流成本范围结构分析、物流成本项目结构分析和物流成本支付形态结构分析。

一、物流成本范围结构分析

物流成本范围结构分析主要从供应物流成本、生产物流成本、销售物流成本、回收物流成本和废弃物物流成本这五个方面进行，对各部分的结构比率作横向和纵向比较分析，找出物流成本范围结构不合理的地方，并对比重较大的物流成本范围做进一步分析，以确定物流成本的改进方向，使物流总成本达到最小。

（一）物流成本范围结构的总体分析

首先分析物流成本构成中各个物流成本范围在总物流成本中所占的比例。

[例6-2] 有甲、乙两个同类型、同规模的公司，根据物流成本相关资料，得到甲公司 2019 年度和 2020 年度，以及乙公司 2020 年度的物流成本范围结构明细表，如表 6-2 所示。

表 6-2　甲、乙公司物流成本范围结构明细表　　　　　　　　　单位：万元

物流成本范围	甲公司 2019 年度	甲公司 2020 年度	乙公司 2020 年度
供应物流成本	40	45	50
生产物流成本	12	14	15
销售物流成本	45	48	50
回收物流成本	2	2.5	1
废弃物物流成本	1	1.5	1
合计	100	111	117

1. 纵向分析

先从纵向比较来看，由表 6-2 可看出，甲公司的销售物流成本由 2019 年度的 45 万元上升到 2020 年度的 48 万元，增长了 3 万元。但是由于 2020 年度甲公司的总物流成本增加得较多，所以销售物流成本占总物流成本的比重反而下降了（见表 6-3），由 2019 年度的 45% 下降到 2020 年度的 43.24%。比较表 6-3 中甲公司 2019 年度和 2020 年度各物流成本的比重，除了销售物流成本以外，其他物流成本所占的比重没有多大变化，说明该公司这两年的物流成本范围结构变动趋势不明显。

表 6-3　甲、乙公司物流成本范围共同比明细表　　　单位：百分率 (%)

物流成本范围	甲公司 2019 年度	甲公司 2020 年度	乙公司 2020 年度
供应物流成本	40	40.54	42.74
生产物流成本	12	12.61	12.82
销售物流成本	45	43.24	42.74
回收物流成本	2	2.25	0.85
废弃物物流成本	1	1.36	0.85
合计	100.00	100.00	100.00

2. 横向分析

下面再从横向角度分析甲、乙公司 2020 年度物流成本范围结构的变化情况。从表 6-2 来看，甲公司 2020 年度总物流成本低于乙公司 2020 年度总物流成本，相对来说甲公司竞争力较强于乙公司。从环保方面来看，甲公司 2020 年度回收和废弃物物流成本高于乙公司 2020 年度回收和废弃物物流成本，说明乙公司在环保和绿色方面做得比甲公司好，值得甲公司学习和借鉴。

从表 6-3 中可以看出，甲公司总物流成本中占比较大的是供应物流成本和销售物流成本，如果将这两部分物流成本降低，总物流成本会有明显的下降，所以这两部分物流成本是进行物流成本范围管理和控制的重点。

（二）物流成本范围结构的具体分析

例 6-2 中，销售物流成本和供应物流成本所占比重较大，下面主要对销售物流成本和供应物流成本作进一步分析。

[例 6-3]　以例 6-2 中的资料为基础，已知企业销售物流成本和供应物流成本主要包括自营物流成本和委托物流成本。根据资料计算自营物流成本和委托物流成本所占的比重，见表 6-4 和表 6-5。

表 6-4　甲、乙公司的销售物流成本明细及比重表

销售物流成本	甲公司 2019 年度	甲公司 2020 年度	乙公司 2020 年度
自营物流成本 / 万元	37	48	50
委托物流成本 / 万元	8	0	0
物流成本合计 / 万元	45	48	50
自营所占比重 /%	82.22	100	100
委托所占比重 /%	17.78	0	0
合计 /%	100.00	100.00	100.00

从表 6-4 中可以看出，甲公司 2019 年度销售物流成本中委托物流成本所占比重为 17.78%。2020 年，甲公司取消了委托销售，销售全部由本企业负责，有利于增强企业的销售能力。

表 6-5　甲、乙公司的供应物流成本明细及比重表

供应物流成本	甲公司 2019 年度	甲公司 2020 年度	乙公司 2020 年度
自营物流成本 / 万元	35	40	42
委托物流成本 / 万元	5	5	8
物流成本合计 / 万元	40	45	50
自营所占比重 /%	87.50	88.89	84
委托所占比重 /%	12.50	11.11	16
合计 /%	100.00	100.00	100.00

从表 6-5 中可以看出，甲公司供应物流成本中自营物流成本 2020 年度与 2019 年度相比较是增加的，委托物流成本没变。2020 年度甲公司的供应物流成本低于乙公司供应物流成本，说明甲公司略占优势。

（三）物流成本范围进一步分析

分别对自营物流成本和委托物流成本作进一步分析，具体步骤如下：
(1) 根据资料列出物流成本范围中物流功能成本项目明细和比重表。
(2) 对物流功能成本项目进行纵向比较，找出降低物流成本范围的关键点。
(3) 对物流功能成本项目进行横向比较。
进一步分析本书中就不举例细说了。

二、物流成本项目结构分析

物流成本项目的结构分析是对物流功能成本和存货相关成本进行分析，其目的主要是

通过分析各项目物流成本占总物流成本的比重，调整不合理的地方，使物流总成本达到整体最优。物流功能成本包括运输成本、仓储成本、包装成本、装卸搬运成本、流通加工成本、物流信息成本和物流管理成本；存货相关成本包括流动资金占用成本、存货风险成本和存货保险成本。

（一）物流成本项目结构的全面分析

现举例进行说明。

[例6-4]　根据市场调查获得 A、B 两个公司物流成本相关资料，如表 6-6 所示。

表 6-6　A、B 公司的物流成本项目结构分析明细表　　单位：万元

物流成本项目		A 公司 2019 年度	A 公司 2020 年度	B 公司 2020 年度
物流功能成本	运输成本	23	25	24
	仓储成本	13	11	15
	包装成本	6	8	10
	装卸搬运成本	13	16	16
	流通加工成本	8	9	8
	物流信息成本	8	6	10
	物流管理成本	10	9	9
	小计	81	84	92
存货相关成本	流动资金占用成本	7	8	6
	存货风险成本	2	2	1
	存货保险成本	2	2	1
	小计	11	12	8
合计	其他物流成本	—	—	—
	物流成本合计	92	96	100

从表 6-6 可以看出，A 公司 2020 年度的物流功能成本较 2019 年度增加了 3 万元，主要是运输成本、包装成本、流通加工成本和装卸搬运成本增加较多，而仓储成本、物流信息成本和物流管理成本是减少的，综合起来是增加的趋势，但是增幅不大。所以，A 公司如果想降低物流功能成本需要更加关注运输成本、包装成本和装卸搬运成本的管理，减少一些不必要的开支。从存货相关成本来看，2020 年度较 2019 年度增加了 1 万元，主要是流动资金占用成本有所增加，而存货保险成本和存货风险成本没有变化，所以要想控制存货相关成本，需要加强流动资金占用成本支出的管理与控制。

A 公司 2020 年度总物流成本与 B 公司 2020 年度总物流成本相比，B 公司的总物流成本高出 4 万元，说明 A 公司占优势，更有竞争能力。从物流功能成本方面看，B 公司2020 年度物流功能成本高出 A 公司 2020 年度物流功能成本 8 万元，差距幅度比较大，差

距主要存在于仓储成本、包装成本和物流信息成本，说明 A 公司在同行业中在仓储、包装盒信息处理管理方面具有优势。从存货相关成本看，B 公司 2020 年度的金额低于 A 公司 2020 年度 4 万元，说明在存货相关成本的管理方面，B 公司占优势，A 公司需要加强这部分支出的管理和控制，进而提高自身的竞争力。

根据表 6-6 的数据和资料，可以编制出 A 公司和 B 公司的物流成本项目共同比明细表，如表 6-7 所示。

表 6-7 A、B 公司物流成本项目共同比明细表 单位：百分率 (%)

物流成本项目	A 公司 2019 年度	A 公司 2020 年度	B 公司 2020 年度
物流功能成本比重	88.04	87.5	92
存货相关成本比重	11.96	12.5	8
总计	100.00	100.00	100.00

从表 6-7 中可以看出，A 公司 2020 年度的物流功能成本占总物流成本的百分比较 2020 年度数值变化不大，略有下降。B 公司 2020 年度物流功能成本占总物流成本的百分比要比 A 公司 2020 年度的数值高出 4.5%，说明 A 公司在物流功能成本控制和管理方面的能力较强，表现较好。在存货相关成本方面，A 公司 2019 年度和 2020 年度也是变化不大，但 B 公司 2020 年度存货相关成本占总物流成本的比重明显低于 A 公司 2020 年度的百分数，说明 A 公司在存货相关成本的管理和控制方面的能力较弱，需要进一步加强，降低其比重。

（二）物流成本项目的具体分析

下面对物流功能成本和存货相关成本作具体的分析，根据以上资料，编制 A、B 公司物流功能成本各项目共同比分析明细表和存货相关成本内部共同比明细表，如表 6-8、表 6-9 所示。

表 6-8 A、B 公司物流功能成本各项目共同比分析明细表 单位：百分率 (%)

物流功能成本	A 公司 2019 年度	A 公司 2020 年度	B 公司 2020 年度
运输成本比重	28.40	29.76	26.09
仓储成本比重	16.05	13.10	16.30
包装成本比重	7.40	9.52	10.87
装卸搬运成本比重	16.05	19.05	17.39
流通加工成本比重	9.88	10.71	8.70
物流信息成本比重	9.88	7.14	10.87
物流管理成本比重	12.34	10.72	9.78
合计	100.00	100.00	100.00

表 6-9　A、B 公司存货相关成本各项目共同比分析明细表　单位：百分率 (%)

存货相关成本	A 公司 2019 年度	A 公司 2020 年度	B 公司 2020 年度
流动资金占用成本比重	63.64	66.66	75.00
存货风险成本比重	18.18	16.67	12.50
存货保险成本比重	18.18	16.67	12.50
合计	100.00	100.00	100.00

1. 纵向分析

从表 6-8 可以看出，A 公司 2020 年度物流功能成本中运输成本、包装成本、装卸搬运成本、流通加工成本的比重较 2019 年度有所增加，其中装卸搬运成本比重增幅最大，达到 3.00%；而仓储成本比重下降得最多，达到 2.95%，说明 A 公司对仓储环节采取了有力的措施进行管理和控制。物流信息和物流管理等非主要环节的物流成本有所降低，在保证主要环节稳定的前提下，缩减了一些非主要环节的费用支出，从而使物流成本的价值发挥了更大的作用。

从表 6-9 可以看出，A 公司存货相关成本主要发生在流动资金占用成本上。A 公司 2020 年度流动资金占用成本比重较 2019 年度增加近 3.00%，而存货保险成本和存货风险成本在金额上并没有变动。因此，A 公司需要详细分析影响流动资金占用成本的各种因素及其程度，进一步进行更加详细的分析。

2. 横向分析

从表 6-8 可以看出，2020 年度 A 公司和 B 公司物流功能成本总体结构大致相同，都是运输成本、仓储成本、装卸搬运成本所占比重较高。A 公司运输成本比重比 B 公司高出 3.67%，说明运输成本是 A 公司今后调整物流功能成本结构的一个重点。除此之外，A 公司的装卸搬运成本、流通加工成本和物流管理成本比重也略高于 B 公司，说明 A 公司的管理层需要对本公司物流功能成本结构进行较大调整，加强管理和控制，以提高自身在物流成本管理方面的能力。

从表 6-9 可以看出，在存货相关成本方面，A 公司 2020 年度的流动资金占用成本的比重较 B 公司低，说明 A 公司流动资金占用成本较 B 公司有一定的优势。但是从绝对值来看，2019 年 A 公司流动资金的金额是 8 万元，而 B 公司流动资金的金额是 6 万元，由此看来 A 公司还需要加强对流动资金占用物流成本的监管力度，从中找出可以缩减的地方。在存货风险成本和存货保险成本方面，同样是 A 公司的比重低于 B 公司，但是实际金额高于 B 公司，说明 A 公司对于存货保险水平和风险意识的重视程度高于 B 公司。

三、物流成本支付形态结构分析

物流成本支付形态结构分析就是了解各支付形态物流成本支出结构，找出降低物流成本的方法和措施。

[例 6-5] 调研取得 C、D 公司 2019 年度和 2020 年度物流成本相关资料，具体如表 6-10 所示。

表 6-10　C、D 公司物流成本明细表　　　　　单位：万元

物流成本支付形态结构		C 公司 2019 年度	C 公司 2020 年度	D 公司 2020 年度
自营 物流成本	人工费	12	10	9
	材料费	1.20	1	1
	维护费	15	16	15
	一般经费	5	4.50	5.50
	特别经费	2.50	2	3
	小计	35.70	33.50	33.50
委托物流成本		14	12	13
合计		49.70	45.50	46.50

（一）物流成本支付形态结构的全面分析

根据表 6-10 的资料，建立 C、D 公司自营物流成本支付形态结构的共同比明细表，见表 6-11。

表 6-11　C、D 公司物流成本支付形态结构共同比明细表　　　　　单位：百分率 (%)

物流成本支付形态	C 公司 2019 年度	C 公司 2020 年度	D 公司 2020 年度
自营物流成本	71.83	73.63	72.04
委托物流成本	28.17	26.37	27.96
合计	100.00	100.00	100.00

1. 纵向分析

从表 6-10 和表 6-11 可以看出，C 公司的物流成本由自营物流成本和委托物流成本组成，说明 C 公司已经将一部分业务外包出去。从绝对值上看，C 公司 2020 年度总物流成本较 2019 年度有所下降，减少了 4 万多元，其中自营物流成本和委托物流成本都有减少，说明 2020 年 C 公司采取了一定的方法和措施控制物流成本。从相对比重来看，C 公司 2020 年度自营物流成本的比重比 2019 年度有所增加，委托物流成本比重有所下降，说明 C 公司在 2020 年将一些本来外包的业务开始收回自营，提高了公司对主要业务环节的管理和控制。

2. 横向分析

从 2020 年度的物流成本数据来看，C 公司与 D 公司相比，C 公司具有较强的竞争力，因此 C 公司的物流总成本低于 D 公司的物流总成本，其中 C、D 公司自营物流成本的绝对金额是相等的，差距主要体现在委托物流成本上。

（二）物流成本支付形态结构的具体分析：自营物流成本支付形态结构分析

根据表 6-10 的资料，可以编制 C、D 公司自营物流成本支付形态结构共同比明细表，如表 6-12 所示。

表 6-12　C、D 公司自营物流成本支付形态结构共同比明细表　　单位：百分率 (%)

自营物流成本支付形态结构	C 公司 2019 年度	C 公司 2020 年度	D 公司 2020 年度
人工费	33.61	29.85	26.86
材料费	3.36	2.99	2.98
维护费	42.02	47.76	44.78
一般经费	14.01	13.43	16.42
特别经费	7.00	5.97	8.96
小计	100.00	100.00	100.00

1. 纵向分析

从表 6-12 可以看出，2019 年度 C 公司自营物流成本中人工费和维护费的比重最大，分别为 33.61% 和 42.02%，其次是一般经费占 14.01%，特别经费占 7.00%，支出最少的材料费仅占 3.36%。为了进一步分析自营物流成本支付形态结构，可以选择对占比最大的维护费进行进一步分析。2020 年度 C 公司的自营物流成本中，同样是人工费和维护费所占比重最大。2020 年度和 2019 年度相比，C 公司的人工费比重有所下降，降低了 3.76%，而维护费有所增加，提高了 5.74%，这是因为 C 公司在 2020 年度机械化和自动化程度提高了，节约了人力资本，但是增加了设备维护费用。从绝对值上看，C 公司 2020 年度比 2019 年度节约了 2.2 万元的自营物流成本，这和公司机械化、自动化程度的提高息息相关。2020 年度 C 公司特别经费的比重下降，说明 C 公司对存货相关物流成本进行了有效的管理和控制。

2. 横向分析

从表 6-12 可以看出，C 公司与 D 公司相比，C 公司 2020 年人工费支出比重略有下降，维护费支出比重略有上升，这两种形态费用支出此消彼长是否合理，还需做进一步分析。但总体来说，2020 年 C 公司和 D 公司的支付形态比重差异不大，说明 C 公司 2020 年支付形态结构相对合理。

第四节　物流成本的比率分析

物流成本的比率分析包括物流成本与成本费用类指标的比率分析、物流成本与收入类指标的比率分析和物流成本与利润类指标的比率分析。

一、物流成本比率分析的基本思路

物流成本比率分析一般应遵循下列思路。

（一）计算物流成本与其他相关项目的比率

这里的相关项目既有财务方面的数据，也有非财务数据。大体主要有三类比率指标：(1) 物流成本与成本费用类指标的比率；(2) 物流成本与收入类指标的比率；(3) 物流成本与利润类指标的比率。

（二）依据计算结果进行分析评价

在计算物流成本比率时，首先要明确计算的前提条件和适用范围，然后对计算出的物流成本比率进行纵向分析和横向分析。既可以对企业本身历年的数值进行比较分析，也可以与同行业平均水平或者行业内先进水平进行比较，以此来评价企业实际的物流成本水平。

二、物流成本与成本费用类指标的比率分析

物流成本与成本费用类指标的比率分析主要包括物流成本与三类指标的比率分析：即主营业务成本、期间费用和企业总成本，本节重点分析物流成本与企业总成本和主营业务成本的比率分析。

（一）物流成本与企业总成本的比率分析

在计算之前，首先明确物流成本是一定运营期间内，由于物资流通而发生的不包含物资本身价值在内的费用支出，物流成本与企业总成本比率的计算公式如下：

$$物流成本与企业总成本的比率 = \frac{物流成本}{主营业务成本 + 销售成本 + 财务成本 + 管理成本 + 营业外支出 + 其他业务支出}$$

从公式中可以看出，物流成本是企业总成本的一部分，这个比率反映了企业物流成本占总成本的比重，是一种结构百分比。通过较长期间的这种结构百分比的趋势分析，或通过同行业的多个不同企业间这种结构百分比的比较分析，可以确定这种结构百分比的大致区间。

1. 物流成本与企业总成本比率指标的前提条件

由于物流成本包括显性物流成本和隐性物流成本，显性物流成本很明显包含在企业总物流成本中，但是隐性物流成本主要是指业务所占用资金的机会成本，不包含在企业总成本中。也就是说，由于隐性物流成本的存在，物流成本与企业总成本的比率关系不能称为严格意义上的结构百分比关系，因此，在计算此比率之前，首先要明确物流成本中是否存

在隐性物流成本，以及其在总物流成本中的比重，如果比重较大的话，为了使这一比率指标具有实际意义和可比性，需要对原有企业总成本进行相应调整，将隐性物流成本计入企业总成本中。

2. 物流成本与企业总成本比率指标的适用范围

该比率指标适用于制造型企业、流通型企业和物流企业，可用于同一企业不同时期比率的纵向比较分析，也可用于同行业内不同企业之间的横向比较分析。它是一种综合的比率指标，对任何类型企业而言，都是一种有意义的比率分析指标。

3. 物流成本与企业总成本比率指标的缺陷

计算物流成本与企业总成本的比率，其主要目的是企业通过对自身不同时期的纵向比较，分析本企业该比率是否具有合理性和科学性，进而评价企业的物流成本水平是否科学、合理。但是使用这一指标时需要注意：货物包括原材料价格和品种，物流服务价格和品种发生变化时，会使企业物流成本发生改变，进而影响到该指标；在期间费用中发生大额与物流成本无关的费用变动时，也会使企业总成本发生改变，进而影响到该指标，从而使企业不同期间与同行业不同企业间该指标的可比性受到影响。

4. 案例分析

[例 6-6]　E 企业 2019 年的物流成本为 2.8 万元，主营业务成本为 50 万元，期间管理成本为 2.6 万元，销售成本为 1.6 万元，财务成本为 1.5 万元，期间未发生主营外其他业务支出成本；2020 年的物流成本为 3.1 万元 (包含隐性物流成本 1.2 万元)，主营业务成本为 56 万元，期间管理成本为 2.8 万元，销售成本为 1.8 万元，财务成本为 16.5 万元 (其中 16 万元为举借银行贷款的利息支出)，期间发生主营外其他业务支出成本 0.25 万元。

解　根据上述资料，计算分析如下：

(1) 计算 E 企业总成本。

$$2019 年 E 企业总成本 = 50 + 2.6 + 1.6 + 1.5 = 55.7 万元$$

$$2020 年 E 企业总成本 = 56 + 2.8 + 1.8 + 16.5 + 0.25 = 77.35 万元$$

为了使物流成本与企业总成本比率具有可比性，对 2020 年 E 企业的总成本进行调整：

$$调整后 2020 年 E 企业总成本 = 77.35 + 1.2 - 16 = 62.55 万元$$

(2) 编制 E 企业 2019 年和 2020 年物流成本与企业总成本比率分析表，如表 6-13 所示。

表 6-13　E 企业 2019—2020 年物流成本与企业总成本比率分析表

项　　目	物流成本/万元	总成本/万元	调整后总成本/万元	物流成本/企业总成本 /%	物流成本/调整后企业总成本 /%
2019 年	2.8	55.7	55.7	5.03	5.03
2020 年	3.1	77.35	62.55	4.01	4.96
2020 年比 2019 的同比增长率 /%	10.71	38.87	12.30	−20.28	−1.39

从表 6-13 可以看出，E 企业 2020 年物流成本较 2019 年增加了 10.71%，调整后的总成本 2020 年较 2019 年增长了 12.30%，高于物流成本的增长率。

2020 年物流成本占企业总成本的比重较 2019 年降低了 20.28%，为使两年间该比率具有可比性，对 2020 年的企业总成本做一定调整。调整后，2020 年物流成本占调整后的企业总成本的比重为 4.96%，较 2019 年降低了 1.39%，说明两年间物流成本占企业总成本的比重较为稳定，且 2020 年略低，说明 2020 年企业的物流成本控制得较好。

（二）物流成本与主营业务成本的比率分析

主营业务成本是指已经实现销售的产品的初始价值及增值价值的成本支出，该比率反映了企业一定时期内单位已销售产品成本的物流成本比率，计算公式如下：

$$物流成本与主营业务成本的比率 = \frac{物流成本}{主营业务成本}$$

对于物流企业来说，主营业务成本用于反映对外支付的委托物流成本，因此该比率反映了物流企业所发生的物流成本总额与委托物流成本的比率关系。

1. 物流成本与主营业务成本的比率指标使用的前提条件

该比率指标的分子与分母之间并没有必然的联系，尤其是在生产制造型和流通型企业，物流成本的升降和主营业务收入的高低没有必然的联系。使用该指标的目的是通过对企业不同时期或行业内不同企业该比率指标的比较，来评价单位营业收入发生的物流成本是否合理。然而，企业在不同时期或行业内不同企业间产品销售单价和数量有较大差异时，会导致主营业务收入悬殊，从而使该比率指标产生较大差异，进而不能科学合理地说明不同比较对象之间单位营业收入所发生的物流成本的差异。因此，使用该指标前，首先应对不同比较对象之间形成主营业务收入的产品单价和数量进行分析，只有在企业不同期间或不同企业间产品定价差异和营销力量相差不是很大时，使用和比较该比率指标才更具说服力。

2. 物流成本与主营业务成本比率指标的适用范围

该指标适用于经营单品种或多品种产品的生产制造型、流通型企业用于分析单位已销售产品成本的物流成本比率，也适用于物流企业分析单位委托物流成本的物流成本比率。既可以进行全部产品物流成本与主营业务成本比率的分析，也可进行单个产品物流成本与主营业务成本比率的分析。无论是进行全部产品还是单个产品的比率分析，只有在比较对象之间的产品是同类产品时，该指标才更有比较意义。

3. 案例分析

[例 6-7] F 公司 2019 年度销售 I 产品 120 件，发生物流成本为 16 000 元，主营业务成本为 250 000 元；销售 II 产品 150 件，发生物流成本为 18 000 元，主营业务成本为

290 000 元。F 公司 2020 年度销售 I 产品 150 件，发生物流成本为 17 000 元，主营业务成本为 280 000 元；销售 II 产品 160 件，发生物流成本为 18 500 元，主营业务成本为 320 000 元。

　　解　根据以上资料，编制 F 公司物流成本与主营业务成本的比率分析明细表，如表 6-14 所示。

表 6-14　F 公司物流成本与主营业务成本的比率分析明细表

项　　目		物流成本 / 万元	主营业务成本 / 万元	$\dfrac{物流成本}{主营业务成本}$
2019 年度	I 产品	1.6	25	0.064
	II 产品	1.8	29	0.062
	合计	3.4	54	0.063
2020 年度	I 产品	1.7	28	0.061
	II 产品	1.85	32	0.058
	合计	3.55	60	0.059
2020 年度较 2019 年度同比增长率 /%	I 产品	6.25	12	-4.69
	II 产品	2.78	10.34	-6.45
	合计	4.41	11.11	-6.35

　　从表 6-14 可以看出，F 公司 2020 年度较 2019 年度物流成本增加了 4.41%，主营业务成本增幅较大，达到 11.11%，其中 I 产品的物流成本和主营业务成本比 II 产品的增幅要高。F 公司 2020 年度较 2019 年度 I 产品和 II 产品的单位主营业务成本的物流成本比率都是下降的，说明 2020 年 F 公司物流成本控制得较好。

三、物流成本与收入类指标的比率分析

　　物流成本与收入类指标的比率分析主要是指物流成本与主营业务收入指标的比率分析，例如单位销售收入物流成本比率，计算公式如下：

$$单位销售收入物流成本比率 = \frac{物流成本}{主营业务收入}$$

　　对企业而言，主营业务收入是企业通过销售产品而实现的收入，这里的产品可以是实体产品，也可以是物流企业提供的物流服务。按照收入成本的配比原则，该指标反映了获取一定收入所付出的成本代价。

（一）物流成本与主营业务收入比率指标使用的前提条件

　　企业通过对物流成本与主营业务收入比率指标的纵向分析和横向分析，来评价企业在一定时期内单位营业收入所产生的物流成本是否科学、合理。但是，这个指标的使用是有

前提条件的：一是要对不同比较对象之间形成主营业务收入的产品单价和数量进行分析；二是要求企业在不同时期或不同企业之间产品的定价和营销策略差异不大。只有满足以上两个条件，对该比率进行分析才具有说服力。

（二）物流成本与主营业务收入比率指标的适用范围

该指标适用于制造型企业、流通型企业和物流企业来计算和评价单位主营业务收入所产生的物流成本，既可用于同一企业不同期间的比较，也可用于行业内不同企业之间的比较。按照收入成本配比的原则，主营业务收入扣除物流成本后的差额应为企业实现的物流收益，但这点只有在物流企业才可以实现，因为物流企业主营业务收入是运作物流业务所实现的收入。而在生产制造型和流通型企业中，主营业务收入是销售产品所实现的收入，它与主营业务成本配比后，反映的是销售产品所实现的利润，但却无法严格分离出与物流成本相配比的物流收入。因此，该指标对物流企业而言，更符合收入支出配比原则，能够真实地反映单位收入所产生的物流成本。

（三）物流成本与主营业务收入比率指标的缺陷

该指标在应用的过程中也存在缺陷：一是对于制造型企业和流通型企业来说，物流成本和主营业务收入之间没有必然联系；二是企业进行营销活动时的产品定价和营销策略的改变会对比率造成影响，有时该比率无法真实地反映不同比较对象之间的差异。

（四）案例分析

[例 6-8] H 企业 2019 年的物流成本为 3.8 万元，主营业务收入为 65 万元，2020 年的物流成本为 4.5 万元，主营业务收入为 80 万元，根据资料，2019 年和 2020 年 H 企业的产品价格和影响策略大致相同。

解 根据以上资料编制 H 企业物流成本与主营业务收入指标的比率分析明细表，如表 6-15 所示。

表 6-15 H 企业物流成本与主营业务收入指标的比率分析明细表

项　目	物流成本 / 万元	主营业务收入 / 万元	$\dfrac{物流成本}{主营业务收入}$
2019 年度	3.8	65	0.058
2020 年度	4.5	80	0.056
2020 年较 2019 年同比增长率	18.42%	23.08%	-3.45%

从表 6-15 可以看出，H 企业 2020 年度物流成本较 2019 年度增长了 18.42%，主营业务收入增长了 23.08%，增幅超过物流成本的增幅。2020 年度 H 企业物流成本与主营业务收入的比率较 2019 年度降低了 3.45%，说明 2020 年 H 企业物流成本管理和控制得比较好。

四、物流成本与利润类指标的比率分析

物流成本与利润类指标的比率分析主要是指物流成本与利润总额以及物流成本与净利润的比率分析。与利润总额相比，企业净利润主要是考虑了所得税的影响因素，本书不再详细介绍，这里主要介绍物流成本与利润总额的比率分析。

物流成本与利润类指标的比率计算公式如下：

$$物流成本利润率=\frac{利润总额}{物流成本}$$

该指标反映了单位物流成本所获取的利润额，从而反映了物流成本的盈利能力。物流成本利润率值越大，说明单位物流成本的获利能力越强。物流成本与利润总额之间是此消彼长的关系，物流成本耗费大必然获利少。因此，该指标既可以评价企业的获利能力，也可以评价企业对物流成本的控制能力和管理水平。

（一）物流成本利润率指标使用的前提条件

由于利润总额本身是一个集收入、成本、各项期间费用等要素于一身的综合指标，因此，使用物流成本与利润总额比率指标前，应综合考虑比较对象间各收入成本要素是否发生显著差异，对一些特殊、偶然因素所造成的利润变化做相应调整后，再将该比率在不同对象间进行比较。另外，若企业在某一期间发生了较大数额的其他业务利润和投资收益等与物流业务运作无关的收益，在计算物流成本与利润总额比率前，也应将这部分内容从利润总额中剔除。总之，可比性是使用该指标的前提。这里的可比性体现在两个方面：一是不同比较对象间利润总额基本构成要素的内容和含义大致相同，若遇大额特殊偶然因素，应予以剔除；二是该指标分子利润总额中所包含的盈利因素应与物流成本相对应，对与物流成本无关的其他业务利润和投资收益应予以剔除。

（二）物流成本利润率指标的适用范围

该指标适用于生产制造型、流通型企业和物流企业评价单位物流成本的获利能力，既可用于同一企业不同期间的比较，也可用于行业内不同企业之间的比较。利润总额是企业扣除各种成本费用后的结余，是企业一定期间的经营成果；物流成本是反映企业在整个经营期间因物的流动而发生的成本支出。两者之间的比率能真实地反映出物流成本投入与企业总产出之间的关系，适用于对任何类型企业物流盈利能力、物流成本管理和控制水平的评价。

（三）物流成本利润率指标分析的使用缺陷

鉴于利润总额本身是一个综合指标，物流成本与利润总额比率指标具有较强的综合

性，因此，在具有可弱化物流成本与主营业务成本、期间费用、企业总成本、主营业务收入比率指标缺陷等优势的同时，也存在上述各指标所具有的缺陷，例如，原材料价格或服务价格变动对主营业务成本的影响、期间费用中发生大额偶然因素的影响、产品价格或营销能力对主营业务收入的影响等，均会对利润总额发生影响。所以，企业在使用该比率指标时，应对利润总额指标进行分析，尤其当单纯的收入或单纯的成本费用因素发生变动时，由于其对利润总额影响较大且不太可能相互抵消，更应注意分析和调整。

（四）案例分析

[例6-9]　K 企业 2019 年发生物流成本为 5.9 万元，主营业务收入为 120 万元，主营业务成本为 102 万元，期间费用为 12 万元（包含销售费用 4 万元，财务费用 2.5 万元，管理费用 5.5 万元）。K 企业 2020 年发生物流成本为 6.5 万元（包含隐形物流成本 1.5 万元），主营业务收入为 143 万元，主营业务成本为 120 万元，期间费用中含销售费用 4 万元，财务费用 33 万元（其中 30 万元为支付银行利息），管理费用 6.2 万元，营业外支出 0.5 万元，投资收益为 20 万元。

解　根据上述资料可得：

2019 年 K 企业利润总额为

$$120 - 102 - 12 = 6 \text{ 万元}$$

2020 年 K 企业利润总额为

$$143 - 120 - 4 - 33 - 6.2 - 0.5 + 20 = -0.7 \text{ 万元}$$

由于计算期间的支付银行利息不应由该期间独自承担，投资收益应该扣除，所以对 2020 年度的利润总额进行调整，计算得

$$-0.7 - 20 + 30 - 1.5 = 7.8 \text{ 万元}$$

根据以上资料和数据，编制 K 企业物流成本利润率分析明细表，如表 6-16 所示。

表 6-16　K 企业物流成本利润率分析明细表

	物流成本 / 万元	利润总额 / 万元	调整后利润总额 / 万元	利润率
2019 年度	5.9	6	6	1.02
2020 年度	6.5	−0.7	7.8	1.2
2020 年较 2019 年同比增长率	10.71%	−111.67%	30%	17.65%

从表 6-16 可以看出，K 企业 2020 年度和 2019 年度相比，物流成本增加率小于调整后的利润总额增加率，成本利润率基本持平，说明 K 企业两年内物流成本的盈利能力是提高的。

本章思考题

1. 物流成本分析的目的是什么？
2. 简述物流成本分析的方法有哪些？
3. 简述物流成本结构分析的内容有哪些？
4. 简述物流成本效益分析的内容有哪些？

案例分析

瑞夫公司的物流成本比率分析

瑞夫有限责任公司在 2013 年进行结算时得出的物流成本数据如下所示：

瑞夫有限责任公司 2012 年度生产甲产品 120 件并全部售完，发生物流成本为 1.44 万元；销售乙产品 140 件，发生物流成本为 1.54 万元。2012 年度该公司共发生物流成本为 2.98 万元，主营业务收入为 61.2 万元，主营业务成本为 51 万元，期间费用中的销售费用为 1.8 万元，财务费用为 1.5 万元，管理费用为 2.8 万元，没有发生营业外支出项目。2013 年度销售甲产品 150 件，共发生物流成本为 1.5 万元（含 7000 元隐性物流成本），主营业务成本为 26 万元；销售乙产品 150 件，发生物流成本为 1.8 万元（含 6000 元隐性物流成本），主营业务成本为 32 万元，主营业务收入为 69.6 万元，期间费用中的销售费用为 2 万元，财务费用为 16.5 万元（其中有 15 万元是建厂借款的利息费用），营业外支出为 3000 元，投资获取收益为 10 万元。

根据上述数据对瑞夫有限责任公司进行物流成本比率分析，并进行横向和纵向比较，依此说明瑞夫有限责任公司 2013 年度物流成本的内部变动情况和市场竞争力。

案例讨论

对该公司进行物流成本的比率分析，并列表说明。

第七章　物流成本预测与决策

学习目标

◆ 掌握物流成本预测的内容和程序
◆ 掌握物流成本预测分析的方法
◆ 了解物流成本决策分析的概念和程序
◆ 掌握物流成本决策分析的方法

　　物流成本预测是物流成本分析与控制的一个重要环节，企业利用科学的方法可以有计划地根据自己以往的物流成本历史资料，对未来时间段的物流成本水平进行预测，再依据预测结果对企业物流成本进行优化控制，通过降低物流成本来降低产品的总成本，从而增强企业的竞争能力，实现社会经济的可持续发展。

第一节　物流成本预测

一、物流成本预测的基本内涵

（一）物流成本预测的含义

　　预测是指针对目前还不明确的某一事物，根据其过去和现在的已知资料信息，估计和推测未来可能出现的状况，从而揭示客观事物未来发展的趋势和规律。

物流成本预测是指依据物流成本与各种技术经济因素的依存关系，结合发展前景及采取的各种措施，利用一定的科学方法，对未来期间的物流成本水平及其变化趋势做出科学的推测和估计。在企业物流成本分析与控制中，物流成本预测具有十分重要的意义，能使企业对未来的物流成本水平及其变化趋势做到"心中有数"，并能与物流成本分析一起为企业的物流成本决策提供科学的依据，以减少决策中的主观性和盲目性。

物流成本预测属于经济成本预测的范畴，主要有三个特点：一是成本预测都以不同程度的历史资料为依据，若历史资料缺失，则成本预测只能称为一种主观判断；二是成本预测都涉及未来；三是成本预测都存在不确定性。

（二）物流成本预测的分类

1. 按物流成本预测的时间长短划分

按照预测时间的长短，物流成本预测可分为短期物流成本预测、中期物流成本预测和长期物流成本预测。

短期物流成本预测是指预测时间在 1 年或 1 年以内的物流成本预测，例如年度预测、季度预测、月度预测等。因为预测时间较短，影响因素的不确定性较小，资料保留齐全，因此预测的精确度较高。这种物流成本预测主要为企业的日常经营服务。

中期物流成本预测是指预测时间在 1 年以上、5 年及 5 年以下的物流成本预测，由于预测时间较长，影响因素的不确定性不是很高，资料保留较为齐全，与短期物流成本预测相比，预测结果精确度较差一些。这种物流成本预测主要为企业的中期经营决策服务。

长期物流成本预测是指对企业 5 年以上的物流成本预测，也称为远景预测。由于预测时间长，对预测期间可能的变化难以全面把握和预计，因此与短期和中期物流成本预测相比，长期预测的精确度较小。这种物流成本预测主要用于对市场物流成本变化趋势、需求趋势以及发展趋势的预测，是企业制定战略对策的基础与依据。

2. 按物流成本预测性质的不同分类

按照物流成本预测性质的不同，物流成本预测可分为定量预测和定性预测。

定量预测是指根据过去积累的比较完备的统计数据资料，运用一定的数学方法进行科学的加工整理，建立预测模型，充分揭示有关变量之间的规律性联系，作为对预测对象的未来发展变化趋势进行预测的依据。

定性预测是指预测者凭借自身的专业知识、经验和综合判断能力，根据已掌握的相关资料信息，对事物未来发展状态做出性质和程度的预测，也称为主观预测或判断预测。当历史资料信息数据缺乏或可获得的信息、资料和数据不连续且不能数据化时，不能采用定量预测法，就可以采用这种定性预测的方法。与定量预测相比，该方法主观性较强，面对相同的信息，不同的预测值往往会做出不同的判断，从而得出不同的预测结果。

（三）物流成本预测的作用

物流成本预测是企业物流成本分析与控制的一个重要环节，其作用主要有以下三个方面。

1. 物流成本决策的依据

物流成本预测是物流成本分析与控制的重要组成部分，是物流成本管理的首要环节。物流成本预测与物流成本决策不可分割，预测是为决策服务的，是决策的前提，为决策提供未来物流成本相关信息；而决策则是以预测的数据为基础，通过比较分析，权衡利害得失，进而选取最优方案的过程。所以，物流成本预测对于企业实施物流成本决策具有重要意义。

2. 降低物流成本的重要举措

物流成本预测的目的是揭示物流成本耗费的发展趋势，挖掘降低物流成本的潜力，为确定物流目标成本提供科学合理的依据。因此，做好物流成本预测工作，使企业能够在物流成本形成过程中找出关键环节，继而有针对性地进行物流成本管理，从源头上降低和控制物流成本。

3. 提高企业物流成本管理与控制的应变能力

物流成本预测是对企业物流成本未来发展趋势的推测，通过物流成本预测，加深了企业物流成本管理人员对未来可能前景和信息的思考和认识，可以提高企业应对未来发展中不确定事件的能力，从而减少不利事件带来的损失，增加有利机会带来的收益，对提高企业物流成本管理与控制的应变能力具有重要意义。

二、物流成本预测分析的步骤

物流成本预测分析的步骤如图 7-1 表示。

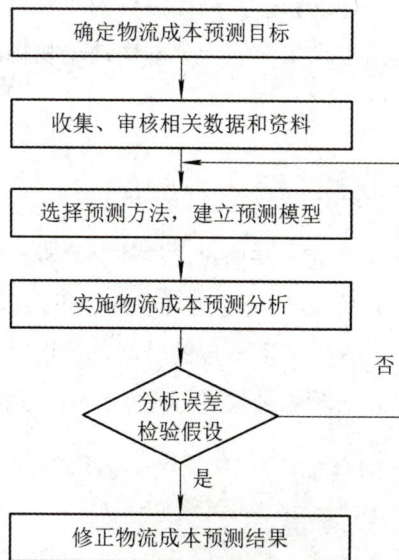

图 7-1　物流成本预测分析的步骤

下面分别介绍物流成本预测分析的几个步骤。

（一）确定物流成本预测目标

目标的确定是物流成本预测的前提。目标的明确能够减少物流成本预测的盲目性，提高预测工作的效率；同时，预测目标也是预测计划和预测方法选择的基础。物流成本预测的目标是以企业的物流成本管理与控制目标为依据制定的。

（二）收集、审核相关数据和资料

预测不是盲目的，必须以相关的历史资料为基础进行分析。历史资料是否完整、真实和可靠，直接影响到物流成本的预测结果，因此，预测前要尽可能地收集全面的相关资料，并对这些资料和数据进行整理、加工和分析，并进行分类。

（三）选择预测方法，建立预测模型

物流成本预测的方法有很多，既有定量的方法又有定性的方法，根据企业物流成本预测的目标、内容、要求以及掌握的历史相关资料，选择合适的预测方法，建立相应的预测模型。企业利用预测模型对未来物流成本的发展水平及发展趋势进行预测。

（四）实施物流成本预测分析

利用已有的相关资料、选定的预测方法和模型，预测企业未来物流成本可能达到的水平。由于预测会受一些主客观条件的影响，例如资料的质量、预测的方法，以及预测工作人员的分析判断能力等，预测结果也未必能十分确切地反映物流成本的未来状态，还需要不断地用有关的最新资料去复核。

（五）修正物流成本预测结果

由于物流成本预测的过程中会有一些假设，往往会舍弃一些影响因素或事件，预测结果难免会存在一些误差，因此，需要对预测结果进行修正，以保证预测目标的顺利实现。另外，物流成本预测需要一个过程，需要一定的时间，若这段时间内企业内部或企业所处的环境发生了重大变化，就必须对预测结果进行修正。例如企业内部组织的重组，财政制度、税收制度的改革等。

三、物流成本预测的方法

物流成本预测的方法概括起来可以分为定性预测法和定量预测法两种。

（一）定性预测法

定性预测法是指预测者根据掌握的相关历史资料，通过已掌握的专业知识和实践经验，运用逻辑思维对未来物流成本进行预计、推断的各种方法的统称。定性预测法是企业在历史相关资料数据缺乏准确性的情况下所采用的预测方法，预测者必须充分了解企业物流成本耗费历史资料、物流成本管理与控制现状以及企业内外影响因素。定性预测法常用的方法有调查研究判断法。

调查研究判断法主要依靠专家来实施，实施前专家们要了解翔实的物流成本相关资料，了解整个物流成本费用的形成过程和相关的影响因素，再结合自己的知识和经验，对未来的物流成本作出个人判断。专家的预测结果和意见经过不断的征询和自我修改，然后综合分析所有专家的预测结论和意见，最终形成物流成本预测的结论。专家的知识、经验的广度和深度直接影响着物流成本的预测结果。

（二）定量预测法

定量预测法是根据历史资料以及物流成本与相关因素之间的关系，通过建立数学模型来预测、计算未来物流成本的各种方法的统称。定量预测法主要有趋势分析法和因果分析法两大类。

1. 趋势分析法

趋势分析法也可称为时间关系预测法，是根据按时间顺序排列的一系列历史数据，应用一定的数学方法进行计算，借以预测未来发展趋势的分析方法。根据所采用的具体数学模型的不同，趋势分析法又可分为简单平均法、加权平均法、移动平均法和指数平滑法。

(1) 简单平均法。简单平均法是指根据过去若干期的历史数据进行简单算术平均，以平均值作为未来物流成本水平的一种方法。计算公式如下：

$$\overline{X} = \frac{X_1 + X_2 + \cdots + X_n}{n}$$

式中：X_1，X_2，$\cdots$，X_n 为历史数据，$\overline{X}$ 为预测值，n 为期数。

[**例 7-1**] 假设某企业 1—9 月的物流成本如表 7-1 所示，利用简单平均法预测企业 10 月份的物流成本。

表 7-1 1—9 月物流成本

月份	1	2	3	4	5	6	7	8	9
物流成本 / 万元	60	120	78	80	85	87	90	89	88

解　根据简单平均法的计算公式得

$$10月份的物流成本 = \frac{60+120+78+80+85+87+90+89+88}{9} = 86.33万元$$

简单平均法的优点是计算简便明了，最大的缺点是将近期的影响等同于远期的影响，只适用于运作稳定、各期物流成本相对差异不大的企业，否则就会与实际情况有较大的差异。

(2) 加权平均法。考虑不同时期对未来的影响不一致，加权平均法对不同时期的历史数据赋予不同的权数，然后再计算其平均值。计算公式如下：

$$\bar{X} = \frac{X_1 N_1 + X_2 N_2 + \cdots + X_n N_n}{N_1 + N_2 + \cdots + N_n}$$

式中：X_1，X_2，$\cdots$，X_n 为历史数据，N_n 为对应的权数。

[例 7-2]　使用例 7-1 的数据，用加权平均法预测企业 10 月份的物流成本。1—9 月的权数分别为 1，1，2，2，2，3，3，4，5。

解　利用加权平均法计算如下：

$$10月份的物流成本 = \frac{60\times1+120\times1+78\times2+80\times2+85\times2+87\times3+90\times3+89\times4+88\times5}{1+1+2+2+2+3+3+4+5}$$

$$= 86.65 \ 万元$$

加权平均法将历史数据的权数纳入物流成本预测，比简单平均法更为科学，但是权数的确定无章可循，需要根据经验判断。

(3) 移动平均法。移动平均法是指根据历史各期物流成本自主选择移动期，并以移动期内的平均物流成本作为未来物流成本水平的一种预测方法。移动平均法将历史物流成本按时间顺序划分为若干数据点均等的组，并依次向前平均移动一个数据，计算各组的平均数，并组成新的时间序列进行预测。

移动平均法假定预测物流成本值与较近期的观察值关系较大，因此在处理历史物流成本资料时是按顺序重叠分组的（一般按 3 期或 5 期），求出该组的平均值。通过逐步向后移动，用近期数据替代远期数据，用新的平均值修订原来的平均值，从而反映实际物流成本的增减趋势。计算公式如下：

$$M_t = \frac{X_t + X_{t-1} + \cdots + X_{t-n+1}}{n}$$

式中：X_1，X_2，$\cdots$，X_n 为历史数据，n 为对应的期数。

[例 7-3]　某企业 2017 年 1—12 月物流成本的历史资料，以及按 $n=5$ 计算的各期移动平均值如表 7-2 所示。

表 7-2　某企业 1—12 月物流成本及移动平均值表　　　单位：万元

月份	时间	物流成本	5 期移动平均值	变动趋势	3 期趋势移动平均值
1	1	60			
2	2	60			
3	3	120			
4	4	90			
5	5	120	90		
6	6	150	108	18	
7	7	150	126	18	
8	8	180	138	12	16
9	9	120	144	6	12
10	10	210	162	18	12
11	11	240	180	18	14
12	12	180	186	6	14

从表 7-2 中可以看出，用 7—11 月份数据计算出的 5 期物流成本移动平均值为 180 万元，作为 12 月份的物流成本预测值，正好与该企业 12 月份物流成本实际费用相符。但是，大多数情况下预测值与实际值存在偏差，这种偏差既与企业数据变动趋势有关，也与 n 的选值有关。n 的取值越大，移动平均值对远期干扰因素的反应越弱，对数据变化的敏感性也越差，预测值较平稳；反之，取值越小，预测者修匀能力下降，误差较大。

数据序列存在非趋势变动时，也将影响最后的预测值，因此，在这种情况下，为了使预测值更加准确，也可将移动平均值的趋势移动平均值纳入计算范围，以尽量消除非趋势变动的影响。可采用如下公式进行预测：

计划期物流成本预测值 = 移动平均值 + 趋势移动平均值

根据公式，本例中 2018 年 1 月的物流成本预测值计算如下：

2018 年 1 月物流成本预测值 = 186 + 14 = 200 万元

(4) 指数平滑法。指数平滑法是一种特殊的加权平均法，它是通过导入平滑系数对本期实际物流成本和本期预测物流成本进行加权，并将其作为下期的预测物流成本，计算公式如下：

$$M_{t+1} = \alpha X_t + (1 - \alpha) M_t$$

式中：X_1，X_2，$\cdots$，X_n 历史数据，α 为平滑系数。

平滑系数 α 取值一般在 0 ~ 1 之间，α 越小，下期预测物流成本就越接近于本期预测物流成本；反之，α 越大，则下期预测物流成本就越接近于本期实际物流成本。在实际运用时，一般采用试误法，即选用不同的 α 值进行试算，最终选择预测误差最小的 α 值。

[例 7-4]　沿用例 7-3 的资料，假定 $\alpha = 0.2$，则该企业 2017 年 2—12 月的物流成本

预测如表 7-3 所示（已知 2017 年 2 月物流成本预测值为 65 万元）。

表 7-3　某企业 2017 年 2—12 月物流成本预测值表　　　单位：万元

t	X_t	αX_t	$(1-\alpha)M_t$	M_{t+1}
1	60			65
2	60	12	52	64
3	120	24	51.20	75.20
4	90	18	60.16	78.16
5	120	24	62.53	86.53
6	150	30	69.22	99.22
7	150	30	79.38	109.38
8	180	36	87.50	123.50
9	120	24	98.8	122.80
10	210	42	98.24	140.24
11	240	48	112.19	160.19
12	180	36	128.15	164.15

2. 因果分析法

因果分析法是根据物流成本与其他相关指标之间相互依存、相互制约的规律性联系，通过建立相应的因果数学模型进行的物流成本预测分析法。这里介绍因果分析法中的回归分析法。

回归分析法根据自变量或预测对象的不同，可分为一元线性回归分析法、多元线性回归分析法和非线性回归分析法。这里主要介绍一元线性回归分析法。

一元线性回归分析法也称为最小二乘法，它根据过去若干时期内的物流成本及相关资料，利用最小二乘法的原理计算出 a 和 b，确定回归直线方程 $y = a + bx$，进而预测计算出计划期的物流成本。

一元线性回归分析法的具体步骤如下：

(1) 确定因变量和自变量。

(2) 绘制散点图，确定两种变量的关系。若在散点图上自变量和因变量之间呈直线关系，则可以用一元线性方程作为基本数学模型。

(3) 求回归参数，建立一元线性回归方程预测模型。

$$y = a + bx$$

其中，$a = \dfrac{\sum y - b\sum x}{n}$，$b = \dfrac{n\sum xy - \sum x\sum y}{n\sum x^2 - (\sum x)^2}$。

(4) 对预测模型进行检验。

以上求出的预测模型并不能直接用于预测，还应进行检验。对预测模型的检验主要包括回归标准差检验、相关系数检验、显著性检验、t 检验等。

(5) 计算标准误差，进行预测，并确定置信区间。

第二节　物流成本决策

一、物流成本决策概述

(一) 决策的概念

决策是指企业为了实现一定的目标，运用科学的理论和方法，通过必要的计算、分析和判断，从两个或两个以上的备选方案中选择出最满意 (最可行) 方案的过程。

在市场经济条件下，企业需要面对激烈的市场竞争，而市场竞争的结果必然是优胜劣汰，科学的决策是决定企业生存与发展的关键所在。科学的决策可以最大限度地发挥企业资源的作用，提高企业的经济效益，为企业带来竞争优势；而一旦决策失误，资源的作用则无法有效发挥，经济效益低下，长此以往，企业将会被市场淘汰。因此，决策是企业经营管理的核心，它决定了企业的兴衰成败。决策贯穿于企业生产经营的全过程，涉及企业的各级员工。企业的决策包括战略决策和日常生产经营决策。战略决策往往影响深远，通常由企业高层管理者来制定；日常生产经营决策包括重大决策和普通决策，这些决策根据不同层级的决策权限，由不同层级的员工在其决策权限内进行制定。

企业的决策主要考虑价值指标，即企业的经济因素，因此企业必须对决策方案进行经济可行性分析，只有经济上可行的方案才能作为企业的备选方案，但经济因素并不是影响决策的唯一因素，除了考虑经济因素外，还需要考虑非经济因素，如技术因素、环境因素等，这样才能保证决策的科学性。

(二) 物流成本决策的概念

物流成本决策是指为了实现企业既定的物流成本目标，在调查研究和物流成本预测的基础上，采用科学的方法，经过必要的计算、分析和判断，从备选的方案中选出最优 (最满意) 方案的过程。

物流成本决策是企业生产经营决策的重要组成部分，是企业物流成本分析与控制的重要环节。现代企业生产经营的分工越来越细，企业与企业之间的协作也越来越重要，企业的原材料供应商可能遍布全国各地，甚至遍布全球，企业的客户也同样如此，因此企业必须建立一套完整的体系，以便快速、安全地运送货物。另外，企业要有效组织好内部的生产活动，也需要有良好的内部物流作为支撑。在物流活动中，决策贯穿于物流管理与控制工作的全过程，正确的决策必须建立在认识和了解企业内部条件和外部环境的基础上，首先必须按照决策的程序和步骤进行操作；其次，要运用适当的技术和方法，才能做出正确的决策。物流成本决策，就是要在保证物流活动质量的前提下，从备选方案中选择最优的方案，使企业的物流总成本最低。

二、物流成本决策分析的意义

由于决策是现代企业生产经营过程的重要环节，如何合理地进行物流成本决策分析，降低企业物流成本，对企业的生存与发展有着重要的意义。

（一）企业提高经济效益的客观需要

物流活动需要耗费企业大量的资源，而资源的消耗导致物流成本费用的增加，使企业的经济效益下降。由于物流活动的分散性，以前人们不重视物流成本的管理与控制，而现在物流活动日益复杂，也日益重要，加强管理、降低物流成本已经被大多数企业所认可。通过物流成本决策，企业可以合理地规划物流活动，对物流成本进行有效的管理，从而降低物流成本，大大提高企业的经济效益。

（二）物流成本计划编制的基础

物流成本计划的编制必须以物流成本决策为基础，没有物流成本决策，物流成本计划的编制也就失去了目的和方向。在编制物流成本计划时，企业必须以物流成本决策的目标为导向，根据物流成本预测的结果，制订实施物流成本决策的具体方案。

（三）可以提升企业物流成本管理与控制水平

传统的物流成本管理与控制将物流成本控制的重心放在降低采购单价、减少生产过程中的物料消耗和人工耗费上，对生产经营过程中的其他物流活动的成本管理没有给予足够的重视。由于企业的物流活动分散在各个部门，对物流成本的管理与控制也就分散在各个部门，相互之间缺少必要的联系，因此也就没有从企业的整体角度出发来规划，物流成本决策则是从企业的整体角度出发，全面、系统地规划活动，使企业的物流活动形成一个统一的、有机的整体，同时，也改变了传统的各自为政的物流成本管理与控制模式，使物流成本管理成为一个系统的工程，这有助于提升企业物流成本管理与控制的水平。通过物流成本决策，更新了传统的物流成本管理模式，是现代物流成本分析与控制的一个重要标志。

三、物流成本决策的内容

物流成本决策贯穿于企业生产经营的全过程，也贯穿于企业生产经营的不同阶段。物流成本决策的内容非常广泛，具体可以从物流规划过程中的物流成本决策和物流作业过程中的物流成本决策两个方面来阐述。

（一）物流规划过程中的物流成本决策

物流规划就是指企业如何规划生产经营过程中的物流体系。规划过程中的物流成本决策，包括物流系统设计的物流成本决策和物流项目的物流成本决策。

1. 物流系统设计的物流成本决策

企业的物流活动全过程实际上就是物流作业与物流作业相连接而形成的物流作业链，是连接作业与作业的纽带。物流系统设计正是要通过合理地安排物流活动，使企业内部的物流作业链能够顺利运转。合理的物流系统设计，一方面要使企业内部的物流作业链发挥最高的效率，另一方面要尽量降低企业的物流成本。因此，在物流系统设计阶段对系统的物流成本进行合理的决策，是物流成本决策的重要内容。

2. 物流项目的物流成本决策

在物流系统设计时，通常还伴随着物流项目的设计。物流项目就是指为实现物流系统设计的某项物流功能而设立的具体项目，如为了实现大型连锁商场的统一配送而建立的配送中心。

物流项目的物流成本决策要从降低物流成本的角度出发，从多个备选方案中选择最优的物流项目方案。物流项目的物流成本决策，可以从项目的初始投资物流成本、后续运行物流成本等方面进行分析、研究，进而做出判断。

（二）物流作业过程中的物流成本决策

物流作业过程中的物流成本决策，属于物流成本的日常管理决策范畴。在物流作业过程中，企业需要根据市场环境的变化，审时度势地进行各项物流成本决策，从而降低物流总成本。

四、物流成本决策的基本程序

（一）确定物流成本决策的目标

在进行物流成本决策时，首先要弄清楚需要解决什么问题，决策的目的是什么，并依此确定决策的目标。决策的目标是决策的出发点和归属点。物流成本决策的目标，应由企业生产经营总目标来确定。

（二）收集决策相关的信息和资料

物流决策目标确定以后，应广泛收集与决策有关的信息和资料。从物流成本决策的角度来看，不仅要收集过去的物流成本信息和企业中与物流活动相关的各项经济技术指标，还要通过调查研究收集最新的与物流成本决策相关的信息以及对物流成本决策有用的信息，对未来的发展做出合理预测。必要的时候，可以对信息进行加工延伸。

（三）拟定各种备选方案

收集足够的信息后，通过对信息的研究和分析，结合物流成本决策的目标，拟订各种可行的方案。在拟订方案时，应该充分考虑各种可能性，并确保方案在技术上可行、在经济上适宜。方案拟订出来以后，还需要对方案进行初步的评价，这种评价主要是从定量分析的角度来评价方案的可行性。

（四）选出最满意的方案

选定最满意的方案是物流成本决策中最关键的环节，它是指从各种可行的备选方案中，经过充分的论证，全面权衡得失，从中选择最满意的方案。对于各种方案的论证，不仅要从定量的角度分析，还要从定性的角度判断；不仅需要做出财务分析，还需要做出非财务的综合分析。总之，选择方案应该充分考虑各方面的信息。

（五）物流成本决策的实施与反馈

物流成本决策方案一经确定，组织实施就成为关键。物流成本决策方案确定以后，就应该摒弃在方案决策过程中的各种争议，调动企业各方面的力量，确保方案能顺利实施。在物流成本决策方案实施的过程中，必须建立必要的监督机制，以监督物流决策的实施，防止在实施过程中偏离预定的物流目标。如果出现了偏离，物流决策部门应找出偏离目标的差异及其原因，并采取必要的措施消除差异。必要时可以对原方案重新进行决策，使之尽量符合客观实际。

五、物流成本决策的方法

物流成本决策的方法既有定性的方法也有定量的方法，并以定量方法为主。下面介绍一些物流成本决策分析时常用的定量方法。

（一）净现值评价法

利用计算机与网络技术建设先进的订单处理系统与物流信息系统，可以降低订单处理成本、运输成本、仓储成本、库存持有成本及其他物流成本，对于提高企业物流系统的运作效率、改进企业物流管理水平有着重大意义。但是，建设先进的订单处理系统及物流信息系统的固定物流成本相对较高（包括物流系统的开发成本和启动成本等），并且这一高昂的固定物流成本投资代价是在物流系统建设初期一次性投入的。因此，并不是每一个企业都适合投资建设这样的物流系统，即便适合建设的企业，也要根据自己的实际情况确定建设的规模和等级。为了确保投资的合理性，企业应在进行物流系统投资建设之前进行物流成本决策。

企业对建设订单处理系统及物流信息系统进行决策时，可以采用净现值评价（NPV）的方法，即将物流信息系统使用年限内建设运行该系统所可能带来的净现金流量折现值进行累积。当净现值大于零，即物流信息系统带来的物流成本节约的累积现值大于初始投资，则新物流信息系统建设是可行的，否则就不可行。

（二）量本利分析法

量本利分析法是研究决策方案的销量、生产成本与利润之间函数关系的一种数量分析方法，是从目标利润或目标成本出发，来确定合理的物流业务量或物流业务规模的方法。现举例说明。

[例 7-5] 某配送中心某产品的年设计配送能力为 10 000 件，每件产品销售价格为 6000 元，该项目投产后年固定成本总额为 600 万元，单位产品变动成本为 2500 元，单位产品所负担的销售税金为 500 元，若产销率为 100%，试对该项目进行盈亏平衡分析。

解 (1) 盈亏平衡点销量 $= \dfrac{600}{0.6 - 0.25 - 0.05} = 2000$ 件。

(2) 盈亏平衡点销售收入 $= 2000 \times 6000 = 1200$ 万元。

(3) 盈亏平衡点配送能力利用率 $= \dfrac{2000 \times 100\%}{10000} = 20\%$。

计算结果表明：该项目只要达到配送量 2000 件，销售净收入达到 1200 万元，生产能力利用率为 20% 时，该配送中心即可实现不亏不盈。

(三) 决策树法

决策树法是一种用概率与图论中树对决策中的不同方案进行比较，从而获得最优方案的风险型决策方法。决策树的基本原理：运用决策点来代表决策问题，用概率分枝来代表方案可能出现的各种不同的结果，方案分枝代表可供选择的方案。通过计算和比较各种方案的损益值，从而为决策者提供决策依据。

(四) 线性规划法

线性规划法用来解决资源的合理利用和合理调配的问题。具体来说有两个方面：一是当计划任务确定时，如何统筹安排，使资源的耗费最少；二是当资源的数量已经确定，如何做到合理利用、配置，使利润最大化。线性规划的实质是把经济问题转化为数学模型进行定量分析，通过函数极大值或极小值来确定最优方案。现举例说明。

[例 7-6] 某公司的三个工厂生产同一产品，其产量、四个销售点的销量及单位运价如表 7-4 所示，问该公司该如何调运产品，能使总运输成本最少？

表 7-4 产销量及单位运价表 单位：千元

产地	销 售 点				产量/吨
	B_1	B_2	B_3	B_4	
A_1	4	12	4	11	16
A_2	2	10	3	9	10
A_3	8	5	11	6	22
销量	8	14	12	14	

解　(1) 利用最小元素法确定初始调运方案，如表 7-5 所示。

单位：千元

表 7-5　初始调运方案表

产地	销售点				产量/吨
	B_1	B_2	B_3	B_4	
A_1			10	6	16
A_2	8		2		10
A_3		14		8	22
销量	8	14	12	14	

初始调运方案下的总运费为 246 千元 ($2 \times 8 + 10 \times 4 + 11 \times 6 + 2 \times 3 + 14 \times 5 \times 6 \times 8$)。

(2) 初始调运方案的最优性检验。初始调运方案确定后，需要对它进行检验，因为初始调运方案不一定是最优方案。检验的方法有闭回路法和位势法。计算空白格的检验数如表 7-6 所示。

单位：千元

表 7-6　初始调运方案检验数表

产地	销　售　点				产量/吨
	B_1	B_2	B_3	B_4	
A_1	1	2			16
A_2		1		−1	10
A_3	10		12		22
销量	8	14	12	14	

(3) 调整初始调运方案。当空白格的检验数有负数时，说明还不是最优调运方案，需要进行调整。利用闭回路法进行调整 (调整过程略)，调整结果如表 7-7 所示。

单位：千元

表 7-7　初始调运方案调整方案（一）

产地	销　售　点				产量/吨
	B_1	B_2	B_3	B_4	
A_1			12	4	16
A_2	8			2	10
A_3		14		8	22
销量	8	14	12	14	

计算调整后方案的空白格的检验数如表 7-8 所示。

表 7-8　初始调运方案调整方案（一）检验数表　　　　　单位：千元

产地	销　售　点				产量/吨
	B_1	B_2	B_3	B_4	
A_1	0	2			16
A_2		2	1		10
A_3	9		12		22
销量	8	14	12	14	

从表 7-8 中可以看出，检验数都是非负的，则调整方案是最优调运方案，最优方案总运输成本为

$$z = 8 \times 2 + 14 \times 5 + 12 \times 4 + 4 \times 11 + 2 \times 9 + 8 \times 6 = 244 \text{ 千元}$$

其比初始调运方案节约了 2 千元。

（五）经济订货批量法

经济订货批量法 (economic order quantity，EOQ) 是指通过物流成本权衡，以总物流成本最小为目标，进行物流成本决策的经典数量模型。这种方法来源于运筹学中的存储论，用于物流活动中的存储决策。

对于企业而言，为了保证生产的正常进行，必须要有一定量的库存。由于企业生产时要从中取出库存并将其消耗掉，因此，随着生产的不断进行，库存将会不断减少。为了保证生产能够连续不断地进行下去，企业到一定时期必须订货，对库存进行补充。

EOQ 模型大体分为两类：一类是确定型模型；一类是随机型模型。

简单的确定型模型中的基本假设如下：

(1) 不允许缺货，生产时间很短；

(2) 缺货费用无穷大；

(3) 当存储降至零时，可以得到立即补充；

(4) 需求是连续的、均匀的；

(5) 每次订货量不变，订购费用不变（每次生产量不变，装配费不变）；

(6) 单位存储费不变。

根据上述假设，企业 t 时间内总平均费用为

$$C(t) = \frac{C_3}{t} + KR + \frac{1}{2}C_1Rt$$

其中：C_1 为单位存储费用，C_3 为订购费用，R 为需求速度，K 为货物单价，t 为订货时间间隔，$C(t)$ 为总平均费用。对 $C(t)$ 函数求一阶导数，得

$$\frac{\mathrm{d}C(t)}{\mathrm{d}t} = -\frac{C_3}{t^2} + \frac{1}{2}C_1R = 0$$

可得出最佳订货批量为

$$Q^* = \sqrt{\frac{2C_3 R}{C_1}}$$

[例 7-7] 某轧钢厂全年需要材料 3000 吨，每吨年需存储费 2 元，每次订货物流成本为 500 元。请问该企业最佳订货批量是多少？最佳订货次数是多少？

解 最佳订货批量为

$$Q^* = \sqrt{\frac{2C_3 R}{C_1}} = \sqrt{\frac{2 \times 3000 \times 500}{2}} = 1224.74 \text{ 吨}$$

$$\text{最佳订货次数} = \frac{3000}{1224.74} \approx 3 \text{ 次}$$

（六）价值工程分析法

价值工程分析法是指以物流功能分析为中心，使得各项物流作业达到相应的价值，即用最低的物流成本来实现和创造物流服务应具备的必要功能的一项有组织的决策方法。

价值工程分析法的核心是在物流活动和物流服务设计时，对物流服务进行功能分析。在物流成本决策时，价值工程分析法既可以在设计局部物流活动或服务时运用，也可以在设计整个物流系统时运用。由于物流系统设计是构成企业内部物流作业链的首要环节，所以对价值功能的实现、服务方式的确定、物流作业的流程乃至企业整体物流作业链都具有关键性的影响。运用价值工程分析的原理和方法，合理安排企业的物流作业活动，正确选择物流作业方式。在设计物流系统时，价值工程分析工作的开展具体包括以下 5 个阶段。

1. 选择价值工程分析对象

企业没有必要对所有的物流作业活动和方式都进行价值分析，也没有必要对一项物流作业活动的所有方面都展开价值分析，而应有所选择。一般而言，价值工程分析对象的选择方法主要有五种：因素分析法、ABC 分析法、强制确定法、百分比分析法和价值指数法。

2. 收集可靠信息

分析对象确定以后，应根据分析对象的性质、范围和要求来收集可靠的信息，需收集的信息应包括企业的基本情况（如经营方针、产品品种、质量等），有关的技术和经济资料（如本企业或同类企业物流活动的内容、方式、物流流程及物流成本等），客户的有关意见（如客户对物流服务的要求、目前存在的问题等）。

3. 对分析对象进行功能分析

功能分析是价值工程分析的核心，它包括功能定义、功能整理和功能计量等内容。功能定义不宜太长，以简洁为好。功能整理是指用系统的观点将已经定义的物流功能加以系统化，找出物流各局部功能相互之间的逻辑关系，并用图表形式表达，建立物流功能系统图。功能计量是指以物流功能系统图为基础，依据各个物流功能之间的逻辑关系，以物流整体功能的定量指标为出发点，逐级测算、分析，确定各级物流功能程度的数量指标，揭示出各级物流功能中有无功能不足或功能过剩的情况，从而为保证必要功能、剔除过剩功能、补足功能不足的物流活动 (如功能评价、方案创新等) 提供定性与定量相结合的依据。

4. 功能评价

功能评价，即评定物流功能的价值，它是指找出实现物流功能的最低费用作为功能的物流目标成本，以功能目标成本为基准，通过与功能实际成本的比较，求出两者的比值 (功能价值) 和两者的差异值 (改善期望值)，然后选择物流功能价值低、改善期望值大的功能作业作为价值工程活动的重点对象。

5. 确定最优方案

做出分析结果之后，根据客户的需求，可以提出若干改进方案，并对这些方案进行分析评价，选择物流功能不变而物流成本最低或物流成本不变而物流功能更高的方案。原则上选择物流功能价值系数大于 1 或小于 1 的物流作业环节作为改进对象，因为功能价值系数等于 1，表明该作业环节的功能与物流成本平衡，无须改进；功能价值系数小于 1，表明功能重要性小的物流作业环节占用了过多的实际物流成本；功能价值系数大于 1，表明功能重要性大的物流作业环节占用了较少的实际物流成本。

本章思考题

1. 什么是物流成本预测？
2. 物流成本定量预测分析方法都包括哪些？
3. 什么是物流成本决策分析？
4. 物流成本决策分析的基本步骤是什么？

案例分析

转动 "运筹学" 的魔方

1998 年 8 月，全球最大的管理咨询公司安达信咨询公司为和光集团做了一个重要的咨询项目，提交了一份几十页的最终报告，和光集团因此出现了一个全新的部门 —— 物流中心。从配备人员、组织机构，到设计业务模式、运作流程，再到内部管理机制和对外关系的建立，和光物流中心逐步建立起从境内外提货开始直至送达到销售员手上为止的整个物流运作体系，其服务范围包括按照产品线经理的指令实施境内外的提货、境外转运、进口报关、国内分货、国内运输、仓储及订单配送等管理和服务；提供相应物流运作过程中的信息反馈和为集团相关管理部门提供掌控和考核各产品线经营状况的依据；协助各产品线经理从专业的角度规范上游厂商、下游客户有关物流运作方面的管理。

和光集团物流总监陶传志说，"从一开始，物流中心的运作就是在安达信的几位资深专家的协助下开展的，因此，其规范的程度属于国内的一流水准。由于运作模式上发生了根本的变化，许多历史遗留的管理漏洞得到了较为彻底的堵塞，另外还扫除了诸多的管理盲点。"

根据 1999 年上半年的运营数据来看，物流中心实际发生的费用 (抵消其直接创造的利润) 约占其年初预算额的 1/3，而其运作成果是使集团的平均成本下降了 1% 左右。如果以集团 1999 年近 20 亿的销售收入来计算，全年节约成本近 2000 万。

据说，大名鼎鼎的微软在美国招募编程工程师的时候，笔试的最后一道试题是与计算机技术毫无干系的运筹学，名为 LQ(运筹商数，对应于 IQ、EQ) 测试。有一年的题目是：几个人在黑夜里同向过一座独木桥，每人过桥的时间长短不同，每次只能过两个人，而且需要往返运送唯一的手电筒，求最节约时间的过桥方式。

实际上，这种试图寻求最优化方案的运筹能力就是一种系统性思考的能力，这对和光物流中心的运作来说是至关重要的。从前，由于缺乏这种系统性的思考，和光集团在全国范围内的分货、调拨和运输方式，有很多都大大有悖于运筹学的基本原理。比如，有时候从北京调到广州的货又从广州原封不动地调到上海，人力、财力、物力的浪费十分惊人，直接导致储运成本居高不下，而且贻误了最佳的销售时机。为此，和光物流中心从一开始就决定用"全国一盘棋"的新运作模式，重新运筹集团的物流：首先把分布在广州、上海、北京、沈阳四大中心库位的人员和业务的隶属关系划至物流中心统一管理，这样就相当于为几条呈放射状的线找到了一个共同的圆心，或者说神经中枢。接着，物流中心对运输的方式又做了大幅度的调整。从前，集团货物的运输方式 80% 以上都采用铁路运输的方式，这几年国内高速公路网的大力建设，汽车运输的成本已降至铁路运输的 1/2 左右，而且货物的破损率、丢失率大大低于铁路运输，更为重要的是，汽车运输的机动程度、辐射能力和即时性都好于铁路运输。所以，物流中心总监到广州等四大中心库位的所在地，从价格、服务、运力等几方面全面衡量筛选承运商，利用规模优势，大大降低了运输成本。比如，从大连到沈阳的单程运费市价为 1500 元左右，其中，仅承运商可以计算出来的成本就达 700 多元，而全面委托后单程运费破天荒地降至 800 元，承运商从和光集团这儿几乎分文都赚不到，其利润将主要来源于抵达沈阳后的空车配货。随后，物流中心加强了对内部员工的培训，制定了一系列的管理规范，严格控制装卸费等有可能存在管理黑洞的费用支出，缩短了对库存商品的盘点周期，加大了盘点的力度，全面实施日盘、周盘、月盘、季盘和年盘的五级盘点制度，大大提高了集团资产的安全程度。进口部则重新理顺了与海关、商检、卫检、经贸委等政府部门的关系，提高了进口报关的速度，并根据国家相关法律法规和政策，合理选择进口途径和方式，以降低进口成本，减少资金占用和进口费用。

著名数学家华罗庚曾对运筹学下了个贴切而又绝妙的定义 —— "用烧开水的时间找茶叶"。就在和光物流中心 52 名员工合力转动的"运筹学"的魔方里，大量的行销成本被无情地压了下来。物流中心的经理们一直有一个心愿，就是在不远的几年内把集团的行销成本统统吃掉，那样和光集团在国内 IT 分销市场上将无人可敌。

第八章　物流成本预算

学习目标

◆ 了解物流成本预算分析的作用
◆ 了解物流成本预算的分类
◆ 掌握物流成本预算的构成
◆ 掌握物流成本预算的编制

任何一个企业的物流资源，包括物流人员、设备和工具、资金等都是有限的，作为企业物流部门的目标就是以有限的物流资源取得最大的物流效果。因此，企业在开展物流活动时就必须做好物流成本预算。

第一节　物流成本预算概述

物流成本预算通常是指以货币形式反映的企业未来一定期间的物流成本水平。物流成本预算的目的在于挖掘企业内部潜力，降低物流成本耗费，保证企业物流成本目标的完成。物流成本预算是物流成本分析与控制的重要环节之一。

一、物流成本预算分析的作用

（一）有助于明确物流成本目标

企业的物流管理目标通过物流成本目标得到体现，而物流成本预算则是具体化的物流成本目标。通过编制物流成本预算，企业物流系统的整体目标层层分解为各个部门、人员和经营环节的具体目标，有助于各部门及职工了解本部门的经营活动与企业物流管理目标之间的关系，明确各部门在企业经营活动中尤其是物流活动中应达到的水平和努力的方向。另外，通过编制物流成本预算，可以有效权衡各部门的工作计划，使各个部门、运营者的目标有机地结合起来，明确它们之间的数量关系，有助于各个部门和运营者通过正式渠道加强内部的沟通并相互协调、紧密配合，从而保障企业物流系统整体目标的实现。

（二）有助于控制各个部门的日常物流活动

物流成本预算确定并进入实施阶段后，物流成本管理的重心转为物流成本控制。在日常的物流活动中，有关部门和单位应以物流成本预算为依据，通过计量、对比及时提供实际执行结果与预算标准之间的差额，分析其原因，及时采取有效措施纠正偏差，以保证预算任务和目标的顺利实现。

（三）有助于开展物流活动业绩评价

物流活动业绩评价也是物流成本分析与控制的一项重要内容。物流成本预算是评价企业物流部门、人员及各物流环节工作业绩的重要依据之一。通过物流成本实际执行结果与物流成本预算的比较分析，可以检查和评价企业物流各部门、人员及各环节物流成本计划任务的完成情况。将物流成本的实际消耗情况和物流成本预算进行对比，更能评价企业物流成本管理水平是否已经达到了应有的程度。

二、物流成本预算的分类与构成

物流成本预算按照不同的标准有不同的分类，主要有以下几种类型。

（一）按照物流成本编制的依据划分

按照物流成本编制的依据不同，可将物流成本预算分为形态别预算、功能别预算、范围别预算和对象别预算。

(1) 形态别预算。它包括人工费、材料费、折旧费、一般经费和特别经费的预算，形态别预算有利于评价、分析企业一定时期内的财务状况。

(2) 功能别预算。它包括运输成本预算、仓储成本预算、包装成本预算、装卸搬运成本预算、流通加工成本预算、物流信息成本预算、物流管理成本预算。这种形式的物流成本预算能够提高各个物流部门及其参与人员进行物流成本控制的积极性。只要将实际执行结果与预算物流成本进行比较，就可以掌握各个部门执行物流成本预算的情况，便于将责任进行归属。

(3) 范围别预算。它包括供应物流成本预算、生产物流成本预算、销售物流成本预算、回收物流成本预算和废弃物物流成本预算。这种形式的预算可以规划出预算期内各个领域中的物流成本支出数目，因此可作为各物流领域工作人员降低物流成本的目标。

(4) 对象别预算。按物流成本发生对象编制的物流成本预算称为物流成本对象别预算，它包括产品物流成本预算、地区物流成本预算、客户物流成本预算等。这种形式的预算可以实现物流重点管理，加强企业物流成本支出的重点控制，从而提高物流管理与控制的有效性。

（二）按照物流成本的形态划分

按照物流成本的形态不同，可分为变动物流成本预算和固定物流成本预算。为了提高物流成本预算的准确度，有必要将物流成本分解为变动物流成本和固定物流成本，并分别编制预算。

（三）按照物流成本的可控性划分

按照物流成本是否可以为现场物流管理者所控制或施加影响，可分为可控物流成本预算和不可控物流成本预算。可控物流成本是指现场物流管理者有权对物流成本的支出做出决策，必须对物流成本支出和绩效负责的成本。不可控物流成本是指现场物流管理者不拥有物流成本的决策权限，不对成本支出结果负责的物流成本。

（四）按照物流成本变动产生的原因划分

按照物流成本变动产生的原因不同，可分为金额预算和物流量预算。

一般进行物流成本预算时主要是对物流成本的金额进行预算，并没有对具体的物流量进行分析。由于物流成本的金额等于物流量与单价预算的乘积，如果物流成本的上升是由物流量的增加引起的，则需进一步分析具体是由于哪个领域的物流量增加而引起的，进而明确责任。

物流成本预算的各种类型彼此之间相互联系、相互补充，共同构成了一个有机的整体，如图 8-1 所示。

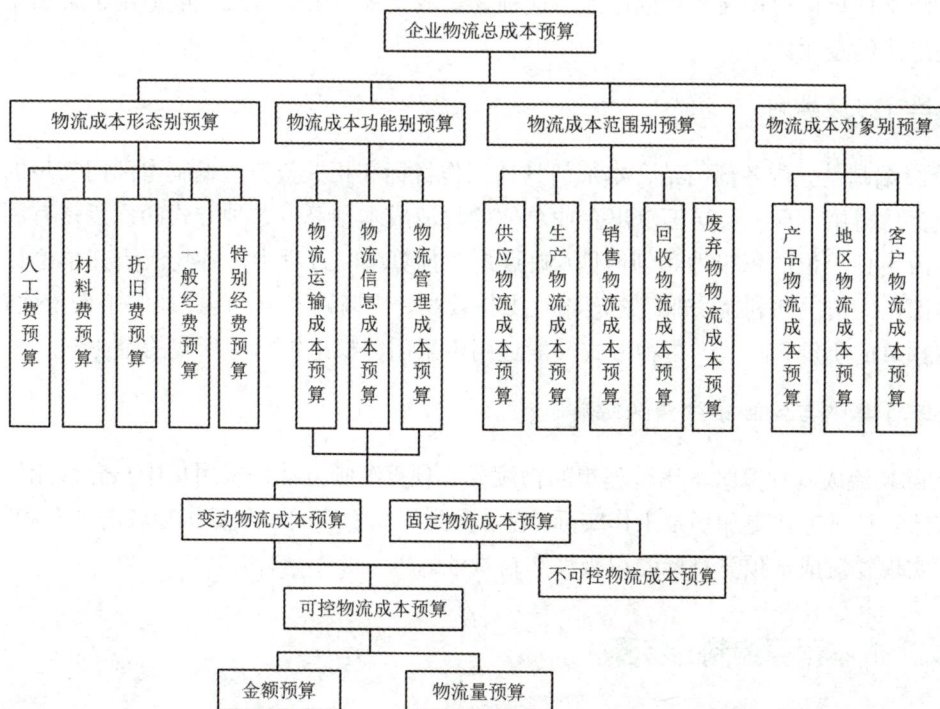

图 8-1　物流成本预算系统图

第二节　物流成本预算的编制

编制物流成本预算是企业物流成本管理与控制的重要内容，同时也是一项非常复杂的系统工程。因此，物流成本预算的编制有赖于企业最高管理部门的支持和物流系统内各部门的通力合作。实践中，往往要成立一个物流成本预算委员会，负责物流成本预算的指导、协调工作。

一、物流成本预算的组织方式

物流成本预算的编制按组织方式不同，可分为集中编制、分级编制以及集中与分级相结合的编制方式。

（一）集中编制

集中编制是由企业最高管理层会同物流成本预算委员会集中编制企业的物流成本预算的方法。这种方法的优点是便于统一指挥和调度，部门之间容易协调；缺点是可能会遏制各物流责任单位的积极性和创造性。这种物流成本预算组织方式一般适用于采用集权组织结构形式的企业。

（二）分级编制

分级编制是先由各部门结合本部门具体工作目标和相关资料，编制本部门初步的物流成本预算，再由下至上层层汇总出企业总体的物流成本预算。这种方式的优点是有利于调动各物流责任单位的积极性和创造性；缺点是在预算编制过程中，各物流责任单位往往只关注本部门的情况和利益，部门之间相互支持较少，协调较困难，因此编制工作量比较大，会影响预算的质量和时效。这种方式一般适用于采用分权组织结构形式的企业。

（三）集中与分级相结合的编制

实际物流成本预算时，比较理想的物流成本预算编制方法是采用集中与分级相结合的编制方式。这种方式更加切合工作实际，容易得到广大物流成本预算执行者的理解和支持，增强了实现物流成本预算目标的积极性和自觉性。

二、物流成本预算编制的步骤

无论哪种方式编制物流成本预算，一般都经过以下几个步骤。

(一) 收集和整理有关材料

根据企业物流成本管理与控制的总体目标和具体要求，要广泛收集和整理所需要的各项基础资料，并进行分类和整理。具体材料包括：计划期内物流成本预测情况和物流成本控制目标；企业历史相关物流成本分析材料；有关物流费用开支的标准；与物流成本预算相关的企业生产经营计划资料等。

(二) 分析上年度物流成本预算的执行情况

物流成本预算之前，要对上年度物流成本预算的执行情况进行分析，尤其要将上年度具有可比性的实际物流成本与预算物流成本进行对比，揭示差距查找原因，并总结经验和已获得的降低物流成本的有效途径和方法。

(三) 预算相关因素变动对实现物流成本目标的影响

根据物流成本管理与控制的目标，考虑预算期影响物流成本升降的因素，反复研究降低物流成本的措施，使企业对于计划期能否完成预定的物流成本目标做到心中有数。

(四) 编制正式物流成本预算

在以上分析的基础上，充分考虑相关因素变动对实现物流成本管理目标影响的基础上编制企业正式的物流成本预算，并制定保证物流成本预算实现的措施。

三、物流成本预算编制的内容

实施物流成本分析与控制，需要将实际发生物流成本与预算物流成本进行比较，再在此基础上实施物流成本控制，评价物流成本管理与控制工作业绩。所以，物流成本预算也应尽可能按照物流成本核算对象的有关内容进行编制。

(一) 按物流成本项目编制物流成本预算

按物流成本项目编制物流成本预算，可以规划出企业计划期内各物流成本项目支出数据，并以此作为企业从物流成本项目角度降低物流成本的依据，具体包括物流功能成本和存货相关物流成本预算。

(二) 按物流成本范围编制物流成本预算

按物流成本范围编制物流成本预算，可以规划出企业预算期内各范围物流成本支出数据，并以此作为企业从范围角度降低物流成本的依据。一般可以上年度实际发生的物流成本相关数据为基础，结合计划年度不同范围物流作业量的变化以及物流成本降低目标，采用概算法，编制计划年度各个范围的物流成本预算。

（三）按物流成本支付形态编制物流成本预算

按物流成本支付形态编制物流成本预算，可以规划出企业预算期内各物流成本支付形态支出数据，并以此作为企业从物流成本支付形态角度降低物流成本的依据。这种形式编制的物流成本预算，与现行会计核算系统接轨，有利于评价分析一定时期内物流系统的财务成本状况，但不利于从物流成本管理与控制的角度加强物流成本分析和评价。

四、物流成本预算编制的方法

物流成本预算编制的方法有很多，主要包括固定预算和弹性预算、增量预算和零基预算、定期预算和滚动预算等。

（一）固定预算和弹性预算

1. 固定预算

固定预算又称静态预算法，是指在编制预算期内以某一固定业务量为基础编制预算的一种方法，一般适用于固定成本比较稳定的物流成本预算项目。

[例 8-1]　某一配送中心有一仓库，仓储面积为 10 000 平方米，仓库出租面积占总面积的 90%，租金为每季度 20 元 / 平方米。假设租金是每个季度收回，预算该配送中心 2016 年仓库的租金收入。

解　利用固定预算法编制配送中心仓库租金收入预算如表 8-1 所示。

表 8-1　2016 年四季度的仓库租金收入预算表　　　　单位：元

季度	一季度	二季度	三季度	四季度	总计
租金收入	180 000	180 000	180 000	180 000	720 000

固定预算在编制过程中的基础业务量水平是一固定量，一旦实际的业务量与事先预定的业务量相差较大时，必然会导致所预算的相关物流成本与实际发生的物流成本相差较大，失去可比性，不利于开展物流成本控制与考核。

2. 弹性预算

弹性预算也称变动预算，是指为了克服固定预算法的缺点，以预算期内可预见的各种物流业务量为基础编制物流预算的一种方法。弹性预算编制的基础不是固定的物流业务量，而是在一个可预见的物流业务量范围内，编制出一套能适应多种业务量水平的物流成本预算。

当企业规模和业务量水平不断变化时，弹性预算法预算出的物流成本能够随着物流业务量的变化而灵活调整，使预算水平能真实反映所发生的物流成本支出。使用弹性预算法，首先将物流成本分为固定物流成本和变动物流成本，然后在可预见的物流业务量范围内，按照一定的业务量间隔，根据变动物流成本与物流业务量之间的关系，分析确定其预算额，不同物流业务量下的变动物流成本预算额是不相同的；固定物流成本则在相关物流业务量范围内保持不变，从总额的角度编制预算即可，不同物流业务量下的固定物流成本预算额是保持不变的。

弹性预算的编制，常用的方法有公式法和列表法。

(1) 公式法。根据物流成本习性，各种物流成本都可以近似地建立如下公式：

$$Y = a + bX$$

式中：a 为固定成本，b 为单位变动物流成本，X 为业务量。

常数 a、b 可以根据企业过去的相关数据，利用高低点法或线性回归法计算出具体数值。

[例 8-2]　某公司 2014—2019 年有关出货量和搬运费的数值如表 8-2 所示。

表 8-2　某公司 2014—2019 年出货量和搬运费表

年份	出货量 / 万台	搬运费 / 万元
2014	100	30
2015	120	36
2016	150	41
2017	130	37
2018	200	50
2019	180	48

预计该企业 2020 年产品的出货量为 240 万台，根据已知数据，利用高低点法确定 2020 年搬运费的预算数。

解　令 Y 为搬运费，a 为固定搬运费，b 为每台产品的变动搬运费，X 为出货量，则利用高低点法的原理，得

$$b = \frac{高点搬运费 - 低点搬运费}{高点出货量 - 低点出货量} = \frac{50 - 30}{200 - 100} = 0.2\ 万元$$

将 $b = 0.2$ 代入高点业务量时的相关数据，得

$$a = 50 - 200 \times 0.2 = 10\ 万元$$

或将 $b = 0.2$ 代入低点业务量时的相关数据，得

$$a = 30 - 100 \times 0.2 = 10\ 万元$$

即得搬运费的公式为

$$Y = 10 + 0.2X$$

将 2020 年的产品出货量 240 万台代入该公式，得出 2020 年企业的搬运费为

$$Y = 10 + 0.2 \times 240 = 58\ 万元$$

利用弹性预算法的优点是在一定的物流业务量范围内，可以方便地计算各个物流业务量水平下的物流成本；其缺点是需要对物流成本进行分解，而且不能直接显示特定物流业务量水平下的物流成本。

(2) 列表法。列表法是指在一定业务量范围之内，确定一个业务量的间隔水平，然后对具体间隔水平的业务量进行预算，以反映一系列不同业务量水平下的预算数据。列表法在一定程度上克服了弹性预算法不能直接显示特定业务量水平下的物流成本的不足。

利用列表法进行物流成本预算时，物流业务量变动范围应满足其业务量实际可能变动的需要，一般可以将业务量范围确定在正常业务量的 60% ~ 120% 之间，也可以将历史上的最低业务量和最高业务量分别作为业务量范围的下限和上限。另外，业务量的间隔不能过大，也不能过小，通常以 5% ~ 10% 为宜。

[**例 8-3**] 某企业运输部门一年的固定物流成本是 35 万元，单位变动运输成本是 0.3 元 / 千米。该运输部门正常情况下年运输能力为 550 万千米，按正常运输量的 60% ~ 120%，以 50 万千米为运输量间隔。利用列表法编制该运输部门的运输费用预算。

解 该企业运输部门的运输费用预算列表如表 8-3 所示。

表 8-3　运输费用预算

运输量 / 千米	330	380	430	480	530	580
变动运输成本 / 万元	99	114	129	144	159	174
固定运输成本 / 万元	35	35	35	35	35	35
总运输成本 / 万元	134	149	164	179	194	209

列表法能够直观地展示不同物流业务量水平下的预算数据，可以方便地找到邻近业务量的物流成本预算数据，有利于对预算的控制。缺点是列表中的业务量是有限的，实际物流业务量往往与预算表中的业务量不一致，需要利用插值法来计算实际物流业务量的物流成本预算标准。

（二）增量预算和零基预算

1. 增量预算

增量预算又称调整预算法，是指以上年度物流成本实际支出为基础，结合预算期业务量水平以及有关物流成本降低措施，通过调整部分原有项目成本水平而编制的物流成本预算。

增量预算法的编制是在如下假设的基础上进行的：一是现有的物流成本费用支出是合理的；二是基期的各项物流业务量都是企业所必需的；三是未来的物流成本费用都是在现有费用基础上调整的结果。

增量预算是在企业现有生产经营水平的基础上编制的，它充分考虑了企业的实际经营情况，预算的编制具有一定的连续性，适用性较好。另外，增量预算的编制简单明了，编制的预算容易被企业各个部门和员工所接受。

但是，增量预算假设现有的物流支出都是合理的，这样不合理的支出也会被视为合理，而将不合理的支出合理化，容易导致保护落后。值得注意的是，增量预算容易导致物流预算编制的简单化，滋长平均主义，不利于企业的长远发展。

2.零基预算

零基预算是指在编制预算时不考虑现有经营情况的影响，不受过去发生的成本费用的约束，所有成本费用都是以零为出发点，从企业的客观情况出发，逐项分析和审议预算期各项费用的内容和开支标准是否合理，在综合平衡的基础上编制费用预算的一种方法。

利用零基预算进行物流成本预算的基本步骤如下：各部门根据企业的总体物流预算目标来确定各部门的物流预算目标，以零为出发点，分析本部门的物流业务成本费用开支情况，编制部门物流成本预算；企业物流预算编制部门汇总各部门的物流预算，对各部门的预算进行分析讨论，确定各项物流成本费用的轻重缓急；企业根据资金情况，首先保证不可延缓项目的资金需求，兼顾一般项目的资金需求，综合平衡安排资金。

零基预算不受历史物流成本的约束，一切从企业的实际物流情况出发，将资源投入到必需的项目中去，最大限度发挥资金的使用效益。在编制预算的过程中，各部门从实际出发，能充分调动本部门员工的积极性和创造性去降低物流成本费用的支出。但是，除了以上优点，零基预算也有其缺点：编制工作量较大、时间长，重点不突出。

[例8-4]　某企业的部门根据企业目标和本部门的物流业务，提出计划期各项费用，如表8-4所示。在企业规划中，部门使用的资金为73万元，利用零基预算法编制企业2019年物流成本费用的预算。

表8-4　部门计划期费用　　　　　　　　　　　　　单位：万元

费用项目	费用标准
人员费用	30
设施设备折旧费	5
材料采购费	4
广告宣传费	20
仓库保管费	2.5
物流信息费	12

解　(1)根据收集的企业历史资料，对部门的各项费用进行"成本—收益分析"。

在表8-4中的各费用项目中，材料采购费和仓库保管费与物流业务量相关，属于变动物流成本费用；人员费用和设施设备折旧费属于约束性固定物流成本，是企业不可缺少的费用支出。广告宣传费和物流信息费需要做进一步的分析，根据以往的平均费用金额和相应的平均收益金额，计算广告宣传费和物流信息费的物流成本效益比，如表 8-5 所示。

表 8-5　广告宣传费和物流信息费的物流成本收益分析

费用项目	平均费用 / 万元	平均收益 / 万元	物流成本效益比
广告宣传费	2	40	1:20
物流信息费	4	40	1:10

(2) 根据对以上资料的分析，可以安排各项费用的开支顺序。

材料采购费和仓库保管费是必需的开支项目，需全额保证，列为第一层次；人工费和设施设备折旧费列为第二层次；广告宣传费的收益率高于物流信息费，列为第三层次；物流信息费列为第四层次。

(3) 分配资金，落实预算。部门可使用的资金为 73 万元，利用零基预算得出各项物流成本的预算如表 8-6 所示。

表 8-6　部门零基预算报告 (2019 年)

费用项目	优先级	预算费用 / 万元
材料采购费	1	4
仓库保管费		2.5
设施设备折旧费	2	5
人员费用		30
合计		41.5
广告宣传费	3	$(73 - 41.5) \times 2/3 = 21$
物流信息费	4	$(73 - 41.5) \times 1/3 = 10.5$

(三) 定期预算和滚动预算

1. 定期预算

定期预算是指在编制预算时，以固定的期间作为预算期的一种编制预算的方法。预算期一般与会计核算时间保持一致，通常为一年，以便对预算执行结果进行考核和分析。

预算编制是建立在一定预测基础上的，当实际情况发生变化时，实际物流成本和预算物流成本就会发生较大的差异。另外，预算物流成本在预算期内不做调整，随着时间的推移和条件的变化，预算与实际脱节的可能性就越来越大。

2. 滚动预算

滚动预算又称连续预算法，是指在预算时随着时间的推移和预算的执行，不断延伸预算的时间，逐期滚动，并不断补充新的预算，使预算期永远保持一个固定期间的一种预算方法。

滚动预算一般以年度作为预算期间，采取按月或季度滚动的方式编制预算。编制过程中采用"远粗近细"的原则，以达到指导近期物流活动的目的。例如按月滚动进行预算时，对预算编制期内第一个月的物流预算进行精确的细分，第一个月结束以后，根据物流预算执行情况和物流环境的变化，及时对物流活动进行必要的调整，将第二个月的预算进行细分，同时补充一个月到预算期，以便保持一个完整的年度预算。

[例 8-5]　某企业对 2015 年的物流成本进行预算，按季滚动方式编制的滚动预算示意图如图 8-2 所示。

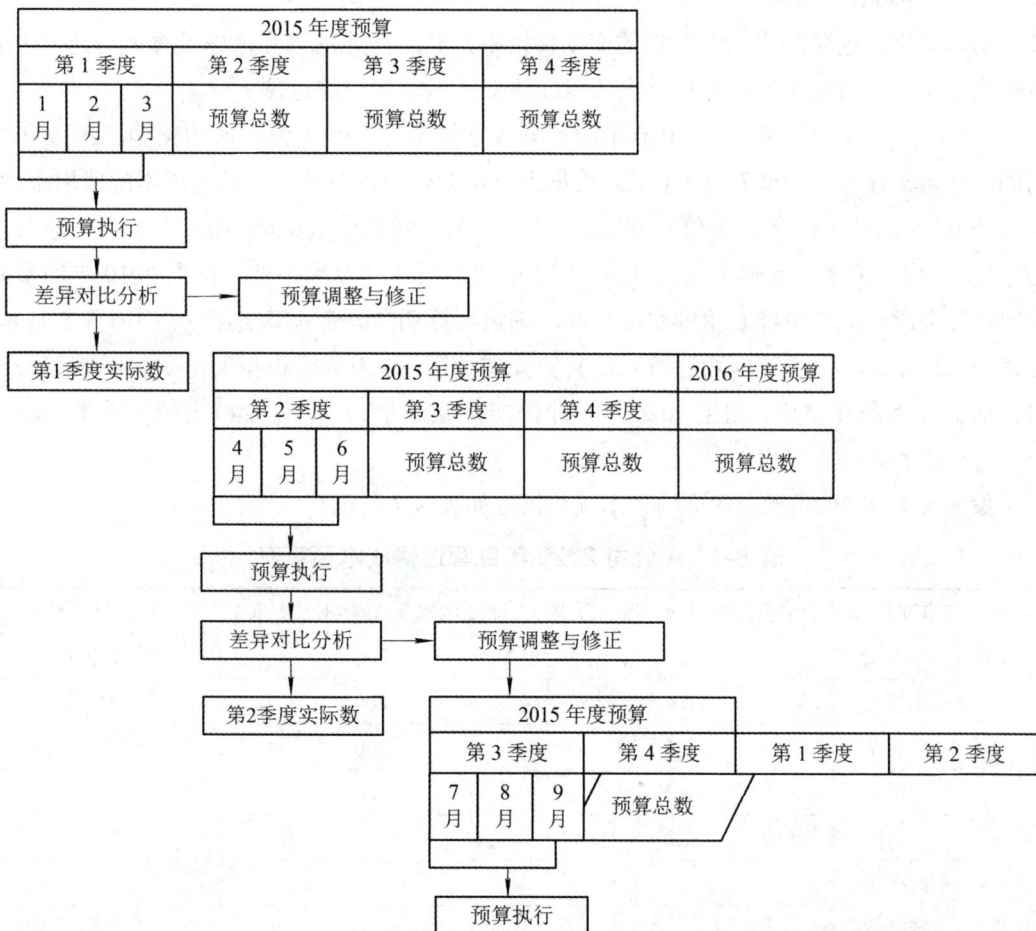

图 8-2　按季滚动预算法编制的预算示意图

滚动预算法利用"远粗近细"的原则，将企业的近期物流经营目标和长远规划结合起来，具有连续性和稳定性，能根据企业实际物流环境变化和企业物流管理目标的变化，及时修改后续预算。

五、物流成本预算编制实例

由于企业的物流成本可以依据不同标准进行分类核算，因此，物流成本预算也可以依据不同的标准进行分类编制。下面以物流成本功能别预算编制举例说明。

1. 运输成本预算编制

由于运营方式不同，企业的运输成本包括外包运输成本和自营运输成本。外包运输成本企业以劳务费用的形式支付给承运企业。例如，采用水路运输，其运费可按水路标准运费率乘以运输量计算确定。

自营运输成本既包括固定运输费用，也包括随运输业务量的增减而成比例变化的变动运输费用。例如，燃料费、折旧费、养路费等属于固定运输成本。为了计算预算期的各项变动运输费用，通常先求出上一期的变动费用率，然后在此基础上考虑预算期可能发生的各种变动，适当进行调整，最后得出预算期该变动运输费用的总额。

[例 8-6] A 公司要编制 2020 年的运输成本预算。经相关业务部门预测，2019 年公司的产品运输任务为 200 万吨·千米。根据上一年的资料，各项变动运输成本的费用率为：燃料费 0.7 元 / 吨·千米，维修费 0.4 元 / 吨·千米，轮胎费 0.6 元 / 吨·千米，其他费用为 0.3 元 / 吨·千米。经过分析，认为 2020 年的各项变动费率不变。根据 2019 年的实际情况，并考虑预算期可能发生的实际情况，确定预算期的固定预算费用为：折旧费 5 万元，养路费 2.5 万元，交通管理费 3 万元，其他固定费用 1.5 万元。根据所给资料编制该公司自营运输成本预算报告；如果 2020 年企业的实际完成量为 140 ～ 240 万吨·千米，编制企业运输成本弹性预算表。

解 A 公司 2020 年自营运输成本预算报告如表 8-7 所示。

表 8-7 A 公司 2020 年自营运输成本预算表

物流成本项目		变动费用率 /(元 / 吨·千米)	计划运输量 /(万吨·千米)	费用预算 / 万元
变动运输费用	燃料费	0.7	200	140
	维修费	0.4	200	80
	轮胎费	0.6	200	120
	其他	0.3	200	60
	小计	2.0		400
固定运输费用	折旧费			5
	养路费			2.5
	管理费			3
	其他			1.5
	小计			12
合计				412

A 公司 2020 年自营运输成本弹性预算如表 8-8 所示。

表 8-8　A 公司 2020 年自营运输成本弹性预算表

物流成本项目		变动费用/（元/吨·千米）	实际运输量/（万吨·千米）					
			140	160	180	200	220	240
	燃料费	0.7	98	112	126	140	154	168
	维修费	0.4	56	64	72	8	88	96
	轮胎费	0.6	84	96	108	12	132	144
	其他	0.3	42	48	53	6	66	72
	小计	2.0	280	320	359	166	440	480
固定运输成本/万元	折旧费		5	5	5	5	5	5
	养路费		2.5	2.5	2.5	2.5	2.5	2.5
	管理费		3	3	3	3	3	3
	其他		1.5	1.5	1.5	1.5	1.5	1.5
	小计		12	12	12	12	12	12
合计/万元			292	332	371	178	452	492

2. 仓储成本预算

根据运营方式不同，仓储成本分为外包仓储成本和自营仓储成本。企业支付给负责产品仓储的企业外公司的保管费就是外包仓储成本。自营仓储成本预算要比外包仓储成本预算复杂得多。首先要划分出固定仓储成本和变动仓储成本，与仓储业务量相关的费用划为变动仓储成本，例如搬运费、检验费等；属于固定仓储成本的有仓储设备及土地的折旧费、维修费等。

3. 包装成本预算编制

包装成本可分为直接包装成本和间接包装成本。与商品包装业务量大小直接有关的费用属于直接包装成本，例如直接材料费、直接人工费等；间接包装成本是指与各种商品包装有关的共同费用，例如间接材料费、间接人工费等。

本章思考题

1. 什么是物流成本预算？
2. 物流成本预算的作用有哪些？

3. 什么是物流成本弹性预算，如何编制？

4. 什么是物流成本滚动预算，如何编制？

案例分析

某计算机生产企业的物流成本预算

某公司是一家生产一系列电子计算机的企业，通过各地销售中心售予批发商与零售商。同时，公司对国有企业及大型工业用户采取直营方式。

在过去的预算制度下，物流费用是依据固定基础编制的。每年10月，会计部门会送给各地销售中心经理有关上一年度物流费用支出及截至目前的当年物流费用支出的统计资料。这些经理会根据这份资料、来年的物流业务量预估及本身的判断，提出次年部门物流费用预算。这份资料再送交负责地区业务的部门经理，由其审查是否合理及作必要的修正。

部门经理与各相关部门主管研究并调整差异后，将各地销售中心物流费用预估汇总成一份物流费用总预算，这份预算再提交预算委员会作最后的核准。为了达到控制物流成本的目的，物流预算数字被分成12等份，以便能将每月实绩与预算数字作比较。新上任总裁认为现行办法有两个主要缺陷：

第一，任何人对中心主管提出的预估值都有相当的保留意见。由于上一年的物流费用支出随着销售环境和条件的变化，不可能与次年相同，不宜作为次年的标准。

第二，在确定物流成本预算后，情况可能发生重大变化，预算却未作相应的调整。现行预算既未与实际业务量建立联系，也未与物流活动互相配合。新总裁认为物流业务量增加，费用即使不是直线增加，也应该同方向变化，但现行办法没有考虑到这一点。

为了改正现行预算制度的缺点，新总裁希望将物流成本分为固定成本与变动成本来确定物流成本预算标准。总会计师赞成采用此观念，他开始着手研究物流费用的合理确定方式。几年来，会计部门曾对物流费用作过一番分析，分析结果用于产品别、客户别、地区别的物流成本分摊，有时候还用于解决特殊问题，这些分析资料对于总会计师很有帮助。

总会计师认为，物流固定费用可以根据最低可能物流业务量进行核算。因此，他要求部门经理找出公司最低物流业务量及该数量下的物流费用支出。助理人员利用长期物流活动演变及同行业的成长状况进行资料分析，部门经理根据这一分析结果得出公司最低物流业务量不会低于现有物流能力的65%。部门经理接着想核算在该物流业务量下应有的费用支出。经由助理人员的协助，他仿真了一个相当于65%业务量的分支单位。假定其所需要的人力依现行工资率标准确定这一组织的工资费用，同时也预估诸如折旧费、维修费、物流管理费等各项费用在最低业务量下应有的水平。

　　总会计师根据往年资料，利用线性回归法导出物流成本项目与物流业务量间的函数关系，从而估计变动费用；再利用对各项物流成本未来趋势的判断，确定各项变动费用的单位变动率，并通过函数关系表达式，确定当物流业务量为零时的物流费用金额，即为固定费用。

　　每年的物流费用预算即可根据新标准固定物流成本加上变动物流成本而得，这份预算提报预算审核委员会审查其可行性，经修改后核准实施。

　　公司总会计师还希望每月将各销售中心的物流实绩与物流预算相比较，预算的变动部分将调整至当月份实际物流业务量水平。

【案例讨论：】

　　你认为上述案例中物流成本新的预算编制方式与原有方式相比，其优点在哪里？

第九章　物流成本控制

学习目标

◆ 了解物流成本控制的含义和原则
◆ 掌握物流成本控制的步骤与程序
◆ 掌握物流成本控制的方法
◆ 掌握综合物流成本控制的策略

第一节　物流成本控制概述

一、物流成本控制的含义

物流成本控制是指企业在物流成本的形成过程中，根据物流成本的预定目标，对企业活动过程中形成的各种耗费进行约束和调节，发现偏差，纠正偏差，实现乃至超过预定的物流成本目标，促使物流成本不断降低。物流成本控制是通过控制引起物流成本发生的驱动因素来进行的，是加强企业物流成本管理与控制的一项重要手段，它贯穿于企业生产经营活动的全过程。

物流成本控制分为广义物流成本控制和狭义的物流成本控制。广义的物流成本控制是指在物流成本的发生过程中，对其事先进行规划，事中进行监督和控制，事后进行分析评价和总结，不断改进管理和控制的措施，使企业的物流成本不断降低。狭义的物流成本控制仅指事中控制，是对物流活动过程的控制。

物流成本控制又有相对物流成本控制和绝对物流成本控制之分，绝对物流成本控制是指从物流成本费用支出的数额上进行控制，使物流成本数额绝对值减少；相对物流成本控制是指物流成本控制的内容不仅仅是孤立地降低物流成本，而是在进行物流成本控制的过程中，采用先进技术或管理技术达到对物流成本的控制，以求收入的增长大于投入的物流成本，实现物流成本相对的节约。

二、现代物流成本控制意识

现代物流成本控制意识是指企业管理人员对物流成本管理和控制有足够的重视，充分认识到物流成本降低的潜力是无穷无尽的。物流成本控制的现代意识主要表现为以下几个方面。

（一）物流成本控制思想革新化

传统的算账、报账型物流成本管理模式只采用手工操作，不考虑先进的控制手段，不注重发挥广大员工的积极性。这就需要革新物流成本控制的观念，要树立竞争观念、效益观念和经营管理等新的观念。在物流成本控制中应用计算机及信息技术，加速信息处理，建立物流成本管理信息系统。

（二）物流成本控制组织合理化

组织合理化是管理现代化的保证，没有组织上的保证，企业就很难把现有的人力、财力和物力组织好，就不可能发挥最大的总体效益。物流成本控制组织合理化就是要求实行统一领导、分级控制的原则，要建立物流成本控制责任制度，保证物流成本目标的顺利实现。

（三）物流成本控制方法科学化

引进国外现代化物流成本控制方法，结合我国物流成本控制的现状及经验，目前采用的物流成本控制方法主要有目标成本法、标准成本法、责任成本法、作业成本法等。

（四）物流成本控制人才专业化

物流成本控制的关键是管理人才，因此需要培养一支适应物流成本控制现代化需要的专业人员队伍，只有这样才能推动物流成本控制工作不断前进，保证物流成本控制现代化早日实现。

三、物流成本控制的原则

物流成本控制要遵循以下一些原则。

（一）经济性原则

经济性是指利用有限的可支配的资源获得最大的经济效益，它是提高经济效益的核心，也是物流成本控制的最基本原则。经济性原则要求在推行物流成本控制而发生的成本，不应超过活动中因缺少控制措施而丢失的收益；要求物流成本控制能降低物流成本、纠正偏差，具有实用性。

（二）经济控制与技术控制相结合的原则

物流成本的形成原因与方式是多种多样的，既有管理方面的原因，又有价值计量方面的原因；既属于经济范畴，又是一项技术性很强的管理工作。在进行物流成本控制时，一方面必须要遵循经济规律、价值规律的要求，利用价格、利息、奖金等经济杠杆、经济范畴对物流成本进行有效的控制；另一方面要从技术上下功夫，既要设计合理的运输方案、合理的仓库布局设计、合理的库存，又要利用自动化技术和信息技术提高物流作业的机械化、智能化和高效率。

（三）全面控制的原则

企业物流系统实际上是一个多环节、多领域、多功能构成的全方位的开放系统，因此物流成本的控制要遵循全面控制的原则。在物流成本控制中实行全面控制原则，具体包括全过程控制、全方位控制和全员控制。

全过程控制是指物流成本控制不限于物流成本产生过程，而是向前延伸到投资和设计，向后延伸到用户服务的全过程。

全方位控制是指不仅对各项费用发生的数额进行控制，而且还对费用发生的时间、用途的经济性、合理性和合法性进行管理和控制。

全员控制是指参与物流成本控制的人员既包括专职物流成本管理机构的人员，而且还要发挥广大职工群众的积极性和创造性，使物流成本控制更加深入和有效。

（四）重点控制原则

重点控制是指对超出常规的关键性差异进行控制，以保证管理人员将精力集中于物流成本控制中的一些重要事项上。管理控制人员对异常差异实行重点控制，有利于提高物流成本控制的效率。

除了以上四个原则外，还应注意以下要点：企业物流成本的日常管理还应坚持领导推动的原则，同时要求全员参与；物流成本控制中，为了充分调动各部门、各单位职工的积极性和主动性，必须要贯彻责、权、利相结合的原则，还要做到一般控制与重点控制相结合。

四、物流成本控制的步骤

物流成本控制贯穿于企业生产经营的全程。一般来说，物流成本控制的基本步骤主要包括：制定物流成本标准，监督物流成本的形成和纠正物流成本偏差。

（一）制定物流成本标准

物流成本标准是物流成本控制的依据，是对各项物流成本开支和资源耗费所规定的数量限度。确定物流成本标准的方法有很多，在实践中，企业可采用预算法和定额法等方法来确定物流成本标准。

预算法，即通过制定物流成本预算的方法来确定物流成本标准。在制定物流成本预算时，通常是按照物流成本项目和物流成本范围进行编制的，但实施物流成本控制通常是由部门、人员等完成的，所以，为了更好地实施物流成本控制，确定控制标准，企业有必要按部门或物流环节来编制物流成本预算，并以此作为各部门或环节物流成本控制的标准。

定额法，即通过建立物流成本开支定额，包括材料、人工、管理费用定额等，并将这些定额或限额作为物流成本标准实施物流成本控制。实行定额法有利于物流成本控制的制度化和经常化。

（二）监督物流成本的形成

物流成本标准制定后，在物流活动过程中，着重监督、检查各部门或环节物流成本预算的执行情况，还要对影响指标的有关因素和条件进行检查，通过监督物流成本的形成，确保物流成本标准得到有效执行。

（三）纠正物流成本偏差

在监督物流成本形成的过程中，找出实际物流成本与标准物流成本的差异，并及时分析差异产生的原因，分清轻重缓急，针对不同情况分别采取措施，将差异控制在允许的范围内。差异产生的原因主要有两方面：一方面是物流成本标准的制定不合理，与实际相差较远，需要对物流成本标准进行相应的调整；另一方面是物流成本标准执行过程中出现问题，导致物流成本的费用支出没有得到很好的监督和控制。

第二节　物流成本控制方法

物流成本控制的方法多种多样，具体包括标准成本控制法、预算成本控制法、目标成本控制法、责任成本控制法等。

一、标准成本控制法

（一）标准成本法概述

标准成本法是 20 世纪 20 年代在泰勒的生产过程标准化思想影响下产生的，是泰勒科学思想在成本管理中的具体体现。标准成本法与其他产品成本计算方法不同，它需要通过精确调查、分析与技术来测定，是用于评价实际成本的一种预计成本，因此，它更重要的是用来加强成本控制。它本质上是一种成本管理方法，这是标准成本法与其他成本核算方法的本质区别。

标准成本有两种含义：

(1) 单位产品的标准成本，是根据单位产品的标准消耗量和标准单价计算出来的，故可以称为"成本标准"。

(2) 实际产量的标准成本，是根据实际产品产量和单位产品成本标准计算所得。

标准成本法的优点：

(1) 能对物流成本数据进行有效的分析。通过与实际发生的物流成本相比较，可以确定实际物流成本与标准物流成本的差异，并使参与物流管理和控制的人员将注意力集中于物流成本差异。

(2) 使用物流标准成本，可以减少簿记工作量。

(3) 标准成本中已剔除了各种不合理因素，从而使在产品和产成品的材料计价更为科学。

（二）标准成本的分类

1. 基本标准成本

基本标准成本是指一经制定，只要有关的基本条件无重大变化，就不予变动的一种标准成本。这种标准成本一经制定，长期保持不变，它可以使各个时期的实际成本以同一标准进行比较，以反映成本的变化。但是基本标准成本的制定不按各期实际修订，而未来的情况总是变化的，不易用来直接评价工作效率和成本控制的有效性，因此，在实际中很少被人们采用。

2. 理想标准成本

理想标准成本是以现有生产经营条件处于最佳状态为基础确定的最低成本。通常是根据理论上的生产要素耗用量，最理想的生产要素价格和可能实现的最高生产经营能力利用程度来制定的，采用这种标准成本不允许有任何的浪费和损失。由于这种标准成本没有考虑客观实际，现实中很难做到，所以实际成本控制中很少采用。它的主要用途是提供一个完美的成本控制目标，揭示成本下降的潜力。

3. 现行标准成本

现行标准成本是在现有条件下进行有效活动的基础上，根据下一期可能发生的有关要素的消耗量、预计价格和预计经营能力利用程度等制定的标准成本。这种标准成本可以包括管理层认为短期还不能完全避免的、某些不应有的低效、失误和超量消耗，最适合应用于经济形势变化多端的情况。

4. 正常标准成本

正常标准成本是根据正常的耗用水平、正常的价格和正常经营能力利用程度制定的标准成本。在制定过程中，将企业经营活动中一般难以避免的损耗和低效率等情况都考虑在内，具有客观性、科学性、现实性和稳定性等特点，所以在实际中广泛应用。

（三）物流标准成本的制定

物流标准成本主要由物流服务的直接材料、直接人工和间接费用三部分组成，包括物流直接材料标准成本、物流直接人工标准成本和物流间接费用标准成本。

1. 物流直接材料标准成本的制定

物流直接材料标准成本是材料的用量标准和价格标准的乘积。直接材料标准成本常见于物流活动中的包装成本和流通加工成本。直接材料用量标准应根据企业物流作业情况和管理要求制定，包括有效材料用量和物流运作过程中的废料及损失；直接材料价格标准应能反映目前材料市价，包括买价、运费、采购相关费用等，一般由财会部门会同采购部门确定。

2. 物流直接人工标准成本的制定

物流直接人工标准成本是直接人工工时标准和标准工资率的乘积。直接人工标准成本涉及企业物流活动中的各个成本项目，包括运输成本、仓储成本、包装成本、装卸搬运成本、流通加工成本、物流信息成本和物流管理成本等。直接人工工时标准需要根据历史资料或技术测定来确定某项物流服务所需的时间，包括直接物流运作或服务时间、设备调整时间，以及必要的间歇和停工时间等；标准工资率是计件工资单件或单位工时工资。

3. 物流间接费用标准成本的制定

物流间接费用标准成本分为变动物流服务费用标准成本和固定物流服务费用标准成本。无论是变动费用还是固定费用，其物流间接费用标准成本都是相关费用数量标准和价格标准的乘积。

（四）物流成本差异的计算和分析

物流标准成本制定出来以后，在实际活动过程中就要按照物流标准成本实施控制。物流成本差异是指实际物流成本与物流标准成本之间的差额，实际物流成本超过物流标准成本所形成的差异叫作不利差异，或称为逆差；实际物流成本低于物流标准成本所形成的差异叫作有利差异，或称为顺差。

按物流成本项目可将成本差异分为直接材料差异、直接人工差异和间接费用差异。其中，间接费用差异又可分为变动间接物流成本差异和固定间接物流成本差异。计算、分析物流成本差异的主要目的在于查明差异形成原因，以便及时采取措施消除不利差异，并为物流成本控制、考核和奖惩提供依据。

1. 变动间接物流成本差异的计算

直接材料、直接人工和变动间接费用都属于变动物流成本，其物流成本差异分析的基本方法相同。由于它们的实际物流成本高低取决于实际用量和实际价格，而标准物流成本的高低取决于标准用量和标准价格，所以其物流成本差异可以归结为价格脱离标准造成的价格差异与用量脱离标准造成的数量差异两类。

$$物流成本差异 = 实际物流成本 - 标准物流成本$$
$$= 实际数量 \times 实际价格 - 标准数量 \times 标准价格$$
$$= 实际数量 \times 实际价格 - 实际数量 \times 标准价格 + 实际数量 \times$$
$$标准价格 - 标准数量 \times 标准价格$$

物流成本差异的通用计量模型如下：

```
实际价格 × 实际用量①  ┐
                      ├ 价格差异
                      │ (=① - ②)    ┐
标准价格 × 实际用量②  ┘               ├ 物流成本差异
                      ┐               │
                      ├ 数量差异      ┘
                      │ (=② - ③)
标准价格 × 标准用量③  ┘
```

即物流成本差异 = 价格差异 + 数量差异。

[例 9-1]　某公司在服务过程中，对 A 产品进行包装时需要直接材料甲。包装 200 件 A 产品，耗用甲材料 900 千克，甲材料的实际价格为 100 元 / 千克。已知甲材料的标准价格为 110 元 / 千克，单位 A 产品的标准用量为 5 千克 / 件。

解　甲材料的价格差异：$(100 - 110) \times 900 = -9000$ 元（有利差异）

甲材料的数量差异：$110 \times (900 - 1000) = -11\,000$ 元（有利差异）

甲材料的物流成本差异：$-9000 + (-11000) = -20\,000$ 元（有利差异）

[例 9-2]　某企业对 A 产品进行包装运输，有关资料如下：标准总工时 5 万小时，标准包装量 1 万件，直接材料的标准耗用量为 4 万千克，直接材料的标准单价为 5 元 / 千克，直接人工标准工资率为 2 元 / 小时，标准变动费用为 2 万元，标准固定费用为 3.2 万元，A 产品的实际包装数量指标如表 9-1 所示，分别计算直接材料物流成本差异、直接人工物流成本差异、变动间接物流成本差异。

表 9-1　某企业包装数量指标

项　目	总　数	单 位 数
实际耗用人工工时	45 125 小时	4.75 小时 / 件
实际产量	9600 件	
直接材料	34 000 千克	6 元 / 千克
直接人工	112 812.5 元	2.5 元 / 小时
变动费用	19 178.125 元	0.425 元 / 小时
固定费用	30 000 元	

解　直接材料物流成本价格差异：

$$(6 \text{元/千克} - 5 \text{元/千克}) \times 34\,000 \text{千克} = 34\,000 \text{元}$$

直接材料物流成本数量差异：

$$(34\,000 \text{千克} - 9600 \text{件} \times 4 \text{千克/件}) \times 5 \text{元/千克} = -22\,000 \text{元}$$

直接材料物流成本差异：

$$(-22\,000) + 34\,000 = 12\,000 \text{元（不利差异）}$$

直接人工工资率差异：

$$(2.5 \text{元/小时} - 2 \text{元/小时}) \times 45\,125 \text{小时} = 22\,562.5 \text{元}$$

直接人工效率差异：

$$(45\,125 \text{小时} - 9600 \text{件} \times 5 \text{小时/件}) \times 2 \text{元/小时} = -5750 \text{元}$$

直接人工物流成本差异：

$$22\,562.5 \text{元} + (-5750) \text{元} = 16\,812.5 \text{元（不利差异）}$$

变动间接费用耗费差异：

$$(0.425 \text{元/小时} - 0.4 \text{元/小时}) \times 45\,125 \text{小时} = 1128.125 \text{元}$$

变动间接费用效率差异：

$$(45\,125 \text{小时} - 9600 \text{件} \times 5 \text{小时/件}) \times 0.4 \text{元/小时} = -1150 \text{元}$$

变动间接物流成本差异：

$$1128.125 \text{元} + (-1150 \text{元} = -21.875 \text{元（有利差异）}$$

通过以上计算可以看出，直接材料物流成本差异和直接人工物流成本差异都是不利差异，变动间接物流成本差异是有利差异。

2. 固定间接物流成本差异的计算

固定间接物流成本的差异分析与变动间接物流成本差异分析不同，其分析方法有二因素分析法和三因素分析法。

(1) 二因素分析法：是将固定间接物流成本差异分为耗费差异和能量差异。耗费差异是指固定费用实际金额与预算金额之间的差额。固定费用与变动费用不同，不因业务量而变，故差异分析有别于变动费用。在考核时不考虑业务量的变动，以原来的预算数作为标准，实际数超过预算数即视为耗费过多，其计算公式如下：

固定间接物流成本耗费差异 = 固定间接费用实际数 − 固定间接费用预算数

能量差异是指固定物流成本预算与固定物流标准成本的差额，或者说是实际物流业务量的标准工时与生产能量的差额用标准分配率计算的金额。它反映了未能充分使用现有生产能量而造成的损失，其计算公式如下：

固定间接物流成本能量差异 = 固定间接费用预算数 − 固定间接费用物流标准成本

(2) 三因素分析法：是将固定间接物流成本差异分为耗费差异、闲置能量差异和效率差异三部分。与二因素分析法不同的是，三因素分析法将二因素分析法中的能量差异进一步分为两部分：闲置能量差异和效率差异。闲置能量差异是指实际工时未达到标准能量而形成的差异。

确定了物流成本差异后，进一步分析差异产生的具体原因及其责任归属，采取有力的措施，消除不利差异，发展有利差异，以实现有效的物流成本控制。影响各个物流成本项目差异的因素是多种多样的，既有客观因素，也有主观因素，既有可控因素，也有不可控因素。在明确物流成本差异责任时，应以物流成本能否为各职能部门或个人所控制为基础。例如，材料价格差异应由采购部门负责。因为材料购买价格的高低、采购费用的高低，采购部门大体上是可以控制的。但是，决定材料购买价格的因素是多方面的，有些引起材料价格变动因素会超出采购部门的控制范围。例如，因市场供求关系变化引起的价格变动，就是采购部门不能控制的。

二、目标成本控制法

（一）目标成本控制法概述

目标成本是指根据市场调查预计可实现的营业收入，为了实现目标利润而必须达到的成本目标值。

目标成本控制法：是以实现目标利润为目的，以物流目标成本为依据，运用价值工程等方法，对企业物流活动过程中所发生的各种支出进行全面管理，以不断降低物流成本、增强企业竞争能力的一种物流成本管理与控制方法。与传统的物流成本管理相比，主要有以下区别。

1. 从指导思想方面看

传统的物流成本管理是以基期的物流成本水平为依据，考虑有关变动因素变动对物流成本的影响来确定计划期的物流成本水平，并以此为依据进行物流成本管理。而目标成本控制法是以市场为导向，它所确定的各个层次的目标成本都是直接或间接地来源于激烈竞争的市场。

2. 从管理的范围看

传统物流成本管理的范围只局限于事中、事后的物流成本管理。目标成本控制法的范围是将企业的全部经营活动作为一个系统，从事前的物流成本预测到物流成本的形成及事后的物流成本分析实行全面的、全过程的管理，将全部经营活动中的一切耗费都置于物流成本控制范畴，尤其注重事前物流成本的管理和控制。

3. 从管理的侧重点看

目标成本控制法实行分解归口管理，它将物流成本指标按照不同的要求进行责任分解，有利于明确各部门的责任。

（二）目标成本控制法的三种形式

企业的运作方式不同，选择的目标成本控制方式也不同。目标成本控制法主要有以下三种方式。

1. 基于价格的目标成本控制法

基于价格的目标成本控制法适用于客户物流需求相对稳定的企业，这种企业所提供的物流服务变化较少。目标成本控制法的主要任务就是在获取准确的市场信息的基础上，明确物流服务的市场价格和预计利润，并且达成的物流服务价格要有利于企业今后的长期发展。

2. 基于价值的目标成本控制法

当市场物流需求变化较快时，需要供应链有较大的柔性和灵活性，往往采用基于价值的目标成本控制法。为了满足客户的物流需要，企业往往需要提供具有差异性的物流服务，这些物流服务的生命周期较短，运作的风险较大，因此必须重构过程，使其核心能力与客户需求相匹配。通过实施基于价值的目标成本控制法，能对客户的物流需求做出快速反应，从而增强企业的整体竞争能力。

这种方法要求按照物流过程中各种物流作业创造价值的比例来分摊物流目标成本，企业之间要坚持公平的合作关系，并选择最有利的方案。需要注意的是，由于客户的需求在不断变化，因此，会造成变换物流作业流程的物流成本较高。

3. 基于作业成本管理的目标成本控制法

基于作业成本管理的目标成本控制法要求所有客户的物流需求是一致的、稳定的和已知的，它适用于紧密型或一体化型的供应链关系。为有效运用这种方法，供应链成员企业必须努力建立跨企业的物流作业成本模型，并通过对整体物流的作业分析，找出其中非增值部分加以扣除，以设计出改善物流成本管理和控制的作业方案，实现供应链整体物流成本的合理化。

（三）物流目标成本控制的程序

物流目标成本控制的程序因企业物流活动内容的不同而不同，概括起来，核心环节主要有三个：目标成本的设定，目标成本的分解，目标成本的实施、考核和修订。

1. 物流目标成本的设定

物流目标成本的设定往往要求确定一个在目标售价前提下能达成目标利润的目标成本额，所以物流目标成本可以根据预计物流业务收入减去物流目标利润后的差额来确定。对于物流目标利润，可以采用目标利润率法、上年利润基数法等方法确定。物流目标成本初步确定后，可以通过调研、分析等方法，对影响物流目标成本的相关因素包括预计物流业务收入、物流目标利润等进行可行性分析，以提高物流目标成本的科学性和合理性。

目标利润法是指通过经营相同或相似业务企业的平均利润率来预计本企业利润。采用目标利润率法的依据为：本企业要达到行业中同类企业的平均水平，才能在竞争中生产。

计算公式如下：

目标利润 = 预计服务收入 × 同类企业平均服务利润率

或　　　　目标利润 = 本企业净资产 × 同类企业平均净资产利润率

或　　　　目标利润 = 本企业总资产 × 同类企业平均资产利润率

[例 9-3]　某企业运输的同类企业平均服务利润率为 18%，预计本年服务量为 400 万吨·千米，服务的市场价格为 1 元/(吨·千米)。

解　　　目标利润 = 400 × 1 × 18% = 72 万元

总物流目标成本 = 400 × 1 - 72 = 328 万元

$$单位物流目标成本 = \frac{328}{400} = 0.82 \text{ 元/(吨·千米)}$$

随着企业生产经营的发展，企业高层会提出增长利润的要求，这种情况下利用上年利润基数来预计本企业下一年的目标利润，其计算公式为

目标利润 = 上年利润 × (1+ 利润增长率)

采用上年利润基数法的依据为：未来是历史的延续，因此可以在考虑现有基础的前提下预计未来的变化，包括外部环境和企业自身的改变。但这样算出来的物流目标成本只是初步设想，不一定完全符合实际，还要对其可行性进行分析。经过分析后，如果预计的物流目标成本是可行的，则进一步将其分解至企业各部门和各单位。

2. 物流目标成本的分解

物流目标成本的分解是将企业物流目标成本按照管理要求或一定方式逐级进行分解，以明确责任和促成物流目标成本的形成。即对总体物流目标成本进行分解，将其落实到企业内部各单位、各部门的过程，目的在于明确责任，确定未来各单位、各部门的奋斗目标。分解物流目标成本时应结合企业的实际情况进行，通常可以先将总体物流目标成本分解到

各种产品，然后将各产品的目标物流成本分解到各车间或工序。还可以根据物流各功能作业进行分解，先将企业总体物流目标成本分解为各物流作业的物流目标成本，在确定每种物流作业目标利润率的基础上，倒推每种物流作业的物流目标成本，最终将各作业物流目标成本的合计值与企业总体物流目标成本进行比较并综合平衡，进而确定每种物流作业的物流目标成本。总体来说，物流目标成本的分解方法有以下五种。

(1) 按照管理层次进行分解，即将物流目标成本按照管理层次进行分解，如按总公司、分公司、部门、班组和个人进行分解。

(2) 按照管理职能进行分解，即将物流目标成本在同一管理层次按职能部门进行分解，如配送部门负责配送费用、运输部门负责运输费用、后勤部门负责燃料动力费用、行政部门负责办公费用等。

(3) 按照服务机构进行分解，即将物流目标成本分成各种材料消耗成本或人工成本，并分派到各个责任中心，形成各责任中心的物流目标成本。

(4) 按照服务形成过程进行分解，即将物流目标成本按照服务设计、服务材料采购、服务提供和服务的推广过程进行分解，形成每个过程的物流目标成本。

(5) 按照物流成本的经济内容进行分解，即将年度物流目标成本分解为季度或月度物流目标成本。

3. 物流目标成本实施、考核和修正

物流目标成本分解后，在具体的实施过程中，首先要计算企业物流实际成本与目标成本之间的差异，出现不利差异时，应运用价值工程、成本分析法等方法寻求最佳的物流设计以期不断降低物流成本。另外，还要对目标成本的执行情况进行检查、考核，充分调动企业各方面降低物流成本的积极性，特别是对那些占物流成本比重较大、经常发生波动且控制比较困难的目标成本更要进行经常性的检查，再在检查的基础上进行分析，对比差异，揭露矛盾，充分挖掘企业内部潜力，为今后修订物流目标成本提供依据。

三、物流责任成本控制法

(一) 物流责任成本的概念

物流责任成本是指责任单位能对其进行预测、计量和控制的各项可控物流成本之和。物流责任成本是按照谁负责谁承担的原则，以物流责任单位为核算对象来归集的费用。物流责任成本控制法就是将各责任单位的物流责任成本与其自身的经济效益密切联系起来，将降低物流成本的目标落实到各个具体部门及个人的方法。它既可促使责任单位主动寻求降低物流成本的方法，也能使物流成本的控制有切实的保障，因此，采用物流责任成本控制法，对于合理确定与划分各部门的物流责任成本，明确各部门的物流成本控制责任范围，进而从总体上有效地控制物流成本有着重要的意义。

（二）物流责任成本控制法控制物流成本的意义

1. 物流责任成本控制法使物流成本的控制有了主动力

物流责任成本控制法重视对人的激励和引导，通过正确引导，使员工们朝着有利于完成企业目标的方向发展。通过对责、权、利的严格划分，层层签订物流责任成本合同，把与物流成本有关的每一项支出与员工的经济利益联系起来，促使员工发挥主观能动性，积极探索新工艺、新方法、新材料、新能源、新设备，充分依靠科学技术来降低物流成本，从而在增加个人收益的同时也提高企业的经济效益。

2. 物流责任成本控制法使物流成本控制更具有实效性和可操作性

物流责任成本控制法依据科学合理的测算和分析，使物流成本控制更具有实效性和可操作性。物流责任成本控制法的实施程序如下：首先，确定目标物流成本；然后，采用"顺推法"确定物流责任成本，编制责任预算，并将其层层分解到各责任控制中心，成为落实到各部门、各班组、个人的物流责任成本，在实际工作中如果条件有所变化，则相应的责任预算和物流责任成本也应做合理的调整，以保证其有效性；最后，定期对各责任中心的实际物流成本与物流责任成本进行比较，严格实行奖惩，并且还要做出细致的数据分析，这样才能扬长避短，不断提高物流成本管理水平。

3. 物流责任成本控制法可以更新物流成本管理与控制的观念

物流责任成本管理要求对物流成本进行事前预测、事中控制、事后分析的全员管理、全过程管理、全环节管理和全方位管理，责任指标细化、量化，保证了物流成本分析与控制的科学性和合理性。同时，物流责任成本管理控制打破了沉寂多年的平均主义分配制度，提高了员工的积极性，真正激发了员工的主人翁意识，促进了手段和设备的改进，对推动物流成本管理具有积极意义。

（三）物流成本责任中心的确定

物流责任成本控制的前提是划分物流成本责任中心。物流成本责任中心的划分不在乎规模的大小，只要是在物流成本管理上需要、权利和责任可以分清、管理业绩可单独考核的部门，甚至个人都可以被划分为物流成本责任中心。

确定了物流成本责任中心后，就要对每一责任中心进行物流责任成本预算，即确定每个责任中心应该完成的物流成本目标。每一个被划定为物流成本责任中心的部门或单位，都会有其相对独立的经济利益。为了切实维护各责任中心的特定经济利益，必须明确规定它们各自所应承担的经济责任和各自所必然拥有的经济权利。否则，责任中心就难以充分发挥降低物流成本的积极性，也不能真正落实经济责任和切实行使控制职能，必然会造成责、权、利三者的脱离。因此，在物流成本责任管理协议中必须明确表述各物流成本责任中心的权责范围，以保证物流成本控制向有效的方向进行。

（四）物流责任成本控制法的计算方法

物流责任成本控制法的计算方法包括直接计算法和间接计算法。

1. 直接计算法

直接计算法是指将责任单位的各项物流责任成本直接归集汇总，以求得该单位物流责任成本总额的计算方法。其计算公式为

　　　　　　某单位物流责任成本 = 该单位各项物流责任成本之和

用这种方法计算，结果较为准确，但计算量较大。

2. 间接计算法

间接计算法是指以责任单位的全部物流成本为基础，扣除该责任单位的不可控物流成本，再加上从其他责任单位转来的物流责任成本的计算方法。其计算公式为

　　某单位物流责任成本 = 该责任单位发生的全部物流成本 − 该单位不可控物流成本 +
　　　　　　　其他责任单位转来的物流责任成本

这种方法的计算量比直接计算法的计算量要小，但在运用间接计算法时，应当首先确认该单位的不可控物流成本和其他责任单位转来的责任物流成本。

（五）责任单位物流责任成本的考核

在实际工作中，对责任单位的物流责任成本评价考核的依据是责任预算和业绩报告。物流责任成本的业绩报告是按各责任单位物流责任成本项目，综合反映其责任预算数、实际数和差异数的报告文件。业绩报告中的"差异"是"实际"减去"预算"后的差额。物流成本差异是评价与考核各责任单位物流成本管理业绩的重要标志，也是奖惩的重要依据。

业绩报告应按责任单位的层次进行编制。在进行责任预算指标分解时，是从上级向下级层层分解下达的，从而形成各责任单位的责任预算。在编制业绩报告时，则是从最基层的责任单位开始，将物流责任成本实际数逐级向上汇总，直至企业高层。每一级责任单位的责任预算和业绩报告，除了最基层的只编制本级的物流责任成本以外，其余各级都应包括所属单位的物流责任成本和本级物流责任成本。

第三节　综合物流成本控制

由于在物流活动中效益背反现象普遍存在，因此，在进行物流成本控制时不能在企业的各个部门内部孤立地对物流活动的各个环节进行局部控制，应从企业全局出发，从系统

整体角度来进行物流成本的综合控制，强调整个过程综合物流成本的降低和物流综合效益的提升。

一、综合物流成本控制实施框架

综合物流成本控制是指根据与物流成本密切相关的供应计划、生产计划、销售计划，从整个企业角度综合控制物流成本。综合物流成本控制的目的在于将局部物流成本控制目标进行综合，从而促使企业整体物流成本趋于最小化。

综合物流成本控制实施框架由三部分组成：物流成本横向控制、物流成本纵向控制和计算机网络管理系统，如图9-1所示。

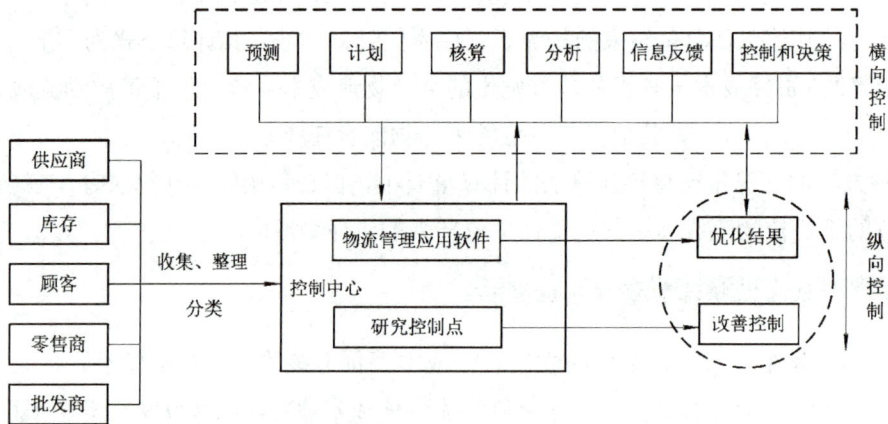

图9-1　物流成本综合控制实施框架图

物流成本横向控制是指物流成本的预测、计划、核算、分析、信息反馈、控制和决策。物流成本纵向控制是过程中的优化管理，涵盖了采购、运输、配送、装卸搬运、库存控制、订单处理、客户服务、回收管理、废弃物处理等企业物流活动全过程。要实现物流过程中的优化管理，必须借助于适当的控制方法和管理手段，使其与横向控制交织进行。常用的控制方法有以下五种。

(1) 利用作业成本法，掌握物流作业过程的运作绩效和物流成本。

(2) 运用线性规划、非线性规划制订最优运输计划，实现物品运输优化。

(3) 运用存储论，确定经济合理的库存量，实现物资储存优化。应用较广泛的方法是经济订购批量模型，即 EOQ 模型。

(4) 运用系统分析技术，选择货物的最佳配比及配送线路，实现物资配送优化。

(5) 运用计算机模拟技术对整个系统进行研究，实现系统的优化。典型的模型是克莱顿·希尔模型，该模型提出了系统的三项目标：最高的服务水平、最小的费用、最快的信息反馈，在模拟过程中采用逐次逼近法来求解下列决策变量：物流中心的数目、对客户的物流服务水平、物流中心收发货时间的长短、库存分布、系统整体的优化。

二、综合物流成本控制策略

企业在进行综合物流成本控制时，除了采用数量分析法、系统化原理等常用技术手段对物流过程中各个环节及整个物流过程优化管理外，还应考虑以下三个方面。

（一）成立企业战略联盟

企业战略联盟是 20 世纪 90 年代以来国际上流行的一种新兴的战略管理思想。它是指两个或两个以上的企业为了一定的目的或实现战略目标，通过一定方式自发组成的优势互补、资源共享，最终实现双赢的合作伙伴关系。

企业是一个由设计、生产、销售、运送和管理等一系列互不相同但又相互关联的增值活动构成的"价值系统"。如果企业能够与其上下游企业建立长久的、稳定的、利益共享的战略联盟，就可以大大降低企业的物流成本，增强企业的竞争能力。这种从企业角度出发而建立起来的战略联盟，一方面扩大了企业对资源的使用界限，另一方面提高了本企业资源的使用效率，减少物流沉没成本，节约企业在资源方面的新投入，从而进一步提高了企业的物流速度，降低物流活动中的风险。

（二）实现物流系统信息化

物流系统信息化包括两个方面：技术信息化和管理信息化。信息化的核心是管理信息化，即把先进的管理思想通过技术手段得以实现。企业要实现物流系统信息化必须考虑以下两个方面。

1. 充分利用公共信息平台

公共信息平台以其跨行业、跨地域、多学科交叉、技术密集、多方参与、系统性强、开放性好的特点对现代物流的发展构成了有力支撑。企业可以直接使用公共信息平台，利用其庞大的资料库以及开放性的商务功能实现企业自身的信息交流、发布、业务交易、决策支持等的信息化管理。

2. 借助现代信息技术

现代信息技术包括通信技术、数据交换技术以及其他技术等。例如，无线通信 (NAP)、电子数据交换 (EDI)、无线射频技术 (RFID)、条码技术、卫星全球定位技术、地理信息技术 (GIS)、物联网技术等。企业应因地制宜、合理地利用现代信息技术，有助于提升企业的物流信息综合管理水平。

（三）物流业务外包

物流业务外包，即将物流业务的一部分委托给企业外部的分销公司、配送中心或第三方物流企业，由它们来完成企业物流管理或产品分销职能的全部或部分，其中包括运输业务、仓库保管业务、材料采购、订货信息处理业务、库存管理、信息系统等几乎所有的领域。

外包可以使企业不用再拥有仓库、车辆等设施，对物流信息系统的投资也可转嫁给第三方企业来承担，还可以减少对物流活动的管理，节省物流管理费用等。总之，企业将物流活动外包给第三方企业，既可以简化交易、降低物流成本、提高物流服务水平，还可以使企业将更多的注意力集中到核心业务上，提高企业整体运作效率。

本章思考题

1. 物流成本控制的步骤和程序是什么？
2. 什么是物流标准成本控制法？如何确定物流标准成本？
3. 什么是物流目标成本控制法？如何确定物流目标成本？
4. 什么是物流责任成本控制法？
5. 综合物流成本控制策略有哪些？

案例分析

安利是如何控制物流成本的

降低物流成本是每个物流企业都关心的问题，21 世纪初面临信息奇缺、基础设施落后、第三方物流企业服务能力参差不齐的实际情况，国内同行物流成本居高不下，而安利（中国）的储运物流成本仅占全部经营物流成本的 4.6%。安利（中国）大中华区储运部运营总监许绍明透露了安利降低物流成本的秘诀：全方位战略的成功运用。

1. 非核心环节通过外包完成

据许绍明介绍，安利的"店铺＋推销员"的销售方式，对储运有非常高的要求，安利的储运系统的主要功能是将安利工厂生产的产品及向供应商采购的印刷品、辅销产品等先转送到位于广州的储运中心，然后通过不同的运输方式送抵各地的区域仓库（主要包括沈阳、北京及上海外仓）暂时储存，再根据需求转运至设在各省市的店铺，并通过家居送货或店铺等销售渠道推向市场。与其他公司不同的是，安利储运部同时还兼管全国近百家店铺的营运、家居送货及电话订货等服务。所以，物流系统的完善与效率，在很大程度上影响着整个市场的有效运作。

但是，由于当时国内的信息相对短缺，安利很难获得企业的详细信息，如第三方物流企业的数量、物流服务能力和信用等。而当时国内的第三方物流企业在专业化方面也有所欠缺，很难达到安利的要求。

在这种情况下，安利采用了适合中国国情的"安利团队＋第三方物流供应商"的全方位运作模式，核心业务如库存控制等由安利统筹管理，实施信息资源最大范围的共享，使企业价值链发挥最大的效益。而非核心环节，通过外包形式完成。如以广州为中心的珠三角地区主要由安利的车队运输，其他绝大部分货物运输都是由第三方物流企业来承担。另外，全国几乎所有的仓库都是外包的第三方物流企业的仓库，而核心业务，如库存控制、调配指令及储运中心的主体设施与运作主要由安利本身的团队统筹管理。目前，已有多家大型第三方物流企业承担安利大部分的配送业务，安利则会派专员进行市场调查，以评估与之合作的供应商是否提供具有竞争力的价格及所提供的服务是否满足公司要求的服务标准。

2. 仓库半租半建

安利一直坚持实用主义的投资原则。安利在广州的新物流中心就很好地反映出安利的"实用主义"哲学。新物流中心占地面积达 4 万平方米，建筑面积达 1.6 万平方米。这样大型的物流中心如果自建的话至少需要投资数千万。安利采取的是与物业发展商合作的模式，合作方提供土地和库房，安利租用仓库并负责内部的设施投入。只用了 1 年时间，仅投入了 1500 万元，安利就拥有了一个面积充足、设备先进的新物流中心。而当时国内不少企业，在建自己的物流中心时，将主要精力都放在了基建上，不仅占用了企业大量的周转资金，而且费时费力，效果并不见得很好。

3. 核心环节的大手笔投入

据了解，安利单在信息管理系统上就投资了 9000 多万元，其中主要的部分之一就是用于配送、库存管理的 AS400 系统，它使公司的物流配送工作效率得到了很大的提升，同时大大降低了各种成本。安利利用先进的计算机系统将全球各个分公司的存货数据联系在一起，各分公司与美国总部直接联机，具体储存每项产品的生产日期、销售数量、库存状态、有效日期、存放位置、销售价值和成本等数据。有关数据通过数据专线与各批发中心直接联机，使总部及仓库能及时了解各地区、各店铺的销售和存货状况，并按照店铺的实际情况及时安排补货。在仓库库存不足时，安利的库存及生产系统亦会实时安排生产，并预定补给计划，以避免个别产品出现断货情况。

通过全方位物流战略的运用，安利物流成本得以大幅度降低，为企业进一步拓展市场奠定了良好的基础。

思考题

1. 安利通过哪些途径来降低物流成本？
2. 安利主要采用了什么策略对成本进行控制？

第十章　物流成本日常控制

学习目标

◆ 了解物流成本日常控制的指导思想
◆ 了解物流成本日常控制的基础工作
◆ 了解物流成本日常控制的原则
◆ 掌握运输成本控制的方法
◆ 掌握仓储成本控制的方法

　　物流成本日常控制是指在物流日常运营过程中，通过技术的改善和管理水平的提高来降低和控制物流成本，达到降低物流成本的目的。物流成本日常控制是全过程、全方位和全员性的成本控制活动。

第一节　物流成本日常控制概述

　　物流成本控制是物流成本管理的中心环节。物流成本管理的诸环节相互联系、相互作用，通过其不断循环构成物流成本管理控制体系，而这一体系的中心环节便是物流成本日常控制。物流成本的预测、计划、核算、分析等成本管理方法，最终都要通过日常控制环节来实现物流成本的降低。而物流成本的日常控制，也是要求企业创新物流技术和方法、提高物流管理水平的过程。

一、物流成本日常控制的指导思想

（一）现代物流成本意识的贯彻

随着市场经济的不断发展，企业间的竞争日益加剧，从而对物流成本管理与控制提出了更高的要求。企业管理人员要重视物流成本管理与控制过程，认识到物流成本降低的潜力是无穷无尽的。

另外，企业要从战略布局的高度定位物流成本控制。物流成本管理是企业经营战略的一部分，企业生产、经营的战略和策略决定了系统的运行模式，产品种类、服务项目和营销策略的改变都将导致物流成本的变化。以"理想物流成本"为目标，树立"物流降低无止境"的观念，形成全员式降低物流成本的格局。调动每个员工的积极性和参与性，使每个员工都具有降低物流成本的愿望和意识。物流成本的降低还需要各部门的通力合作，确保从总物流成本角度持续不断地降低物流成本。

（二）利用物流成本进行管理的思想

利用物流成本进行管理，必须建立健全企业物流成本财务模式，统一物流成本的核算标准，确定物流成本核算应遵循的基本原则，划分物流成本的范围，统一核算口径与方法。

在物流成本控制过程中，可以采取 ABC 分类管理法，对企业的物流成本进行重点控制、一般控制和忽略控制，重点控制 A 类领域的物流成本发生源。设立物流管理部门的企业，按照管理权限的归属，对部门的物流活动范畴进行物流成本管理；没有设立物流管理部门的企业，根据需要或者定时对有关主要会计科目进行分析研究，通过与历史数据的比较，掌握物流成本的问题和动向。

二、物流成本日常控制的基础性工作

加强物流成本控制，必须建立健全有效的基础性工作。物流成本控制的基础性工作主要有以下几个。

（一）建立分级控制和归口控制的责任制度

为了调动企业全体职工对物流成本控制的积极性，企业必须明确各级组织和各归口的职能管理部门在物流成本控制方面的权限与责任，建立健全物流成本控制的责任制度。各个归口职能部门，既要完成其他部门分配下达给本部门的各项费用指标，也要完成总公司下达的归口指标，并进一步把归口管理的物流成本管理与控制指标分解下达到有关执行单位和部门，从而形成一个上下左右、纵横交错、人人负责的企业物流成本控制体系。

根据权、责、利三者结合的原则，在建立物流成本控制责任制的同时，必须赋予责任单位或部门一定的经济权限和利益，使其有做好本单位物流责任成本的相对自主权。例如，压缩流动资金定额的权限、上交多余固定资产的权限、上交多余劳动力的权限及本单位奖金的分配权等。

（二）建立严格的费用审批制度

一切和物流相关的费用支出之前都必须要经过审批才能进行支付，即使是物流成本计划内的费用支出也必须要经过审批，这样有利于对物流成本的事中控制，再一次确定费用的合理性，以保证一切费用的使用效果。

（三）加强和完善物流成本实际发生情况的收集、记录、传递和汇总整理工作

物流成本控制需要将费用的实际支出和物流标准成本进行对比分析，这就需要有反映物流成本形成的相关数据，就要对物流费用发生情况进行收集、记录、汇总和整理，相关数据的收集和整理必须经常、准确、齐全，符合监督程序的需要。另外，数据的传递要及时、准确，要有科学合理的统一规定。以上物流成本控制数据的收集和汇总整理，通常是通过企业中的业务核算、统计核算和会计核算来实现的。

（四）开展降低物流成本的竞赛

为了充分调动广大职工降低物流成本活动的积极性和参与性，可以组织一些相关的"小指标竞赛"活动，进行技术攻关竞赛，调动大家的创造性。

三、物流成本日常控制的原则

物流成本日常控制不是某一项物流成本的控制，而是一个系统工程。为了有效地进行物流成本日常控制，达到物流成本管理的目标，应遵循以下原则。

（一）合理化原则

合理化是指一切物流活动和设施趋于合理化，以尽可能低的物流成本实现尽可能优质的物流服务。由于效益背反理论，使得各个环节物流成本是此消彼长的关系，所以对物流成本管理要综合考虑，否则可能会引起总物流成本的增长。从企业角度来说，合理化是企业降低物流成本的关键，直接关系到企业的经济效益。

（二）高效原则

高效原则即提高物流速度，减少资金占用，加速资金流动，从而节省物流成本。提高物流速度可以通过加快供应、生产和销售的速度来缩短整个物流周期，加大资金的利用率，及通过提高物流周转速度来降低物流成本的空间非常大。

（三）优质原则

为客户提供优质的物流服务是企业确保物流业务长期发展的重要手段之一，也是降低物流成本的有效方法之一。但是，超过必要量的物流服务不仅不能带来物流成本的下降，反而有碍于物流效益的实现。所以，为了既能为客户提供优质的物流服务，又能避免物流服务过剩，企业需要与客户充分协调，以寻求在提高物流服务水平的前提下，降低物流成本的最佳途径。

（四）信息化原则

建立信息平台，实现物流活动信息化管理是降低物流成本的有效方法。首先使用信息化技术和建立物流信息化平台可以缩短物流服务的时间，加快客户的反应速度，提高效率；其次可以消除各个物流环节的浪费现象，运用协调而有效率的物流信息系统降低物流成本。

（五）节约原则

在对物流成本进行管理与控制的过程中，要遵循节约原则，利用资源共享的方式降低物流成本。例如，企业间的共同配送就符合节约原则，既可以节省企业在资金、设备、土地、人力等方面的投入，又能使资源得到充分利用，企业也可以集中精力经营核心业务。

本书中以运输成本和仓储成本为例讲述物流成本日常控制的实施。

第二节　运输成本的分析与控制

一、运输成本的构成及影响因素

运输是物流作业中最直观的要素之一，是指人和物的载运及运输。本书中的运输专指"物"的运输，是指在不同地域范围间，以改变"物"的空间位置为目的的活动。运输是物流的基本功能之一，运输工作是物流工作中一个十分重要的环节，在整个物流过程中具有举足轻重的特殊地位，且运输成本占总物流成本的比重较大，是影响总物流成本的主要因素之一。运输成本控制的目的是使运输成本降低，但又不影响运输的可靠性、安全性和快捷性要求。

（一）运输成本的构成

不同运输方式的运输成本的构成项目有所不同。本书从各类运输方式共同的成本构成角度，以公路运输为例介绍运输成本的构成。

一般来讲，无论采用何种运输方式，从成本性态的角度看，运输成本一般包括以下四个方面。

1. 变动成本

变动成本就是在运输过程中由于各种各样的原因，货物需要发生变动而产生的相应费用，而且只要货物发生变动就会有此成本费用。比如，车辆的油耗费、轮胎磨损费、装卸搬运费、过路费、过桥费、日常维护修理费等，就会随着运输的距离、运输的重量等因素的变化而变化。

2. 固定成本

固定成本是指在一段时间内不会变化，即使企业没有运输业务也会出现的成本。比如，运输工具的折旧费、运输管理人员的工资、车辆使用税等都属于固定成本，这些成本不会因为运输量、运输重量或者信息系统的维护、运输工具的更新等而急剧变化，所以固定成本相对稳定。

3. 联合成本

联合成本是物流企业在接受客户订单和运输过程中必不可少的一项费用，仅仅从理论角度很难理解，以一个简单例子来介绍：假设物流企业接到客户订单，将货物从 A 地区运输到 B 地区，这个过程就已经产生了两部分费用，即从 A 地区到 B 地区的费用和从 B 地区返回 A 地区的费用，对于物流企业来说可以通过两种方式解决，同一时刻接受从 B 地区运输到 A 地区的货物订单，或者由客户支付该任务的隐性费用。

4. 公共成本

公共成本主要是指端点站和管理部门收取的费用，一般情况下，该费用是先由运输人承担，而后分配到每个客户手中，根据客户运输货物的重量或者多少进行合理划分，可见公共成本的最终承担者依然是客户。

本节以公路运输为例，将公路运输成本的构成项目分为车辆费用和营运间接费用两部分。车辆费用是指运输车辆从事运输生产活动所发生的各项直接费用，例如人工费、燃料费、轮胎费、修理费、车辆折旧费等，具体项目如表 10-1 所示。营运间接费用是指企业在营运过程中发生的不能直接计入成本核算对象的各种间接费用，包括为管理和组织运输营运生产活动的各项费用，如管理人员的工资福利费、办公费、差旅费等，为筹集运输生产资金而发生的利息支出等费用。

表 10-1 车 辆 费 用

序号	费用名称	内　　　容
1	人工费	按规定支付给营运车辆司机和随车人员的基本工资、津贴、补贴、奖金等；按规定比例和工资总额计提的职工福利费、社会保险、工会经费等
2	燃料费	营运车辆在运行过程中耗用的各种燃料，如汽油、柴油等。自动倾卸车辆卸车时所耗用的燃料费也在本项目内核算
3	轮胎费	营运车辆耗用的外胎、内胎、垫带的费用支出，以及轮胎翻新费用和零星修补费用等
4	修理费	营运车辆进行各级维护和修理所发生的工料费用、修复旧件费用和行车用机油费用。采用总成互换修理法的企业，维修部门领用周转总成价值和卸下总成的修理费用，也在本项目内核算
5	车辆折旧费	营运车辆按照规定的方法和年限计提的折旧费用
6	养路费	按规定向公路管理部门缴纳的养路费
7	运输管理费	按规定向公路运输管理部门缴纳的运输管理费
8	车辆保险费	向保险公司缴纳的营运车辆的保险费用
9	事故损失费	营运车辆在运输过程中，因行车事故发生的损失，扣除保险公司赔偿后的事故费用
10	税金	营运车辆按规定缴纳的车船税
11	其他费用	营运车辆在营运过程中发生的不属于以上项目的费用，比如过桥费、过路费、随车工具费、车辆牌照和检验费、洗车费、停车住宿费等

（二）运输成本的影响因素

要想进行科学的运输成本分析与控制，首先应该了解影响运输成本的因素。一般来讲，影响运输成本的因素有产品特征、运输特征、市场因素三大类。

1. 产品特征

(1) 产品密度。产品密度把重量和空间两个方面因素结合起来考虑。一般来说，一辆运输车辆更多的是受空间限制，而不是受重量限制，那么货物的密度越高，相对地就可以把固定运输成本分摊到增加的重量上去，从而使这些产品所承担的单位运输成本相对较低。

管理人员可以通过增加产品密度，以便更好地利用车辆的容积，使车辆能装载更多数量的货物。例如，增加货物包装密度，可以将更多单位的产品装载入车辆中，提高车辆重量方面的满载率。

(2) 产品的可靠性。对容易损坏或容易被偷盗、单位价值高的货物而言，可靠性是非常重要的一个指标。货物运输时，承运方提供的可靠性越大，货物的运输成本就越高。运输前必须要清楚这些货物的可靠性，以及产品是否是危险品，是否需要牢固、严格的包装等，对化学行业和塑料行业的产品而言，这些因素尤其重要。承运方可以通过向保险公司投保的方式，降低因损坏而付出的赔偿；还可以通过改善保护性包装或减少货物丢失损坏的可能性来降低其风险，最终降低运输成本。

(3) 产品的装载性能。装载性能是指产品的具体尺寸及其对运输工具空间利用程度的影响。例如，沙子、粮食和散装石油具有良好的装载性能，因为这些货品可以完全填满运输工具（集装箱、车皮等）。而有的货物，例如木材、牲畜、大型机械等，则不具有良好的装载性能。承运方可以通过和客户沟通在运输前对货物进行流通加工，如改变货物的形态或尺寸，以提高车辆的装载率。

2. 运输特征

(1) 运输距离。运输距离是影响运输成本的主要因素，它直接影响劳动力、燃料和维修保养等变动物流成本的发生。但是运输距离和运输成本并不是成绝对的比例关系，因为承运方可以利用更快的运输速度，使城市间运输的单位运输费率相对降低，并且在较长的距离使用相同的燃料费和劳动力费用。而城市内的运输通常会频繁地停车，因此会增加额外运输成本。

(2) 载货量。载货量之所以会影响运输成本，是因为与其他许多经济活动一样，大多数运输活动中存在着规模经济。因为提取和支付运输活动的固定费用及行政管理费用可以随载货量的增加而被更多地分摊。

(3) 装卸搬运。铁路运输或船舶运输可能需要特别的装卸搬运设备，运输成本较高。例如，车站和港口用于装卸搬运的大型起重机、吊车。此外，产品在运输和储存时实际采用的成组方式（例如，用带子捆起来、装箱或装在托盘上等）也会影响搬运成本。

3. 市场因素

不同运输模式间的单价、同一运输模式的线路竞争，以及同种运输方式之间的竞争都会影响运输费用的波动。不同运输方式之间存在着竞争，不同的承运人为了赢得市场份额，也会给出不同的运输价格优惠政策。

另外，运输通道流量和通道流量均衡等运输供需市场因素也会影响运输成本。当运输过程中车辆出现空载时，有关劳动力、燃料和维修保养等费用仍然必须按照原先的全程运输支付。例如，许多货物在美国东海岸加工制造，而消费市场主要在美国西部，这样就出现了运往西部的流量大于流向东部的流量，这种不平衡会使东部的运输费率大大降低。

二、运输成本的核算 —— 以公路运输为例

公路运输是最常见、最普遍的运输方式，本书以公路运输为例介绍运输成本的核算。

其他运输方式的成本核算可以参考公路运输的计算进行。

公路运输成本是指企业选择公路运输方式完成货物空间位移所发生的一切费用总和，是为完成一个运次或一定期间的运输量计算的成本。

1. 公路运输成本核算对象和单位

在使用公路运输方式进行物流运输的过程中，企业一般采用汽车运输。汽车运输成本核算对象可以根据管理和成本核算方式的需要选择。当汽车运输成本采用独立核算方式时，如果车型较为复杂，为了反映不同车型的运输经济效益，可以将其按照不同燃料和不同类型进行分类，作为成本核算对象；如果车型比较少，可以直接一并计算。对于以特种大型车、集装箱车、零担车、冷藏车、油罐车等从事运输活动的企业，不同类型、不同用途的车辆要分别作为单独的成本核算对象。

公路运输成本计算单位是以汽车运输工作量的计量单位为依据的。货物运输工作量通常称为货物周转量，其计算单位为"吨千米"，即实际运送的货物吨数与运距的乘积。为计算方便，通常以"千吨千米"作为汽车运输成本计算单位。大型车组的成本计算单位为"千吨位小时"，集装箱车辆的成本计算单位为"千标准箱千米"。集装箱以20英尺(1英尺 = 0.3048 m)为标准箱，小于20英尺箱的，每箱按照1标准箱计算；大于20英尺箱、小于等于40英尺箱的集装箱，每箱按1.5标准箱计算。其他特种车辆，如零担车、冷藏车、油罐车等运输业务，其运输工作量以"千吨千米"为成本计算单位。

对于以上指标，并不一定是越低越好，如果某项指标过低，可能是其业务量过少的原因。通常，企业可以通过横向对比或纵向对比综合分析，将以上指标控制在一定的合理范围内。

2. 公路运输成本的计算期

公路运输成本应按月、季度、年度计算从年初至各月末止的累计成本。营运车辆在经营跨月运输业务时，一般不计算"在产品"成本，而以行车路单签发日期所归属的月份计算其运输成本。

3. 公路运输成本核算的程序

公路运输成本核算的程序具体如下：

(1) 根据企业营运管理的要求，确定运输成本核算对象、成本核算单位、成本项目和成本核算方法。

(2) 根据费用支出和运输消耗的原始凭证，按照成本核算对象、费用类别和部门对营运费用进行归集、分配并编制各种费用的汇总表，包括工资及福利费分配表、燃料和轮胎损耗汇总表、低值易耗品摊销表、固定资产折旧及大修理费用提存计算表、轮胎摊销分配表。

(3) 根据各种费用汇总表或原始凭证，登记各种相应账户，并将辅助营运费用、营运间接费用按成本核算对象分配并编制各项支出汇总表。

(4) 企业根据运输成本核算资料，汇总分配的各项费用，编制企业运输成本核算汇总表。

4. 公路运输成本的核算

(1) 直接人工的归集与分配。

对于有固定车辆的司机和助手的工资，直接计入各自成本核算对象成本；对于没有固定车辆的司机和助手的工资，以及后备司机和助手的工资，则需按一定标准分配计入各成本核算对象的成本，计算公式为

$$每营运车吨日的工资分配额 = \frac{应分配的司机及助手工资总额}{总营运车吨日} （元/车日）$$

某车型营运车辆应分配的工资额 = 单位车日的工资分配额 × 该车型实际总营运车吨日

(2) 直接材料的归集与分配。

① 燃料费。对于燃料消耗，企业应根据燃料领用凭证进行汇总与分配。在燃料采用盘存制的情况下，可以采用当月耗用数计算燃料费用。

② 轮胎费。营运车辆领用轮胎内胎、垫带以及轮胎零星修补费等，一般根据轮胎领用汇总表及有关凭证，按实际数直接计入各成本核算对象的成本。至于领用外胎，其成本差异也直接计入各成本核算对象的成本，而其计划成本如何计入各成本核算对象的成本，则有不同的处理方法。

(3) 其他直接费用的归集与分配。

① 维修保养费。如果物流运输企业有专属保修班，则各级保修和小修理发生的费用，包括车队保修工人的工资及职工福利费、行车耗用的机油和保修车辆耗用的燃料、润料和备品配件等，一般可以根据各项凭证汇总，全部直接计入各成本核算对象的成本。对于车队保修班发生的共同性费用，可按营运车日比例分配计入各车队运输成本。

② 折旧费。企业计提固定资产折旧，可以采用平均年限法、工作量法、双倍余额递减法和年数总和法，属于车辆的固定资产折旧一般采用工作量法计提。

[例10-1] 某物流公司营运车辆按行驶公里计提折旧，公司有3辆车，型号一致，每辆车原始价值均为20万元，预计在寿命周期内均可行驶20万千米，报废时残值为2000元，清理费用为2000元。本月3辆车行驶里程分别为1000千米、500千米和800千米。计算公司车辆本月应计提折旧额。

解　$$车辆营运折旧额 = \frac{200\ 000 - 2000 + 2000}{200\ 000 \div 1000} = 1000 元/（千车·千米）$$

$$营运车辆月折旧费用 = \left(\frac{1000}{1000} + \frac{500}{1000} + \frac{800}{1000}\right) \times 1000 = 2300 元$$

③ 公路运输管理费。按照营运收入的一定比例缴纳公路运输管理费用的企业，按照车型分别计算，并计入对应的成本项目中；按照车辆吨位预先缴纳的企业，应根据实际缴纳的数额分摊计入运输成本的运输管理费项目中。

④ 车辆保险费。按照实际支付的投保费用和投保期，按照月份分车型分摊计入各分类成本的车辆保险费项目中。

⑤ 事故费。营运车辆在营运过程中因行车事故而发生的修理费、救援费和赔偿费，在扣除保险公司的赔偿收入、事故双方和相关责任人的赔偿金额后计入成本。

⑥ 其他费用。营运车辆发生的其他直接费用，除了保养修理费、折旧费、养路费等项目外，还包括公路运输管理费、车船税、过桥费、轮渡费等，这些支出都可以根据付款凭证直接计入各类运输成本。

(4) 营运间接费用的归集与分配。运输企业在营运过程中所发生的不能直接计入成本核算对象的各种间接费用，应通过"制造费用 - 营运间接费用"账户进行核算。

[例 10-2]　某运输公司甲车队某月共发生车队管理费 10 000 元，当月运输业务直接费用为 20 000 元，其他业务直接费用为 5000 元。该车队共有 A、B、C 三种车型，各车型当月发生的直接费用分别为 7000 元、6000 元和 3000 元，计算各车型应该分摊的车队管理费用。

解　首先，计算运输业务应分摊的车队管理费用。

$$车队管理费用分配率 = \frac{10\,000}{20\,000 + 5000} = 0.4 \text{ 元}$$

运输业务应分摊的车队管理费用 = 20 000 × 0.4 = 8000 元

然后，计算各车型应分摊的车队管理费用。

$$按车型分摊车队分配率 = \frac{8000}{7000 + 6000 + 3000} = 0.5 \text{ 元}$$

A 车型分摊额 = 7000 × 0.5 = 3500 元
B 车型分摊额 = 6000 × 0.5 = 3000 元
C 车型分摊额 = 3000 × 0.5 = 1500 元

(5) 运输成本明细账的设置与登记。公路运输成本是在分类归集运输费用的基础上计算出来的，其明细账就是按成本核算对象、成本项目划分专栏的运输支出明细账。运输支出明细账根据前述直接人工、直接材料、其他直接费用和营运间接费用等各种费用凭证或其汇总分配、计算表进行登记。

(6) 运输总成本和单位成本的计算。运输企业完成一定运输业务所发生的直接人工、直接材料、其他直接费用和营运间接费用等运输费用总额，组成了运输总成本。运输总成本除以运输周转量即得出单位成本。

三、运输成本的控制与优化

运输成本控制与优化是指根据计划和控制过程中发生的各种耗费对成本进行计算、调节和监督的过程，同时也是一个发现薄弱环节、挖掘内部潜力、寻找一切可能途径降低成本的过程。科学地组织、实施成本控制与优化，可以促进企业改善物流管理水平，提高物流服务水平，使企业在市场竞争的环境下生存、发展和壮大。同时，物流成本控制与优化还可以协调企业各部门的关系，实现各个子系统的协调统一。控制与优化运输成本的方法多种多样，企业应根据不同的情况采取不同的措施。

（一）合理选择运输方式和运输工具，提高装载效率

各种运输方式和运输工具都有各自的特点，不同类型的物品对运输的要求也不尽相同。因此，合理选择运输方式和运输工具是组织物流运输、保证运输质量、降低物流运输成本、提高物流运输效益的一项重要内容。

1. 运输工具选择的原则

选择合理的运输工具是控制运输成本最主要的方法之一。每种运输工具都有其优势和缺点，运输工具的选择应遵循及时、准确、经济、安全、增值和优化等原则。

(1) 及时。及时是指按照客户的需要，能够及时地将物品送达指定地点，尽量缩短物品的在途时间。

(2) 准确。准确是指在运输过程中避免各种事故、差错的发生，将物品完好无损、准确无误地送交客户指定的地点。

(3) 经济。经济是指通过选择合理的运输方式和运输路线，有效地利用各种运输工具和设备，运用规模经济的原理实施运输方案，节约人力、物力和运力，提高运输经济效益，合理地降低运输费用。

(4) 安全。安全是指在运输过程中，保证物品的完好无损，防止物品霉烂、残损及危险事故的发生。

(5) 增值。增值是指物流企业的专业化和规模化运输降低了费用，节省了物流运输作业成本，同时又提供了其他增值服务。这是物流企业生存的基本点，也是其赢取客户的出发点。物流企业在提供基本物流业务服务的基础上，可以利用自身优势，结合客户的需要开展增值创造。只有这种增值创造才可能保证企业的利润空间，才可能增强物流企业不可复制的核心竞争力，与客户建立战略合作伙伴关系。

(6) 优化。优化是指按照客观经济规律，以一定的原则、程序和方法，对人力、物力和财力进行有效的组织、指挥、协调和监督，达到以最少的资源耗费取得最佳经济效益的目的。运输作业优化，就是按照运输的规律和规则，对整个运输过程所涉及的运输市场竞争结构、物品发送、物品接运甚至物品中转等进行合理的组织和平衡调整，达到提高运输效率、降低运输成本的目的。

2. 合理选择运输方式和运输工具

不同的货物形状、价格、运输批量、交换日期、到达地点等，都有与之对应的合理的

运输方式和适当的运输工具。运输方式的经济性与迅速性、安全性、便利性之间存在着相互制约的关系，因此，在目前多种运输方式并存的情况下，在控制运输成本时，必须注意根据不同货物的特点及对物流时效的要求，综合评估运输方式的特性，以便做出合理选择。不同运输方式优缺点的比较如表 10-2 所示。

表 10-2　不同运输方式优缺点

运输方式	优　点	缺　点
公路运输	机动灵活，适应性强，可以实现门到门直达货物运输，适合近距离、小批量的短途运输	不适宜大批量运输，易污染环境，耗能大
铁路运输	运量大、速度快、运费较低，受自然因素影响小，连续性好	机动性差，近路运输的费用较高；铁路造价高，短途运输成本高
水路运输	运量大、投资少、成本低	速度慢，灵活性和连续性差，受水文和气象等自然条件影响大
航空运输	速度快、运输效率高	运量小、能耗大、运费高，设备投入大、技术要求严格
管道运输	运量大、损耗小、安全性能高，连续性强，管理方便	设备投资大，灵活性最差

运输方式的选择还需要考虑两个基本因素：即运输方式的速度和运输费用。从物流运输功能来看，速度快是物流运输服务的基本要求，但是其运输费用往往较高。同时，在考虑运输的经济性时，不能只从运输费用本身来判断，还要考虑运输速度加快可缩短物品的备运时间，使物品的必要库存减少，从而减少了物品保管费等因素。因此，运输方式或运输工具的选择，应该综合考虑上述各种因素，以及运输的各种目标要求，采取定性分析与定量分析相结合的方法进行选择。

[例 10-3]　某企业欲将 A 地工厂的产品运往 B 地的自有仓库，年运输量 (D) 为 70 万件，每件产品的价格 (C) 为 30 元，年存货成本率 (I) 为 30%。企业希望选择总物流成本最小的运输方式。另有资料：运输时间每减少 1 天，企业的平均库存水平就降低 1%。各种运输方式的有关参数如表 10-3 所示。

表 10-3　运输方式的有关参数

运输方式	运输费率R/(元/件)	送达时间 T/ 天	年运输批次/次	平均库存量$\dfrac{Q}{2}$/ 万件
铁路运输	0.10	21	10	10
公路运输	0.20	5	20	5×0.84
航空运输	1.40	2	40	2.5×0.81

解　在途运输的年存货物流成本为 $ICDT/365$，两端储存点的存货物流成本各为 $ICQ/2$。

通过计算，运输方案的比较见表 10-4。

表 10-4　运输方案比较表

单位：万元

物流成本类型	计算方法	铁路运输	公路运输	航空运输
运输费用	RD	7	14	98
在途存货	$ICDT/365$	36.2466	8.6301	3.4521
工厂存货	$ICQ/2$	90	37.8	18.225
仓库存货	$I(C+R)Q/2$	90.3	38.052	19.0755
总物流成本		223.5466	98.4821	138.7526

由计算结果可知，在三种运输方式中，公路运输的总物流成本最低，因此企业选择公路运输。

（二）简化运输系统，减少中间环节，降低运输成本

1. 合理优化运输网络

物流运输环节一般不可能改变现有的公路网、铁路网以及海运线等，但是可以对现有的运输资源进行合理的优化，降低运输成本。

2. 直达运输

直达运输就是在组织货物运输的过程中，越过仓库环节或铁路、公路等中转环节，把货物从产地或起运地直接运到销地或用户。对于一些体积大、笨重的货物，如大型机器、矿石等，企业一般采取由制造商直接运至客户指定地，实行直达运输。

3."四就"直拨运输

"四就"直拨运输是指各批发企业在组织货物运输的过程中，对当地生产或由外地调运的货物，不运进批发企业仓库，而是采取直拨的办法，把货物直接分拨给市内批发零售商店或客户，减少一道中间环节。其具体做法有：就厂直拨、就车站（码头）直拨、就库直拨、就车（船）过载等。

（三）合理选择运输组织模式，降低运输成本

运输组织模式分为自营和外包两种。对于不同的产品、不同的客户需求特点，以及不同的货物价值量，企业可以选择不同的运输组织模式。

在选择运输组织模式时应同时考虑多种因素，例如服务质量、运输价格、服务商的声誉、服务商的实力等。

（四）提高车辆的装载率，降低运输成本

提高装载效率是组织合理运输、提高运输效率、降低运输成本的重要内容。它一方面可最大限度地利用车辆载重吨位；另一方面，能够充分使用车辆装载容积。提高装载效率的方法主要有以下三种。

1. 组织轻重配装

组织轻重配装即把实重货物和轻泡货物组装在一起，充分利用车船装载容积增加装载重量，以提高运输工具的使用效率、降低运输成本。

2. 实行解体运输

实行解体运输即对一些体积大且笨重、不易装卸又容易碰撞致损的货物，如自行车、科学仪器、大型机械等，可将其拆卸装车、分别包装，以缩小货物所占空间。实行解体运输易于装卸和搬运，可以提高运输装载效率，降低货物的单位运输成本。

3. 高效堆码方法

高效堆码方法是指根据车船的货位情况和不同货物的包装形状，采取各种有效的堆码方法，如多层装载、骑缝装载、紧密装载等，以提高运输效率。另外，通过改进物品的包装技术，推行标准化、托盘化，对提高运输工具装载能力也有重要意义。

（五）选择最佳运输手段，降低运输成本

1. 拼装整车运输

拼装整车运输是指由同一发货人将不同品种的货物发往同一到站、同一收货人的零担托运货物，由企业自己组配在一个车皮内，以整车运输的方式托运到目的地；或把同一方向、不同到站的零担货物，集中组配在一个车皮内，运到一个适当车站，然后再中转分运。

在铁路货运中有两种托运方式：一种是整车，一种是零担，两者的运价相差较大，采取拼装整车运输的办法，可以减少一部分运输费用，并能节约社会劳动力。

2. 实施托盘化运输

托盘化运输也称为一贯托盘化运输，是指利用托盘作为载货单元，形成一个以托盘为基本用具，不改变货物状态，用机械搬运、装卸、处理货物的过程。使用一贯托盘化一方面可以使交易单位标准化，减少装卸搬运场地；另一方面，用机械设备装卸搬运可减少人力成本，并且能够缩短运输时间。

3. 实施集装箱运输

集装箱运输是指以集装箱作为运输单位进行货物运输的一种现代化运输方式，它适用于海洋运输、铁路运输及国际多式联运等。它能将数量众多的货物集中装入集装箱，由发货人仓库直接运到收货人仓库，实现"门到门"运输。相对于传统运输方式来说，集装箱

运输具有安全、快捷、简便、迅速、经济等特点。

第三节　仓储成本分析与控制

仓储作业在物流系统中起着不可替代的作用。在整个供应链体系中，仓储发挥着整合上下游矛盾、平衡各企业部门供需的作用。由于仓储成本在整个物流成本中占据很大的比重，所以对仓储成本控制是物流管理的重要内容。

仓储成本是指企业在存储物品过程中，包括装卸搬运、储存保管、流通加工、收发物品等各环节和建造、购置仓库等设施所耗费的人力、物力、财力及风险成本的总和。仓储成本中的大部分费用不随库存量的变动而变动，而是随物品仓储时间和仓储空间的变动而变动。所以，仓储成本分析与控制的任务是在合适的时间和地点，用最低的费用储存适量的货物。

一、仓储成本的构成及影响因素

根据国家标准《企业物流成本构成与计算》(GB/T 20523—2006) 对仓储成本的定义，仓储成本是指一定时期内，企业为完成货物储存业务而发生的全部费用，包括仓储业务人员费用，仓储设施的折旧费、维修保养费、水电费、燃料与动力消耗费、相关税金、业务费等。该定义是从狭义的层面进行界定的，如果将仓储环节作为物流系统中一个独立而完整的子系统看待，则仓储存货相关成本也应纳入仓储成本的范畴。

总体而言，仓储运作中的资源消耗来源于两方面：(1) 存储成本，包括仓储作业成本和仓储空间成本；(2) 库存持有成本。

（一）存储成本

存储成本是指由仓储作业带来的物流成本，以及建造、购置仓库等设施设备所带来的储存空间成本。

1. 仓储作业成本

仓储作业成本是指仓储成本在仓储过程中所表现出来的具体费用。仓储作业成本主要包括：

(1) 出入库、验货、备货、日常货品养护与管理、场所管理作业成本。这项成本中包括人工费、能耗费、维修费、租赁费及应当分摊的管理费用等间接成本。

(2) 装卸搬运成本。装卸搬运成本是指货物入库、堆码和出库等环节发生的装卸搬运费用，包括搬运设备的运行费用和搬运工人的带动成本。

(3) 流通加工成本。流通加工成本是指在仓储活动中，流通加工所消耗的物化劳动和活劳动的货币表现。

2. 仓储空间成本

通常企业可以通过三种方式获取仓储空间：企业自有仓库、租赁仓库和公共仓库。

(1) 企业自有仓库。企业自有仓库属于企业的固定资产，可以多次参加企业的储存过程而不改变其实物形态，是一种能够长期使用的固定设施。仓库的价值会随着其使用过程而逐步、分次地转移到物流成本中去，并最终从企业的收入中得到补偿。在会计核算中，这部分因固定资产使用磨损而逐渐转移的价值称为折旧。

作为一种成本，折旧并没有在计提期间实实在在地付出，但是这种成本是前期已经付出的费用，而在固定资产投入使用后的有效期内逐步实现。因此，企业通过自有仓库获得仓储空间时，必须对其计提折旧，同时企业自有仓库在各期的此部分仓储成本应当包括折旧。

仓库等设施设备的价值损耗分为有形损耗和无形损耗两种形式。有形损耗是指仓库等设施设备由于使用（例如货架的磨损等）和自然力（例如风吹、雨打、日晒等）的影响而引起的服务潜能的降低。

有形损耗分为以下两类：

① 使用损耗。使用损耗是指与其使用强度有关的损耗，如货架在使用过程中的磨损。这种损耗程度与使用强度的关系可以使用线性模型描述出来。

② 闲置损耗。此种损耗与使用强度无关，而与其所受的自然力相关。例如，仓库等设施设备由于风化、锈蚀等自然力的作用而发生的损耗，与闲置时间有关。

影响有形损耗的因素主要有：仓库等设施本身的质量和可靠性、使用条件（工作时间、工作负荷等）、自然条件（温度、湿度、风力等），以及养护条件。

无形损耗是指仓库等设施设备本身的服务潜能未改变，但是由于科技的进步而引起的仓库设施价值的降低，例如由于科技的进步和自动化技术的应用出现自动化仓库，从而导致原有的仓库必须闲置或报废。

无形损耗主要有以下两类：

① 由于社会劳动生产率的提高，建造统一仓库所花费的劳动减少而造成的贬值，这种损耗不影响仓库的使用效能。

② 由于科学技术的发展，新一代自动化仓库的出现，使原有的仓库必须淘汰或报废而造成的损失。

(2) 租赁仓库。当企业不自建仓库的时候，可以选择租赁仓库来满足本企业对物品的储存需求。

租赁仓库的租金一般按照企业在一定时期内所租用的仓库空间的大小来收取。仓库租赁合同的期限都比较长，一般租用的仓库空间企业按照期限内最大需求确定。租金一旦确定后，不会因为租赁仓库空间没有充分利用而改变，与库存水平无关。

(3) 公共仓库。与租赁仓库不同，公共仓库可以为企业提供各种各样的服务，例如，装卸货物、储存、分类、配送等企业要求的服务。通过公共仓库获得仓储空间，企业和公共仓库之间建立的是一种合作伙伴关系。这样，企业可以把不擅长的业务交给公共仓库完成，集中精力搞好自己的核心业务。

企业与公共仓库的合约属于短期合同，费用由双方通过谈判来确定。费用由三部分组成：存储费、搬运费和附加成本。收费高低的影响因素有：仓储空间的大小、存储物品的种类、物品存储的条件、搬运等活动的强度等。

对于企业来说，公共仓库的物流成本是可变的，停止使用公共仓库后，所有的费用均会消失。

（二）库存持有成本

库有持有成本是指与储存的存货数量有关的物流成本，由以下成本构成。

1. 采购成本

采购成本是指由购买存货而发生的买价（购买价格或发票价格），其总额取决于采购数量和单位采购成本。单位采购成本一般不随采购数量的变动而变动，因此，在采购批量决策中，存货的采购物流成本通常属于无关物流成本；但当供应商为扩大销售而采用"数量折扣"等优惠方法时，采购成本就成为与决策相关的成本了。

2. 订货成本

订货成本是指为订购货物而发生的各种物流成本，包括采购人员的工资、采购部门的一般性费用（如办公费、水电费、折旧费、取暖费等）和采购业务费（如运杂费、差旅费、邮电费、验费等）。

3. 资金占用成本

资金占用成本是指存储物品占用资金所应计的利息（若企业用现金购买存货，便失去了现金存放银行或投资于证券本应取得的利息，是为"放弃利息"；若企业借款购买存货，便要支付利息费用，是为"付出利息"），或者储存物品占用资金的机会成本。资金占用成本随存货储存数量的增减呈正比例变动，属于决策相关的成本。

4. 库存保险成本

保险费率通常并不与库存水平保持严格的比例。这主要是由于购买保险的主要目的是在一定时期内保护一定价值的库存产品，所以当库存发生小幅度变化时，保险的金额并不立即随之变动。但是，当库存水平未来会发生较大变化时，保险政策就会根据预期的库存水平变化做出调整。因此，从总体上来看，保险成本和库存水平密切相关。保险成本还会受到其他一些因素的影响，如仓储建筑所使用的材料、建成年代及安装的消防设备类型等。

5. 库存风险成本

库存风险成本包括过期成本、破损成本、损耗、移仓成本、缺货成本等各项费用。

企业的仓库中有时会出现由于过时或其他原因，而必须亏本处理或以低于正常售价的价格出售库存产品的情况，这时过期成本便出现了。过期成本是由于企业库存控制不当，库存货品过多所引起的，它与库存水平有直接关系。

破损成本是指随库存数量变动而发生破损的部分。在仓储过程中由于装卸搬运或其他仓储作业导致的产品破损，与库存持有水平无关，因此，应该被算作仓储成本而不是库存持有物流成本。产品破损所发生的损失金额与企业库存水平的关系，通常可以通过简单的线性回归来加以确定。

损耗是指由于库存被盗而造成的成本支出。

缺货成本是指由于存货数量不能及时满足生产和销售的需要而给企业带来的损失，包括材料供应中断造成的停工损失、产成品库存缺货造成的拖欠发货损失和销售机会损失（还应包括需要主观估计的商誉损失）。如果生产企业以紧急采购代用材料解决材料中断之急，那么缺货成本表现为紧急额外购入成本。

（三）仓储成本的影响因素

1. 影响仓储量的因素

物资仓储量的多少由许多因素决定，主要有：

(1) 商品本身的性能不稳定，库存量就要小一些，如燃料、润料。

(2) 从物资的使用和销售方面来看，一般销售量增加，相应的库存量也要增加；反之，销售量减少，库存量也要减少。

(3) 从物资管理方面来看，交通方便、运输周期长的商品，可以保持较小的库存量；反之，运输不便、运输周期长的商品，应保持较高的库存量。

2. 影响采购批量成本的因素

影响采购批量成本的因素有以下几种。

(1) 存货取得成本。存货取得成本主要包括采购过程中所发生的各种费用的总和。这些费用大体可以归结为两大类：一类是随采购数量的变化而变化的变动费，一类是与采购数量关系不大的固定费用。

(2) 储存成本。生产销售使用的各种物资，在一般情况下都应该有一定的储备。储备就会有物流成本费用发生，这种费用包括两大类：一类是与储备资金多少有关的物流成本，如储备资金的利息、相关的税金、仓储物资合理损耗物流成本等；一类是与仓储物资数量有关的物流成本，如仓库设施维护修理费，物资装卸搬运费，仓库设施折旧费，仓库管理人员工资、福利费、办公费等。

(3) 运输时间。在物资采购过程中，要做到随要随到的情况是有条件的。一般情况下，仓库从采购到入库都是需要时间的。

3. 影响库存持有成本的因素

(1) 库存周转率。库存周转率对企业的库存持有成本影响很大：通常随着库存周转速度的加快，企业库存持有成本会不断下降，但其下降的速度会逐步减弱；当库存周转速度接近一定水平时，库存周转率的大幅度提高，只能带来库存持有成本的少量下降。

(2) 库存持有水平。库存持有水平与库存持有成本紧密相连，是影响库存持有成本的主要因素。

二、仓储成本的核算

(一) 仓储作业流程分析

仓储作业流程是指物资在仓库储存过程中必须经过的、按一定顺序相互连接的作业环节。按作业顺序主要有出入库作业、验货作业、场所管理作业、日常保管养护作业、备货作业、装卸搬运作业及流通加工作业。

1. 出入库作业

在现代仓库管理过程中，无论采取哪种发展模式，都比较注重仓储环节与供应链上游的供应商，以及供应链下游的经销商或客户之间的信息传递，所以要求仓储环节能够及时传递货品的信息，这就需要先对货品进行编码贴标签，然后输入管理信息系统进行统一管理。

入库作业是仓储作业流程的第一个环节，包括入库前准备、接运、入库验收、入库货品登记，制作相应的单据并进行部门间的信息传递，为入库货品贴附标签及入库等流程。

出库作业是指按照货主的调拨出库凭证或客户订单的发货凭证所注明的货品名称、数量、规格、收货地址、收货条件等，进行核对、备料、复核、发放等一系列作业。同时，要对出库货品进行登记，并制作相应单据以进行部门间的信息传递。

2. 验货作业

在仓储管理过程中，货品出入库的同时都有验货作业。

入库前的验货作业：所有到库货品在入库前必须进行验收，根据入库清单对即将进入仓库的货品进行数量和品质两方面的检验。验货作业包括包装验收、数量验收、质量验收等内容。

出库前的验货作业：根据出库清单或者客户的订货清单，对即将出库的货品进行数量和品质两方面的检验和核对。

3. 场所管理作业

仓库的场所管理有两种形式：一种是固定型的场所管理，即利用信息系统事先将货架进行分类、编号并贴附货架代码，对各货架内存放的货品事先加以确定；另一种是流动型管理，即所有货品按顺序摆放在空的货架中，不事先确定各类货品专用的货架。

固定型管理方式下，各货架摆放的货品长期不变，有利于从事货品备货作业，建立信息系统也比较方便，所以具有准确性和便利性的优点。但是它也有使用范围的局限性，一般适用于非季节性货品。流动型管理方式下，各货架摆放的货品流动性很大，由于货品不断在变化，在货品的登记信息变更过程中容易出现差错。流动型管理由于周转快、流动频繁，更适用于季节性货品或流行变化快的货品。

4. 日常保管养护作业

保管养护作业是指在整个仓储过程中起承上启下的作业，所以，必须重视保管作业，科学地保管养护货品，以保证货品的完好状态，减少货品的损耗，同时还要预防货品被盗或发生火灾等，以保证货品的数量和质量不发生变化。

5. 备货作业

备货作业是指根据出库单要求或配送计划从拣货区或储存区将货品分拣、提取出来的作业。备货作业是仓储的重要作业环节，是货品出库的基础。备货作业的方式主要有以下三种：

(1) 摘取式分拣。摘取式分拣也称全面分拣或摘果式分拣，是指备货员全面负责一个客户订单，巡回于储存区，拣选出订单上的每一个货品，巡回完毕也就完成了一次备货作业，将配齐的货品放到指定的货位，然后进行下一个客户订单的货品备货。这种备货作业方式简单，不容易遗漏货品，但是效率较低。

(2) 播种式分拣。播种式分拣也称批处理分拣，是指备货员负责一组客户订单，先建立批处理清单，然后根据清单将每一个客户订单所需的数量取出，送到站台，最后将它们在各个订单之间进行分配。这种分拣方式可以缩短拣取时行走、搬运的距离，提高备货的效率。

(3) 混合式分拣。混合式分拣是指将摘果式分拣和播种式分拣混合起来运用，先将客户订单所定货品进行分割，该批订单中共性货品采用播种式分拣，其他货品采用摘取式分拣，然后再将所拣货品按订单进行合并，最后完成备货。

除了以上三种分拣方式外，还可以分区或分拨进行货品拣取。

6. 装卸搬运作业

装卸搬运贯穿于整个仓储管理作业流程中，是货品在仓库的不同运行阶段之间相互转换的桥梁。

7. 流通加工作业

流通加工是指在货品进入流通领域后，为了促销、维护货品质量和提高物流效率，对物品进行简单的加工，包括对货品进行包装、分割、分装、组装、贴标签等简单作业。

流通加工是流通中的一种特殊形式，主要作用在于优化物流系统，提高整个物流系统的服务水平。

（二）仓储成本的计算

1. 存储成本的计算

在计算仓储成本中的存储成本时，由于原始数据主要来自财务部门，首先应该按支付形态将存储成本剥离出来，所以，计算存储成本可以按照支付形态进行计算，包括人工费、材料费、能耗费、维修费、折旧费、租赁费和分摊的管理费等。

(1) 人工费。人工费是指从事仓储作业人员的工资、福利、奖金、劳保等。该项费用从会计相关科目中提取出来即可。

(2) 能耗费。能耗费是指低值易耗品的耗费。

(3) 维修费。仓储作业过程中使用的机械设备和工具的维修费。

(4) 折旧费。作业过程中使用的机械设备和仓库的成本，以计提折旧的形式计入相关作业成本中。

(5) 租赁费。作业过程中租赁机械设备工具和仓库所支付的费用。

(6) 分摊的管理费等。

2. 库存持有成本的计算

(1) 库存占用资金的机会成本。

持有库存占用了可以用于其他投资项目的资金，包括内部生产的资金和从企业外部获取的资金。因此，企业将购买库存的资金用于其他投资所能实现的收益就属于库存投资的资金物流成本，这种成本并不是实实在在支出的成本，因此属于机会成本。其计算公式如下：

$$库存占用资金的机会成本 = 库存占用资金 \times 相关收益率$$

式中，相关收益率可以是企业所处行业的基准收益率，企业若无法取得行业的基准收益率，也可以使用银行的存款利率或贷款利率，或者是企业内部收益率来计算。

除了相关收益率外，库存占用资金也是计算库存持有成本的关键。

企业要计算库存占用资金必须解决三个方面的问题：单个库存产品的实际成本、库存的盘存方法、库存流动假设。

① 单个库存产品的实际成本。对于流通型企业来说，库存产品的实际成本就是指库存产品当前的重置成本。对于制造型企业而言，可采用直接成本法和归纳（或吸收）成本

法来进行计算。

直接成本法。此方法的运营基础是成本分为固定成本和变动成本，企业应当从库存产品的价值中扣除固定的制造管理费用，这样计算得出的单个库存产品实际成本更接近于它们的重置付现成本。

归纳成本法。这是一种传统的成本计算方法，与直接成本法最大的区别在于，归纳成本法将固定的制造管理费用计入库存费用之中。

② 库存的盘存方法。库存盘存用于确定减少与结存库存数量，包括定期盘存制和永续盘存制两种。

定期盘存制，是指会计期末通过实地盘点，以确定期末库存的结存数量，再分别乘以各项库存的盘存平价，计算期末库存物流成本；计算存货期末库存的补充量，然后采用倒算的方法确定本期销售或耗用的库存成本。定期盘存制的优点是平时可以不登记存货明细账，核算工作比较简单；缺点是期末的工作量较大，核算手续不够严密。

永续盘存制，是指对库存项目设置经常性的库存记录，即分品名、规格设置存货明细账，对存货的增减变动进行连续记录，并随时结出存货的结存量。通过会计账簿资料，就可以完整反映存货的收入、发出和结存情况。这种方法的优点是核算手续严密，平时可以通过账簿记录完整掌握各种库存的动态收发及结存情况，有利于加强控制和管理；缺点是核算量比较大。

③ 库存流动假设。目前存在多种库存流动假设，普遍采用的有四种方法：先入先出法、后入先出法、平均物流成本法、特定物流成本法。

第一，先入先出法。先入先出法主张"先入者先出"，假设各种出库的货品都是最早进入仓库的货品，仓库中储存的货品都是最后购入或产出的货品。先入先出法简单易行，库存记录通常都是根据永续或定期的盘存方法进行登记的。在永续盘存制下，存货的增加、减少或删除均按每项输入或输出业务加以记录。在定期盘存制下，则仅记录增加的存货，按预定的间隔时间对存货进行实物盘点，以便于确定库存状况。

[例 10-4]　某公司仓库采用永续盘存制，在 2020 年 5 月末，该仓库库存量为 0。6月 1 日仓库入库了 30 件产品，每件价格是 20 元，6 月 2 日从仓库出库 15 件，库存单价为 20 元，出库金额即为 15 × 20 = 300 元。这部分须从 6 月 1 日的流水账记录中扣除，此时仓库的库存数量更新为 15 件，金额是 300 元。6 月 3 日仓库入库 10 件，由于市场需求的变化，这次的价格为 25 元，总金额为 250 元，则库存数量为 25 件，总金额为 550 元。4 日从仓库中出库 20 件，根据先入先出法的要求，需要从价格为 20 元的库存中出库 15 件，然后再从单价为 25 元的货品中出库 5 件，此时出库的金额为 425 元，库存结余为 125 元。6 月 5 日又入库了 20 件，单价为 30 元，总金额为 600 元，此时新库存为 25 件，金额为725 元，如表 10-5 所示。

表 10-5　库 存 记 录 表

日期	入　库			出　库			库　存		
	数量/件	单价/元	金额/元	数量/件	单价/元	金额/元	数量/件	单价/元	金额/元
1	30	20	600				30	20	600
2				15	20	300	15	20	300
3	10	25	250				25	20/25	550
4				20	20/25	425	5	25	125
5	20	30	600				25	25/30	725

　　第二，后入先出法。后入先出法是指在仓储管理中最后入库的货品最先出库，即仓库中在库货品的单位物流成本是最早获得的货品的单位物流成本，出库的货品均按最近入库货品的单价计价。这种方法可使本期收入与本期物流成本相适应，但是，可能导致资产负债表中的存货价值不真实，而使流动比率和其他流动资产的关系失真。先入后出法既用于永续盘存制，也可用于定期盘存制。

　　[例 10-5]　沿用例 10-4 数据，采用永续盘存制，利用先入后出法的仓库库存物流成本情况见表 10-6。

表 10-6　先入后出法下的库存记录表

日期	入　库			出　库			库　存		
	数量/件	单价/元	金额/元	数量/件	单价/元	金额/元	数量/件	单价/元	金额/元
1	30	20	600				30	20	600
2				15	20	300	15	20	300
3	10	25	250				25	20/25	550
4				20	20/25	450	5	20	100
5	20	30	600				25	25/30	700

　　从上面两个例子中我们可以看到，两种方法下的最后库存都是 25 件，但是库存物流成本金额却相差 25 元。

　　第三，平均成本法。使用平均成本法，企业既能获得较为真实的期末存货价值，又能获得较为真实的出库产品成本。此种方法不注重货品出库的先后顺序，而是注重于确定每项货品在某一时期内的单位平均成本，并以此作为出库货品的单位成本。一般确定企业单位平均成本有三种方法：算术平均法、加权平均法和移动平均法。

　　[例 10-6]　某企业仓库采用定期盘存制，2020 年 1 月末，该仓库库存量为 0。2 月 1 日仓库入库 40 件货品，单价为 20 元；3 日入库 10 件货品，单价为 15 元；5 日入库 20 件

货品，单价为 20 元，2 月 5 日进行盘点，库存数量为 25 件，利用加权平均法计算库存结存价值。

出库货品数量为

$$(40 + 10 + 20) - 25 = 45 \text{ 件}$$

该期间的加权平均价格为

$$\frac{40 \times 20 + 10 \times 15 + 20 \times 20}{40 + 10 + 20} = 19.3 \text{ 元}$$

最终的库存结存价值为

$$(40 \times 20 + 10 \times 15 + 20 \times 20) - 19.3 \times 45 = 481.5 \text{ 元}$$

第四，特定成本法。在所有库存流动假设中，特定成本法是最能真实地提供期末存货价值和出库产品成本的方法。这种方法中，成本流动和实动是等同的。这种方法既适用于永续盘存制，也适用于定期盘存制。特定成本法通常运用于加工数量少的大型、贵重的货品或用户定做的产品，当货品或作业的数量很大时，其运用成本就非常昂贵。

(2) 库存风险成本。

库存风险成本是指由于企业无法控制的原因造成的库存商品的贬值、损坏、丢失、变质等损失，这部分成本往往与库存产品的数量呈正相关。

(3) 库存保险成本。

为了降低仓储的风险成本，企业往往会根据仓储货品的价值和数量为其购买保险，以降低因损耗所承担的风险。货品丢失和损坏的风险越高，所需的保险费用就越高，保险成本的支出也就越高。

三、仓储成本的控制与优化

（一）合理选择仓储类型，降低仓储成本

企业可以通过自建仓库、租用仓库或者公共仓库等方式存储货物。每种方式都有其利弊，企业进行决策的主要目标是要寻求仓储总成本最低的方案。在满足一定客户物流服务水平的前提下，企业需要在综合考虑以下有关因素的基础上做出合理选择。

1. 周转量

当企业的存货周转量较高时，采用自有仓库较经济，反之，则选择公共仓库。

2. 需求的稳定性

自有仓库最适合需求稳定的企业。许多企业具有多种产品线，使仓库具有稳定的周转量，因此自有仓库的运作更为经济适用。

3. 市场密度

企业产品销售市场密度较大或供应商比较集中时，有利于建造自有仓库。因为零担运

输费率比较高，经自有仓库拼箱后，采用整车装运，运费率便会大大降低。相反，市场密度较低时，在不同的地方使用公共仓库要比一个自有仓库服务一个很大市场范围更为经济。

4. 作业的灵活性

作业的灵活性是指仓库调整仓储策略和作业程序以满足产品和客户需求的能力。一般自营仓库的仓储政策和作业程序都是统一的，灵活性较差。当客户对仓库作业的灵活性要求较高时，应选择租用仓库。

（二）合理选择不同吞吐量下的仓储类型与作业模式

任何拥有库存的企业都必须支付仓储成本，当企业通过租赁仓库或公共仓库的形式实施仓储活动时，仓储成本是由外部提供仓储服务的物流企业按费率向企业收取的；当企业通过自有仓库实施仓储活动时，仓储成本是由企业自有仓库产生的内部成本。因此，不同吞吐量下，采用不同的仓储类型与作业模式会带来不同的仓储成本，如图10-1所示。为了降低企业的仓储成本，必须根据企业吞吐量的规模，恰当地选择仓储类型与作业模式。

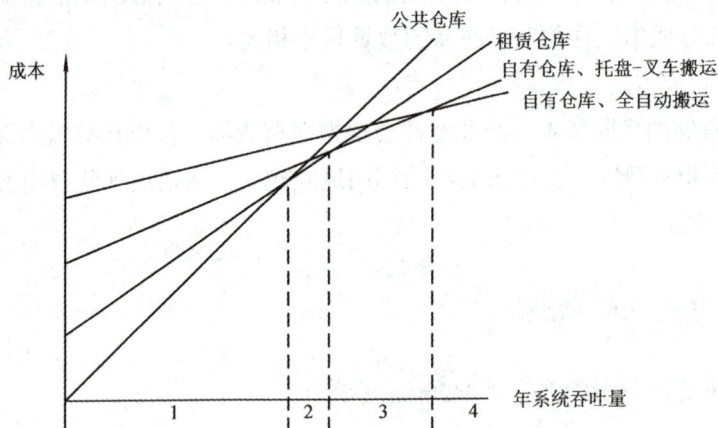

图10-1　采用不同仓储类型与作业模式时的仓储成本

图10-1中，"1"为公共仓库的经济范围；"2"为租赁仓库的经济范围；"3"为自有仓库、托盘－叉车搬运的经济范围；"4"为自有仓库、全自动搬运的经济范围。

（三）优化仓库布局，降低仓储成本

企业在选择自有仓库存储货物时，要注意优化仓库布局，通过建立大规模的仓储中心，把零星的库存集中起来，采取适度的集中库存进行管理，对一定范围内的客户直接配送，是降低仓储成本的重要措施之一。集中库存有利于采用机械化和自动化操作方式，形成批量的干线运输。当然，优化仓库布局是一项系统工程，需要综合考虑客户的需求、仓储成本和运输成本，实现总物流成本最低。

（四）采用 ABC 分类管理法，降低仓储成本

ABC 分类管理法又称重点管理法，该方法的理论基础是帕累托曲线所揭示的"关键的少数和次要的多数"规律。ABC 管理法将企业的仓库货物分成 A、B、C 三类：A 类货物的品种数只占库存品种总数的 10% 左右，但物流成本却占总库存成本的 70% 左右；C 类货物的品种数占库存品种总数的 70% 左右，但物流成本只占总库存成本的 10% 左右；B 类货物的品种数占库存品种总数的 20% 左右，其物流成本占总库存成本的 20% 左右。

[例 10-7]　对某企业仓库货物按 ABC 管理法统计分析如表 10-7 所示。

表 10-7　库存 ABC 分析表

物料编号	品种百分数 /%	品种百分数累计 /%	单价 /元	数量 /个	金额 /元	金额累计 /元	金额百分数累计 /%
1	2.22	2.2	480	3820	1 833 600	1 833 600	
2	2.22	4.4	470	1680	789 600	2 623 200	
3	2.22	6.6	200	1060	212 000	2 835 200	
4	2.22	8.9	8	23 750	190 000	3 025 200	66.8
5	2.22	11.1	29	6000	174 000	3 199 200	
6	2.22	13.3	45	3820	171 900	3 371 100	
⋮	⋮	⋮	⋮	⋮	⋮	⋮	
13	2.22	28.9	1.5	40 000	60 000	4 012 365	88.6
14	2.22	31.1	10.2	4880	49 776	4 062 141	
15	2.22	33.3	11.25	3700	41 625	4 103 766	
⋮	⋮	⋮	⋮	⋮	⋮	⋮	
44	2.22	97.8	12	1838	22 056	4 527 607	
45	2.22	100	1.0	1060	1060	4 528 667	100

根据表 10-7，对库存品种进行分类。观察品种百分数累计栏和金额百分数累计栏，将品种百分数累计为 10% 左右而金额百分数累计 70% 左右的前几个货物，确定为 A 类；将品种百分数累计在 20% 左右而金额百分数累计在 20% 左右的货物，确定为 B 类；其余货物为 C 类，如表 10-8 所示。

表 10-8　库存 ABC 分类表

类别	金额/元	品种数量/个	品种百分数累计 %	品种百分数 %	资金总额/元	金额百分数 %	金额百分数累计 %
A	190 000 以上	4	8.9	8.9	3 025 200	66.8	66.8
B	60 000 ～ 19 000	9	20.0	28.9	987 165	21.8	88.6
C	60 000 以下	32	71.1	100	516 848	11.4	100

对库存货物实施分类的目的就是按照 ABC 分类法的管理原则，对不同类别的货物采取不同的管理和控制方法。

A 类货物属于非常重要的库存，其品种数量虽然很少，但是其占用资金最多，若想在资金利用方面取得更好的经济效益，需要对 A 类产品实施严格的管理和控制，进行重点管理。企业对这类产品要详细记录进、出库信息，经常进行盘点，随时提供准确的库存信息，在满足客户需求的前提下尽可能降低这类货品的库存水平和安全库存量。

C 类货物库存品种多，但占用资金较少，这类库存一般视为不重要的库存，采取尽可能简单的方式进行管理。可以利用订货点法进行库存控制，采取间隔时间较长的定期盘点法进行盘点。

B 类货物库存属于一般重要库存，对这类货物的库存管理介于 A 类和 C 类之间，可以采用定期库存控制，也可以采用定量库存控制，盘点的间隔时间介于 A 类和 C 类库存之间。

（五）采用"先进先出"法

"先进先出"法是指让先入库的货物先出库的仓储管理方法。采用该方法，能够避免货物仓储时间过长，降低货物的保管风险。采用"先进先出"法的具体方式有以下几种：

(1) 采用重力式货架系统，即利用货物自身的重量，从一端存入货物，从另一端取出货物。

(2) "双仓法"，即给每种货物准备两个货位，在全部取出一个货位中的货物后及时补货，并轮换到另一个货位中取货，再依次轮换。

(3) 利用计算机存取系统，即在货物入库时，将入库时间录入计算机系统中，并根据系统记录时间的先后顺序取货。

（六）加强仓库内部管理，降低仓储成本

对于拥有自有仓库的企业，应该加强仓库的内部日常管理，通过降低仓储成本中的设备维修保养费、水电费、燃料与动力消耗费等，来努力降低仓储成本。例如，提高仓库和仓储设备的利用率，提高仓储作业的机械化程度，减少人力物流成本，严格控制各种保管保养材料的使用，减少消耗等。

（七）运用现代库存控制技术及现代信息技术，降低库存成本

企业可以采用 MRP(物料需求计划)、MRP Ⅱ (制造资源计划) 以及 JIT(准时制) 等生产和供应系统，合理确定物品的库存，使其既能保证生产和销售的需求，又能降低库存成本。

同时运用现代信息技术，实现企业与企业之间以及企业内部各个部门之间的信息共享，可以加快资金周转，降低企业的生产或销售库存。例如，供应链上各企业间加强信息共享，可以通过 VMI(供应商管理库存) 和联合库存的方式实现整个供应链库存量的降低，

从而降低整个供应链库存水平和库存成本。

本章思考题

1. 物流成本日常控制的原则是什么？
2. 运输成本控制的方法有哪些？
3. 仓储成本优化的方法包括哪些？

案例分析

戴尔的库存管理

论及戴尔的成功之道，大家几乎是众口一词地归结为"直销模式"。事实上，戴尔的成功源于其超乎寻常的物流管理效率，这其中的关键是建立起了一条高速、有效的供应链。"我们只保存可供 5 天生产的存货，而我们的竞争对手则保存 30 天、45 天甚至 90 天的存货。这就是区别。"该公司分管配送的副总裁迪克·亨特一语道破天机。

分析戴尔直销模式的实现方式，我们可以看到，一方面，戴尔通过电话、网络以及面对面的接触，和顾客建立起良好的沟通和服务支持渠道。另一方面，戴尔也通过网络利用电子数据交换技术 (EDI)，使得上游的零件供应商能够及时准确地知道公司所需零件的数量和时间，从而大大降低零部件的库存，这就是戴尔所称的"以信息代替存货"。这样，戴尔也和供应商建立起一个"虚拟"的联合企业，其主要特点有以下几个：

1. 机动灵活的配送系统

戴尔的直销模式，使其供应链与传统的供应链相比主要有两点不同：一是它的供应链中没有分销商、批发商和零售商，而是直接把产品卖给顾客，这样可以一次性、准确、快速地获取订单信息，由于是网上支付，所以还解决了现金流问题；二是降低了物流成本，因为没有了中间商，公司将服务外包又降低了一部分运营成本。这样，零部件供应商、戴尔和服务商三者共同形成了一个完整链条。

2. 供应链系统的动态供需平衡

戴尔在供应链上最关键的特点在于戴尔在这个模型中通过一定的流程来和供应商之间进行不断的数据调整，这样就维持了供应链的动态供需平衡。

戴尔公司之所以能围绕直销实现生产，就是因为它有一个组织严密的供应商网络，并且严格遴选供应商，控制风险。戴尔选择供应商很重要的一个标准就是看供应商能否源源不断地提供没有瑕疵的产品，这其中就包括产品生产的过程。要想成为戴尔的供应商，企业必须证明其在成本、技术、服务和持续供应能力四个方面具有综合优势，特别是供应能力必须长期稳定。由于戴尔与供应商之间没有中间商的阻隔，所有来自于客户的最新信息都会被以最快的速度及时反馈给供应商，以便后者据此调整供应策略。与此同时，戴尔致力于同供应商建立长期的合作伙伴关系，特别是在一些流程和管理工具的开发上，充分考虑了与供应商的配合。

戴尔公司95%的物料来自这个供应网络，其中75%来自30家最大的供应商，另外20%来自规模略小的20家供应商。戴尔公司几乎每天都要与这50家主要供应商分别交流一次或多次。在生产运营中，如果生产线上某一部件由于需求量突然增大导致原料不足，主管人员就会立刻联系供应商，确认对方是否可能增加下一次发货的数量。如果问题涉及硬盘之类的通用部件，主管人员就立即与后备供应商协商，所有这些操作都能在几个小时内完成。一旦所有供应渠道都无法解决问题，那么就与销售和营销人员进行磋商，反向影响市场。这些手段包括：对于某种需求正旺的物件，他们可以延长交货时间；或者反向地实施某种促销活动：比如，如果短缺索尼牌17英寸显示器，就降价提供19英寸显示器，这样，大量需求会发生相应变动。

在库存管理上，戴尔以物料的低库存与成品的零库存而让人称道，其平均物料库存只有约5天。在IT业界，与戴尔最接近的竞争对手也有10天以上的库存，业内其他企业的平均库存更是达到了50天左右。由于IT业的特点，材料成本每周都会有贬值，因此库存天数对产品的成本影响很大，仅低库存一项就使戴尔的产品比许多竞争对手拥有了8%左右的价格优势。当然，戴尔的库存管理并不仅仅着眼于"低"，它通过双向管理其供应链，通盘考虑用户的需求与供应商的供应能力，使二者的配合达到最佳平衡点，实现"永久性库存平衡"，这才是戴尔库存管理的最终目的。

我们在为戴尔"物料的低库存与成品的零库存"感到惊讶时，还应该看到：事实上戴尔没有仓库，但是供应商在它周围有仓库，戴尔的工厂外边有很多配套厂家。戴尔在网上或电话里接到订单，收款后会告诉你要多长时间可以到货。在这段时间里，它就有时间去对订单进行整合，对既有的原材料进行分拣，需要什么原材料就下订单给供应商，下单之后，货到了生产线上才进行产权交易，之前的库存都是供应商的。这也说明戴尔把库存的压力转移给了供应商，这是加入戴尔供应链的代价，因为戴尔需要货物的量很大，加入戴尔的供应链就意味着拥有不断增长的市场和随之而来的利润。

3. 电子化贯穿整个供应链流程

电子工具的广泛应用是戴尔供应链管理的一个显著特征，戴尔电子化的供应链系统为处于链条两端的用户和供应商分别提供了网上交易的虚拟平台，戴尔有90%以上的采购程序通过互联网完成。有了与供货商的紧密沟通渠道，工厂只需要保持小时的库存即可应付生产。除此之外，戴尔还推出一个企业内联网，戴尔公司和供应商共享包括产品质量和库存清单在内的一整套信息。供货商可以在上面看到专属其公司的材料报告，随时掌握材料品质、绩效评估、成本预算以及制造流程变更等信息。不仅如此，"电子化"还贯穿了从供应商管理、产品开发、物料采购一直到生产、销售乃至客户关系管理的全过程。

案例讨论

1."零库存"是不是意味着没有库存？戴尔公司的"零库存"运行模式的精髓在哪里？

2.戴尔公司的库存管理模式对我们现代企业的物流管理与控制有什么启示？

第十一章　物流成本绩效评价

学习目标

◆ 了解物流成本绩效评价的含义和原则
◆ 熟悉物流成本绩效评价的步骤
◆ 掌握物流责任成本考核的指标
◆ 掌握物流成本绩效的评价方法

物流成本绩效评价是物流企业绩效评价的重要内容，企业物流成本分析与控制水平的高低，需要通过物流成本绩效评价来判定。物流成本绩效评价的实质是对物流成本的效益进行分析，通过对物流财务指标的分析，力求比较全面地反映物流成本效益水平，为物流成本管理和决策提供依据。对物流成本绩效进行评价，可以发现物流管理中的问题并及时反馈和处理，不断挖掘企业潜力，提高企业的获利能力，为企业持续降低成本、不断提高效益奠定坚实的基础。

第一节　物流成本绩效评价概述

一、物流成本绩效评价的内涵

物流成本绩效评价是以物流活动分权管理为基础，以责任报告为依据，运用数理统计等方法，通过建立一系列的评价指标体系，设立相应的评价标准，运用定性和定量相结合的方法，对企业一段期间物流成本分析与控制情况和获利能力等进行的综合评价。

物流成本绩效评价的依据是责任单位完成物流成本指标的情况，目的是落实物流成本责任制，寻找责任物流成本指标的预算数同实际完成情况的差异，并找出产生差异的原因，提出相应的改进措施。在物流成本绩效评价中，主要是对物流责任中心的考核和评价，物流责任中心是指对物流成本或费用承担责任的责任部门。例如，企业内从事物流活动的部门：采购部、流通加工部、运输部及配送部等。

物流成本绩效评价包括对"绩"和"效"两方面的评价，而对物流成本进行绩效评价并不仅仅在于评价物流成本管理水平的高低，更重要的是通过物流成本的绩效评价，明确每个责任中心的权力、责任及其绩效计量和评价方式，建立起一种以责任中心为主体，责、权、利相统一的机制，通过信息的积累、加工、反馈，最终形成物流系统内部的一种严密控制系统。

二、物流成本绩效评价的意义

物流成本绩效评价通过客观地分析责任中心的物流成本管理水平和能力，是促进建立激励和约束机制的有效手段。科学、合理的绩效评价对进一步降低企业的总物流成本，提高其获利能力，具有十分重要的意义。

1. 有助于正确认识企业物流活动的过程

物流成本绩效评价通过一定的考核方法和指标体系对企业物流成本管理状况进行反馈，可以及时掌握和正确认识企业物流活动的实际状况，准确说明企业物流活动的绩效情况，指出物流活动存在的问题，分析问题产生的原因，为进一步改进物流成本管理提供依据。

2. 有利于挖掘企业物流管理的潜力

通过绩效评价对企业物流作业的人、财、物等资源利用情况进行全面考核，深入分析各种资源的利用程度，有利于挖掘其潜力，找出充分利用好各种企业资源的方法和途径，使企业的总体利益达到最大化。

3. 有利于调整物流成本预算，加强其计划性

通过物流成本绩效评价不仅对物流活动实际发生的成本情况进行分析和考核，还能及时总结经验和教训，分析影响物流活动成本发生的因素，有利于调整物流成本预算，并不断找出新的物流成本管理和控制的方法和途径，保证物流成本预算目标的实现。

4. 有利于揭晓物流活动存在的风险，提高企业物流管理者的水平

由于实际经济活动中都存在一定的不确定因素和风险，如果企业管理者对这些风险估计不准，势必会给企业经营带来严重的后果。物流成本绩效评价通过对物流活动全过程进行考核和评价，能够及时发现问题、分析问题，促使企业管理者制定出相应的具体措施，推动企业物流活动的进行。所以，物流成本管理绩效评价的过程也是企业物流管理者提高

管理水平的过程。

三、物流成本绩效评价的标准与原则

（一）物流成本绩效评价的标准

确立物流成本绩效评价的标准是物流成本绩效评价的一个基本步骤和重要内容。不同的物流成本绩效评价标准，会对同一分析对象得出不同的分析结论。正确确定或选择物流成本绩效分析评价标准，对于发现问题、找出差距、正确评价有着十分重要的意义与作用。通常，物流成本绩效评价标准有经验标准、历史标准、行业标准、预算标准等。

1. 经验标准

经验标准是财务比率分析中经常采用的一种标准。经验标准是指这个标准的形成依据大量的实践经验。经验标准只是对一般情况而言，并不是适用一切领域或一切情况的绝对标准。不同企业的实际物流情况不同，在应用经验标准时，必须仔细研究，不能生搬硬套。

2. 历史标准

历史标准是指企业过去某一时间的实际业绩标准。历史标准对于评价企业自身物流成本管理状况是否改善是非常有益的。历史标准可选择企业历史最高水平，也可选择企业正常经营条件下的物流业绩水平。

3. 行业标准

行业标准是物流成本绩效分析中广泛采用的标准。行业标准是按行业制定的或反映行业物流成本管理状况的基本水平。行业标准也可指同行业某一比较先进企业的物流管理业绩水平。企业在物流成本绩效评价中运用的行业标准，可说明企业在行业中所处的地位与水平。

4. 预算标准

预算标准是指企业根据自身经营条件或经营状况所制定的目标标准。预算标准通常在一些新的行业、新建企业以及垄断性企业应用较多。对于企业内部的物流成本绩效评价，预算标准更有其优越性，可考核评价企业各级、各部门经营者的物流经营业绩，以及对物流企业总体目标实现的影响。

（二）物流成本绩效评价的原则

1. 整体性原则

企业对物流成本绩效的评价不能只局限于局部物流成本管理的绩效评价，而是要从整体的角度对总物流成本进行综合绩效评价。另外，由于物流成本具有效益背反现象，一项物流成本的降低可能会引起另外一项或几项物流成本的增加，而物流成本管理者关注的是总物流成本的状况。所以，在进行物流成本绩效评价时，必须遵循整体性原则，要对总物流成本进行评价，而不是某一项物流成本绩效的评价。

2. 可比性原则

企业进行物流成本绩效评价时既包括企业内部不同时期指标的纵向比较，也包括同行业不同企业间指标的横向比较。在进行指标考核评价过程中必须遵循可比性原则，首先，企业进行纵向比较评价中，所选用的指标要具有可比性；其次，不同企业间的横向比较所选时期一定要具有可比性，这样有利于同国内外同行业竞争对手进行比较，挖掘自身的竞争潜力。所以，可比性是企业进行物流成本绩效评价的前提。

3. 可控性原则

企业进行考核评价的物流成本是可控成本，而不是责任中心的全部物流成本。为了保证物流成本绩效评价结果的科学性和公正性，需要对责任中心可控范围内的物流管理事项进行完全放权。对于不可控因素，则在考核评价过程中剔除不可控因素的不利影响，对责任中心可控物流成本进行评价和报告。

4. 定量和定性评价相结合原则

企业进行物流成本绩效评价时，在方法上要遵循定性和定量方法相结合的原则。若单纯采用定性描述的方法，会使评价过于主观，不易形成统一的标准，若只是采用定量的方法进行评价，则使评价过于死板，而且由于数据都是历史数据，在时间上具有滞后性，这就需要在物流成本绩效评价时，将定性和定量方法相结合，既保证了评价结果的客观性，又保证了评价结果的灵活性。

5. 经济性原则

在进行物流成本绩效评价工作时还要考虑收益和付出的成本。因为企业开展物流成本绩效评价工作也是要投入人力、物力和财力等成本，所以在进行评价指标设计时，指标不宜过多，否则，会造成数据资料的采集量大且复杂，需要参与评价的人员增加，评价工作的成本也会随之增加；但是，评价指标也不能过少，否则无法达到评价的预期理想成果。因此，在保证评价指标能够满足物流成本绩效评价工作需要的前提下，尽可能使评价工作的支出成本最少。

四、物流成本绩效评价的步骤

物流成本绩效评价可以按以下步骤进行：

（一）建立物流成本绩效评价组织机构

企业正式进行物流成本绩效评价之前，必须成立专门的绩效评价小组，负责组织实施物流成本绩效评价工作。小组成员既要包括物流管理方面的专家，还要包括财务会计方面的专家。评价小组成员必须熟悉物流成本绩效评价的流程，且具有较高的职业道德，能够秉公评价。

（二）制定绩效评价的工作方案

通常，绩效评价的工作方案包括评价的目标、对象、指标、标准、方法等内容。

(1) 评价目标。首先要明确物流成本绩效评价的目标，评价目标是整个评价工作的指南，由企业的总目标来决定。

(2) 评价对象。确定评价对象，即"对什么进行评价"，一般情况下，物流成本绩效评价的目标有两个，即整个物流企业和员工。

(3) 评价指标。评价指标是绩效评价的具体内容，是评价方案的重点和关键，必须建立在科学、合理的基础之上。绩效评价指标既包含财务指标，也包含非财务指标。

(4) 评价标准。绩效评价标准是判断、评价对象业绩的标准。评价标准既不能过于简单，也不能太难。过于简单，评价对象轻轻松松就能达到，起不到考核评价的目的；标准太难，评价对象不太可能达到，不能调动员工的积极性，所以，评价标准一是要有一定的难度，评价对象只有经过努力才能达到；二是要具有可行性，能够被评价对象接受。

(5) 评价方法。物流成本绩效评价的方法既包括定性方法，也包括定量方法，一般采取定性和定量相结合的方法。

（三）收集和整理相关资料、数据

物流成本绩效评价的依据和基础就是相关的资料和数据，根据方案的要求收集与物流成本相关的基础资料和数据，并对资料进行整理、核实、提炼。需要收集的相关数据资料包括：物流企业以前年度的物流成本绩效评价报告；同行业的评价标准和评价方法；企业的各项物流作业业务数据和财务数据。

（四）进行绩效评价

根据既定的评估方案和确定的评估方法，在正式的物流绩效评价工作中，评价小组成员应客观、公正地对待评价对象，对收集的数据资料加以整理，依据评价指标、评价方法及评价标准进行评价。

（五）撰写绩效评价报告

物流绩效评价结果出来以后，还需要以文件报告的形式呈现给相关的负责人，绩效评价报告是物流成本绩效评价的结论性文件。评价报告包括绩效评价工作的全过程，通过与评价标准进行比较，对企业物流成本管理的实际情况给出评价，找出差距，分析差距产生原因，明确责任，给出适当的鼓励和建议，最大限度地挖掘企业物流活动的潜力。

（六）总结绩效评价工作

这一步是对物流成本绩效评价工作的总结，是绩效评价工作的最后一步。把物流成本绩效评价工作从开始到结束的工作背景、工作时间、工作地点，以及评价工作中遇到的问题，采取的措施和建议进行总结，为以后的绩效评价工作提供参考意见。

从以上的步骤可以看出，一个完整的物流成本绩效评价工作需要经历三个阶段：前期准备阶段、主要工作阶段和后期处理工作阶段。前期准备阶段包括建立绩效评价小组、制定绩效评价工作方案、收集和整理资料；主要工作阶段包括制定物流绩效评价指标体系、制定评价方法、制定评价标准、实施评价工作；后期处理工作阶段包括总结物流绩效评价结果并撰写报告和总结绩效评价工作。

第二节　物流责任成本

一、物流责任中心

责任中心是指承担一定经济责任，并享有一定权利和利益的组织或管理层次。物流责任中心就是承担一定的经济责任，并具有一定的权利和享有经济利益的各级物流组织和各个物流管理层次。建立物流责任中心是实施物流责任预算和物流成本考核评价的基础。

（一）物流责任中心的特征

物流责任中心具有以下特征：

1. 物流责任中心是一个责权利相结合的实体

每个物流责任中心都要对完成一定的财务指标承担责任，并完成相应的经济指标，同时企业还要赋予其所承担责任的范围和大小相适应的权利，并提前明确相应的物流业绩考核标准和利益分配标准。

2. 物流责任中心具有相对独立的经营活动和财务收支活动

物流责任中心具有与经营活动相对应的责任、权利和利益，有权控制其负责的物流活动及其相关的财务收支活动，这是物流责任中心得以生存的前提条件。一般来说，责任中心层次越高，权利的范围越大。

3. 物流责任中心进行独立的经济核算

物流责任中心不仅有清晰的经济责任而且进行单独核算，划清责任是前提，单独核算是保证。只有进行单独经济核算的企业内部物流活动单位，才能作为一个物流责任中心而存在。

（二）物流责任中心的分类

根据物流责任中心权责范围和物流活动的不同，可以分为物流成本中心、物流利润中心和物流投资中心三类。

1. 物流成本中心

在企业内部，通常形成一个自下而上、层层负责的物流成本中心体系。物流成本中心只对物流活动成本或费用承担责任，一般包括企业内部从事物流采购、运输、仓储、配送、流通加工、包装以及信息处理等部门，以及给予一定费用指标的物流管理部门。物流成本中心可分为技术性物流成本中心和酌量性物流成本中心。

技术性物流成本中心是指物流成本发生额能通过技术分析相对可靠地估算出来的物流成本中心。例如，物品包装过程中所支出的包装材料费用、直接人工费用等，可以通过一定的函数计算出来。

酌量性物流成本中心是指物流成本是否发生以及发生多少由管理人员酌情决定的物流成本中心，主要包括各种物流管理费用和部分间接物流成本。例如物流相关人员的培训费、信息处理费用等。酌量性物流成本的发生主要是为企业物流活动提供一定的专业服务，控制的重点应放在对其预算的审批上。

2. 物流利润中心

物流利润中心是指既能控制物流成本，又能控制物流收入的物流责任中心。物流利润中心一般是指在物流活动的开展中具有独立经营决策权的物流组织部门。

企业物流利润中心可分为自然物流利润中心和人为物流利润中心两种形式。

(1) 自然物流利润中心。自然物流利润中心既可以向本企业其他部门提供物流服务，也可以直接向外企业提供物流服务。例如，企业内部的运输部门或者流通加工部门等，既向本企业提供运输和流通加工业务，也可以直接对外提供运输和流通加工服务。

(2) 人为物流利润中心。人为物流利润中心是指仅对本企业提供物流服务，而不直接对外提供物流服务的利润中心。人为物流利润中心一是能够为本企业的其他责任单位提供服务，二是能为该中心的物流服务确定内部转移价格，以实现公平交易。

3. 物流投资中心

物流投资中心是指既要对物流成本、收入和利润负责，又要对物流投资效果负责的物流责任中心。物流投资中心是企业最高层次的责任中心，拥有最大的投资决策权，也承担最大的责任。一般情况下采取分权管理的大型企业，承担母公司物流业务的子公司往往属于物流投资中心。

为了准确计算各物流投资中心的效益，要对各物流投资中心共同使用的资产划定界限，对共同发生的成本按标准进行分配，各物流投资中心之间相互调剂使用的资金、物资均应计息清偿，有偿使用。同时，根据各物流投资中心的投入产出比进行业绩评价和考核，除了考核利润指标以外，主要计算投资利润率和剩余收益两个指标，计算公式如下：

$$投资利润率 = \frac{利润额}{资产额} \times 100\%$$

或

$$投资利润率 = 资本周转率 \times 销售成本率 \times 成本费用利润率$$
$$剩余收益 = 利润额 - 投资额 \times 规定或预期的最低投资报酬率$$

二、物流责任成本的计算和预算

物流责任成本是指以物流责任中心为对象，在特定时期内所归集的该责任中心责任范围内各项可控物流成本之和。

（一）物流责任成本的计算

计算物流责任成本时必须要了解物流责任中心，按企业实际情况根据物流管理需要，将责任中心分层次进行计算。首先计算各个责任中心的责任成本，最后汇总各责任中心的物流责任成本为企业总的责任成本。例如，企业的运输部门作为一个责任中心，下设运输分队和运输班组两个层次的物流成本中心，运输部门的物流责任成本就可通过逐级汇总得出。

计算物流责任成本时，需要厘清各项物流耗费与责任中心之间的关系。归属关系清晰的耗费项目，可直接计入相应的责任中心，对于不能直接计入的物流费用项目，采取相应的分配方法进行分配。

（二）物流责任成本的预算

物流责任成本的预算是指以责任中心为主体，以其可控物流成本为对象编制的预算。通过编制物流责任成本预算，可以明确各责任中心的物流成本责任，同时也为考核和评价责任中心物流成本管理绩效提供依据。

物流责任成本预算的方式有以下两种：

(1) 以物流责任中心为主体，将物流成本总预算在责任中心间层层分解，形成各责任中心的物流成本预算。这种自上而下、层层分解的方式是一种常用的预算编制程序，其优点是便于物流成本的统一管理和控制；其缺点是会抑制各物流责任中心管理和控制物流成本的主动性和积极性。

(2) 各责任中心自行列示各自的物流成本预算指标，层层汇总，最后由专门人员进行汇总和调整，确定企业的物流成本总预算。这种自下而上、层层汇总协调的方式，其优点是有利于调动各个责任中心人员控制物流成本的积极性；其缺点是各物流责任中心往往只从自身的角度和利益考虑，造成彼此协调困难，同时层层汇总和协调的工作量大，协调成本高，影响企业物流总预算目标实现的质量和时效。

三、物流责任成本的考核

物流责任成本考核是以物流责任成本报告为依据，分析、评价各责任中心物流责任成本预算的执行情况，发现差距，查明原因，从而考核各责任中心物流成本管理与控制工作成果，并实施奖惩，促使各物流责任中心积极纠正行为偏差，完成物流责任成本预算的过程。

（一）物流责任成本考核指标

企业物流责任成本考核主要有物流责任成本差异额和物流责任成本差异率两种方法，计算公式如下：

$$物流责任成本差异额 = 实际物流责任成本 - 物流责任成本预算$$

$$物流责任成本差异额 = \frac{实际物流责任成本 - 物流责任成本预算}{物流责任成本预算}$$

对于技术性物流成本中心来说，公式中的物流责任成本预算可以根据实际工作量或产出量和各物流成本项目的物流标准成本进行预计。当物流责任成本差异额为负时，则说明该责任中心的物流成本管理业绩是良好的。

对于酌量性物流成本中心来说，由于投入和产出的关系不明显，因此公式中物流责任成本预算有赖于了解情况的专业人员的合理判断。一是可以通过分析物流成本中心每一项开支的必要性以及合理的开支数据来确定；二是可以根据历史经验或同行业类似物流成本中心支出水平来确定。当物流责任成本差异额为负时，并不一定说明责任中心的物流成本管理业绩是良好的，有可能是提供的服务质量和数量低于计划的要求而导致的，这时还应结合有经验的专业人员对其物流服务水平所做出的判断，客观地进行评价。

（二）物流责任成本报告

物流责任成本报告是根据会计记录编制的反映物流责任中心预算实际执行情况，揭示物流责任成本预算与实际执行差异的报告，主要形式有报表、数据分析和文字说明等。

在物流责任成本报告中，可以运用定量分析、定性分析以及其他分析方法，分析物流责任成本差异额是有利差异还是不利差异，并根据差异数额实施相应的奖惩。在揭示差异时，还要对重大差异予以定量和定性分析，并根据分析的原因提出改进措施和方法。

物流责任成本报告一般按物流成本责任单位或责任人编制，基本格式如表 11-1 所示。

表 11-1　某企业包装部门物流责任成本报告

项　　目	实际数	预算数	差异额	差异率	原因
可控物流成本					
包装材料费					
人工费					
⋮					
不可控物流成本					
保险成本					
折旧费					
⋮					

（三）物流责任成本考核应注意的问题

1. 确定物流责任单位或责任人

为了做好物流责任成本考核工作，企业可按可控性原则，合理划分和确定物流责任单位或责任人，明确其权利和责任范围，以确保其在权限范围内独立、自主地开展物流成本管理工作。

2. 合理编制物流责任成本预算

编制物流责任成本预算是实施责任物流成本考核的前提，是物流责任单位或责任人开展日常物流成本管理的基本标准，也是实施物流责任成本考核的基本标准。

3. 合理制定内部转移价格

为了分清责任，便于正确评价和考核各物流责任单位或责任人的物流成本管理工作业绩，各物流责任单位或责任人之间相互提供物流服务时，应使用合理的内部转移价格进行核算。企业制定内部转移价格时，应根据各物流责任单位或责任人活动的特点，采用市场价格、协商价格、双重价格和物流成本转移价格等作为内部转移价格。

4. 进行合理激励

物流责任成本考核要制定一套合理有效的激励制度，根据各物流责任单位或责任人的物流成本管理业绩进行激励，做到奖惩有据。

第三节 物流企业绩效综合评价

传统的物流绩效评价系统侧重于静态的财务业绩评价，随着物流活动日益复杂化，单纯的财务指标已经难以全面地评价企业物流部门的经营业绩。20世纪90年代以来，西方的一些大企业发现传统的财务业绩指标和方法已经越来越阻碍企业物流业务的发展，存在着重短期利益轻长期利益、重局部利益轻全局利益的诸多缺陷，因此，人们提出了将财务指标和非财务指标相结合的绩效评价方法，如平衡记分卡法、标杆分析法等。

一、平衡记分卡法

（一）平衡记分卡的基本原理

平衡记分卡 (balanced score card，BSC) 是20世纪90年代由罗伯特·卡普兰和戴维·诺顿率先提出的，是一种全新的组织绩效管理的方法。平衡记分卡反映的是一种关于企业发展战略的全面发展观，它从组织的使命、愿景、核心价值观、战略出发，运用财务、客户、内部业务流程、创新和成长四个维度来衡量企业的业绩。平衡记分卡作为一种新的绩效考核方法，打破了传统的单一使用财务指标进行绩效考核的方法，在财务的基础上增加了非财务的驱动因素。平衡记分卡基本框架如图11-1所示。

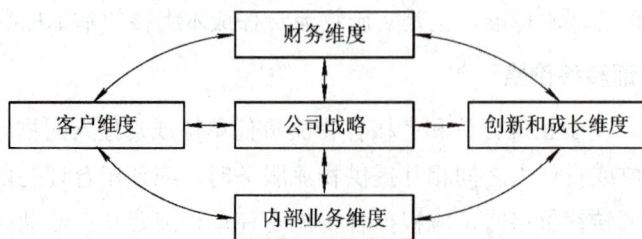

图11-1 平衡记分卡基本框架图

平衡记分卡主要实现了五个方面的平衡：企业财务指标和非财务指标的平衡；企业长期目标和短期目标的平衡；企业内部群体与外部群体的平衡；结果性指标与动因性指标之间的平衡；领先指标与滞后指标之间的平衡。

(二)平衡记分卡的指标

与传统的财务导向的指标相比，如果能够识别与战略目标实现相关的关键绩效指标，并以这些指标为基础，就可以建立相应的绩效衡量的平衡记分卡法。平衡记分卡将任务与战略转化为目标和衡量指标，它强调非财务指标的重要性，对物流企业的绩效评价从以下四个方面来研究。

1. 财务绩效评估指标

财务绩效评估指标显示了物流企业的战略及其执行对于股东利益的影响。从物流成本管理的角度看，一套平衡记分卡应该反映企业发展战略和物流成本管理战略的全貌，从财务目标开始，将它同一系列目标相联系，包括客户、内部业务流程、创新和成长等相联系，最终实现企业的长远目标。平衡记分卡的财务绩效衡量的重点主要是物流成本管理与控制的指标，包括物流成本增长率、单位产品物流成本指标、物流成本利润率等。

2. 客户层面绩效评估指标

企业物流活动的开展与物流成本的控制，必须在考虑物流战略资源的开发与保持这一前提下进行。物流战略资源包括内部资源和外部资源，其中，外部资源即客户，为企业带来了物流服务产品的市场，这也是企业物流战略性成长的需求基础，而对客户方面的衡量，就是对企业外部资源开发和利用的绩效进行考核和评价，核心指标包括目标市场份额、老客户回头率、新客户开发率、客户满意度等，其中核心的指标是对客户满意度的衡量。

3. 内部业务绩效评估指标

在内部业务流程方面，企业战略资源除了外部的客户外，还包括企业内部资源，即企业具有的内部物流业务能力，具体包括业务流程、软硬件资源等。内部业务流程方面的衡量就是对企业内部资源开发和利用的绩效进行衡量，核心的衡量指标包括作业绩效、作业流程、可靠性以及软硬件配置等。

4. 创新和成长层面绩效评估指标

创新和成长强调了企业不断创新、保持其竞争力的未来发展势头。无论是管理层还是基层员工，只有不断地学习、创新，推出新的物流产品和服务，并迅速、有效地占领市场，才能保证企业物流业务的可持续发展。创新和成长层面绩效评估指标包括员工满意率、员工保持率、员工培训次数、研发费增长率等。

(三)平衡记分卡法的运用程序

利用平衡记分卡进行物流成本绩效评价时，应按照"先理论，后实践；先简单，后复杂"的原则实施，具体步骤如下：

1. 确定企业的物流战略和战略主题

战略是企业着力实现使命的总体方向。物流战略贯穿于平衡积分卡方法的始终，将财务、客户、内部业务流程、创新与成长这些看似不相关的因素联结成一个有机的整体。物流战略只有通过平衡记分卡的维度目标与指标的设计，使物流战略转化为战略执行，才能成为企业的行动与结果。物流战略主题是企业实现价值的少数关键内部物流流程的有机组合。

2. 构建战略图，分析各指标之间的因果关系

战略图主要用图表的方式展现平衡记分卡四个评估指标的相关文件，进而分析财务、客户、内部业务、创新和成长四个维度的因果关系。

3. 建立绩效评价指标体系

企业应根据实际物流活动情况建立相应的绩效评价指标体系，用于考核物流成本绩效。在建立物流绩效评价指标体系时，一定要根据企业自身情况，考虑自身实际需要，切忌盲目照搬照抄。

4. 实施绩效评价

物流绩效评级指标体系制定以后，即可利用各个指标值进行绩效评价，比较分析各物流部门绩效的优劣，并找出绩效高或低的原因，总结经验和教训。

5. 总结评价结果

业绩评价活动结束后，还必须对评价结果进行总结，发现问题并及时反馈给各个物流活动的相关部门进行调整，以便进一步修正评价结果。

平衡记分卡法的优点是，它既强调了绩效管理与企业战略之间的紧密关系，又提出了一套具体的指标框架体系，能够将部门绩效与企业整体绩效很好地联系起来，使各个部门工作的努力方向与企业战略目标的实现联系起来。

在实施平衡记分卡法进行业绩评价时，还要努力做到使平衡记分卡与企业的人力资源、IT 系统连接起来。与员工能力发展联系起来，可使每个员工明白自己的平衡记分卡目标，关注与战略执行有关的关键能力；与 IT 系统联系起来，可以使企业管理者有效跟踪企业绩效，以便调整战略，确保企业目标的实现。

二、标杆分析法

（一）标杆分析法的含义

标杆分析法又称为基准化分析法，是指通过对先进的组织或企业进行对比分析，了解竞争对手的长处和具体的行事方式，在此基础上，对比自己的行事方式，然后制定出有效的赶超对策来改进自己的产品服务及系统的一种方式。简而言之，标杆分析法就是：研究竞争对手的物流战略战术；学习竞争对手先进的物流模式；改进物流企业的物流流程及各种操作模式。

利用标杆分析法之前，首先要找一个合适的物流企业作为参照物，这个参照物与企业物流成本业绩评价的目标有关。

（二）标杆分析法中标杆的确定

(1) 以竞争对手为标杆，有助于确定和比较竞争对手物流战略的组成要素。

(2) 以一流企业为标杆，可以改进物流企业的内部经营，树立相应的改进目标。

(3) 以客户物流需求为标杆，可发现本企业物流服务的不足，将市场、竞争力和目标设定结合在一起。

标杆分析法比较的是具体的指标值，但分析改进的是相关的物流流程，因此确定适当的物流业务范围非常关键。例如，如果将"采购—生产—分销配送"作为分析范围则太大，而将"物料编码规则"作为分析范围则太小，选择"原料库存管理"或"成品库存管理"作为分析范围就相对适当。

本章思考题

1. 什么是物流成本绩效评价？它的主要内容是什么？
2. 简述物流成本绩效评价的步骤。
3. 如何利用平衡记分卡法进行绩效评价？
4. 什么是标杆分析法？

案例分析

施乐公司的绩效标杆法

在北美，绩效标杆法 (Benchmarking) 这个术语是和施乐公司同义的。施乐创立绩效标杆法开始于 1979 年，当时日本的竞争对手在复印行业中取胜，他们以高质量、低价格的产品，使施乐的市场占有率在几年时间里从 49% 减少到 22%。为了迎接挑战，施乐高级经理们引进了若干提高质量和生产率计划的创意，其中绩效标杆法就是最有代表性的一项。

所谓"绩效标杆法"，就是对照最强的竞争对手或著名的顶级企业的有关指标而对自己的产品、服务和实施过程进行连续不断的衡量和改进。由于施乐公司考虑到了顾客的满意度，因此绩效标杆法执行得比原先最佳的实践还要好。

在施乐公司，绩效标杆法是一个由 4 个阶段和 10 个步骤组成的程序。

1. 规划阶段 (3 个步骤)

这是标杆管理的第一步，包括识别什么可以成为标杆、识别可作为对照或对比的企业和数据的收集等 3 个步骤。

2. 分析阶段 (3 个步骤)

分析阶段包括 3 个步骤：确定目前的绩效差距，确定将来的绩效水平，确认标杆。

根据差距分析存在的问题，计划未来的执行水平，并确定这些目标应该如何获得及保持。

3. 综合阶段 (2 个步骤)

综合阶段包括 2 个步骤：建立改进目标，制定行动计划。

4. 行动阶段 (2 个步骤)

行动阶段包括 2 个步骤：执行行动计划和监督过程，修正绩效标杆。

一个绩效标杆作业往往需要 6～9 个月的实践才能达到目标。从战略上讲，绩效标杆涉及物流企业的经营战略和核心竞争力问题；从战术上讲，一个物流企业须对其内部运作有充分的了解和洞察，才能将之与外部诸因素进行对比。

施乐公司利用物流绩效标杆管理方法，建立了物流顾客服务标准，鼓励员工进行创造性的思维和竞争性的思维，并经常提高员工对物流运作成本和物流服务绩效的意识。

施乐公司物流绩效标杆管理方法已取得了显著的成效。以前公司花费 80% 的时间关注市场的竞争，现在施乐公司却花费 80% 的精力集中研究竞争对手的革新和创造性活动，使得施乐公司更多地致力于产品质量和服务质量的竞争而不是价格的竞争。结果是，公司降低了 50% 的成本，缩短了 25% 的交货周期，并使员工的收入增加了 20%，供应商的无缺陷率从 92% 提高到 95%，采购成本也降低了 45%，最可喜的是，公司的市场占有率有了大幅度的增长。

参考文献

[1]　冯耕中，李雪燕，汪寿阳，等．物流成本管理 [M]．北京：中国人民大学出版社，2010．

[2]　冯耕中，李雪燕，汪应洛，等．企业物流成本计算与评价 [M]．北京：机械工业出版社，2007．

[3]　林万祥．物流成本会计研究 [M]．北京：机械工业出版社，2008．

[4]　王欣兰，田海霞，徐素波，等．物流成本管理 [M]．北京：清华大学出版社，2010．

[5]　金文莉．物流成本管理 [M]．武汉：华中科技大学出版社，2015．

[6]　谢合明．物流成本管理实务 [M]．北京：科学出版社，2018．

[7]　陈文，吴智峰．物流成本管理 [M]．北京：北京理工大学出版社，2021．

[8]　鲍新中．物流成本管理与控制 [M]．北京：电子工业出版社，2006．

[9]　赵晓波，黄四民．库存管理 [M]．北京：清华大学出版社，2008．

[10]　沈艾林．物流成本核算与管理 [M]．北京：清华大学出版社，2011．

[11]　董永茂，沈渊，庞海云，等．物流成本管理 [M]．杭州：浙江大学出版社，2011．

[12]　易华，李伊松．物流成本管理 [M]．北京：机械工业出版社，2009．

[13]　高红平．国内外物流成本的构成结构比较分析 [J]．现代商业，2006 (7)．

[14]　隽娟．中美物流成本的比较研究 [J]．北方经济，2007 (10)．

[15]　吴安南．中美物流成本现状及其比较分析 [J]．物流科技，2008 (4)．

[16]　陈玉清，严琳．基于时间驱动因素的两种作业成本法的分析比较 [J]．东北大学学报，2005 (5)．

[17]　李达晨，王海昊，姜越，等．基于作业成本法的生产企业物流成本核算与控制 [J]．物流技术，2017 (10)．

[18]　汪芸芳，陈丽华，王雯．估时作业成本法在国际物流企业中的应用 [J]．财会月刊，2018 (4)．

[19]　宋华．日本物流成本现状及其管理框架 [J/OL]．

[20]　《运筹学》教材编写组．运筹学 [M]．北京：清华大学出版社，2005．

[21] 李碧涵.基于作业成本法的 XD 物流公司成本核算问题研究 [D].大连海事大学，2018.

[22] 中华人民共和国财政部令第 33 号.企业会计准则—基本准则，2006.

[23] 中华人民共和国国家标准《企业物流成本构成与计算》(GB/T 20523—2006).

[24] 中华人民共和国国家标准《社会统计指标体系》(GB/T 24361—2009).

[25] 孔会芳.基于灰色系统理论的企业物流成本预测模型及应用研究 [D].广西大学，2009.

[26] 王雅锐，赵清.基于 VMI 的备件库存物流成本控制研究 [J].物流工程与管理，2018 (4).

[27] 杨慧萍.废旧汽车逆向物流成本控制与绩效评价研究 [D].西安工程大学，2017.

[28] 梁艳明.基于平衡记分卡的第三方物流绩效评价指标研究 [J].物流工程与管理，2018 (12).